# Exklusiv für Buchkäufer!

## Ihre Arbeitshilfen online:

- Checklisten
- Leitfaden und Fragebogen

## Und so geht's:

- Einfach unter www.haufe.de/arbeitshilfen den Buchcode eingeben
- Oder direkt über Ihr Smartphone bzw. Tablet auf die Website gehen

**Buchcode:** CXV-363Y

**www.haufe.de/arbeitshilfen**

# Mitarbeitermotivation in Veränderungsprozessen

# Mitarbeitermotivation in Veränderungsprozessen

Psychologische Erfolgsfaktoren des Change Managements

Rainer Niermeyer
Nadia Postall

1. Auflage

Haufe Gruppe
Freiburg · München

**Bibliographische Information der Deutschen Nationalbibliothek**
Die Deutsche Nationalbibliothek verzeichnet diese Publikation in der Deutschen Nationalbibliographie; detaillierte bibliographische Daten sind im Internet über http://dnb.dnb.de abrufbar.

Print ISBN: 978-3-648-03234-3 Bestell-Nr. 04530-0001
EPUB ISBN: 978-3-648-03235-0 Bestell-Nr. 04530-0100
EPDF ISBN: 978-3-648-03236-7 Bestell-Nr. 04530-0150

Rainer Niermeyer, Nadia Postall
**Mitarbeitermotivation in Veränderungsprozessen**
1. Auflage 2013


Redaktionsanschrift: Fraunhoferstraße 5, 82152 Planegg/München
Telefon: (089) 895 17-0
Telefax: (089) 895 17-290
Internet: www.haufe.de
E-Mail: online@haufe.de
Produktmanagement: Dipl.-Kfm. Kathrin Menzel-Salpietro

Lektorat: Hans-Jörg Knabel, rausatz — books & games, 77731 Willstädt
Satz: Reemers Publishing Services GmbH, 47799 Krefeld
Umschlag: RED GmbH, 82152 Krailling
Druck: Schätzl Druck, 86609 Donauwörth

# Inhaltsverzeichnis

# Abbildungsverzeichnis

# Vorwort

Falls Sie als Projektverantwortlicher in einen Veränderungsprozess involviert sind oder als Führungskraft unversehens vor der Aufgabe stehen, Ihre Mitarbeiter durch einen einschneidenden Veränderungsprozess zu begleiten, fragen Sie sich vielleicht:

- Was kann ich neben den fachlichen Faktoren dazu beitragen, dass Unternehmen und Mitarbeiter die Veränderung mittragen und tatkräftig unterstützen?

Vielleicht sind Sie eine erfahrene Führungskraft, vielleicht ein Change Manager oder Projektverantwortlicher — und haben über die Jahre schon zahlreiche Veränderungsprojekte begleitet. Dennoch fragen Sie sich nach wie vor:

- Warum gibt es so viele Reibungsverluste, warum kommt es zu so vielen Ängsten, so viel Unmut und Widerstand?
- Muss das zwingend so sein?
- Geht es auch anders?

Vielleicht stehen Sie aber auch als junge Führungskraft zum ersten Mal vor der Herausforderung, einen einschneidenden Transformationsprozess in verantwortlicher Position mit zu begleiten. Sie fühlen sich vielleicht ein wenig ohnmächtig und fragen sich, was das eigentlich für Ihre Aufgabe als Führungskraft bedeutet und welche Erwartungen Ihre Mitarbeiter im Laufe dieses Prozesses an Sie stellen werden.

- Wie sollen Sie mit den Ängsten Ihrer Mitarbeiter umgehen?
- Wie sollen Sie ihnen Orientierung geben, wenn Sie selbst die vielen Fragen, die Ihre Mitarbeiter stellen, noch nicht beantworten können?
- Warum tragen Mitarbeiter eine Veränderung nicht tatkräftig mit, wenn die Fakten doch eindeutig für die Veränderung sprechen?

Wenn Sie einen Praxisratgeber suchen, der sich mit den weichen Faktoren des Change Managements beschäftigt, deren intelligentes Handling zu harten und messbaren Ergebnissen führen soll, haben Sie mit diesem Buch den richtigen Ratgeber gefunden.

Das Handeln des Menschen ist nicht rein rational. Es ist oft nicht logisch, sondern *psycho*logisch — und dennoch hoch effektiv. Dass der Mensch nicht rein sachlich entscheidet, heißt aber nicht, dass sein Verhalten undurchschaubar oder schlecht vorhersagbar wäre. Im Gegenteil: Wer versteht, wie wir Menschen funktionieren, was uns bewegt, was unsere Entscheidungen in welchem Maße beeinflusst, kann vorausschauend planen und gezielt Einfluss nehmen. Dieses Buch vermittelt Ihnen die Menschenkenntnis, die Sie benötigen, um Veränderungsprojekte effektiv umzusetzen. Darüber hinaus haben wir die wichtigsten Erkenntnisse aus der Praxis nachvollziehbar zusammengefasst und in praktische Handlungsanweisungen überführt. Wir geben Ihnen einen praktischen Leitfaden an die Hand, der Ihnen dabei hilft, effektiv durch Veränderungsprozesse zu navigieren.

Wir sind uns sicher, dass Sie von unserer praktischen Beratererfahrung und von der verständlichen Darstellung psychologischer Erklärungsmodelle profitieren werden. Sie finden in diesem Buch übrigens nicht nur unser Know-how bezogen auf die motivationalen und sonstigen psychologischen Einflussfaktoren, sondern auch zahlreiche Checklisten, Praxisbeispiele und konkrete Tipps für die Umsetzung.

Viel Erfolg bei der Umsetzung und Begleitung von Veränderungsprozessen wünschen Ihnen

*Rainer Niermeyer* und *Nadia Postall*

# 1 Einführung

## „Sicher ist: Nichts ist sicher“ oder „Das einzig Beständige ist der Wandel“

In den letzten Jahrzehnten, insbesondere in den letzten Jahren ist eines immer deutlicher geworden: Unternehmen müssen immer schneller ihre Strukturen an neue Gegebenheiten anpassen, um am Markt erfolgreich zu sein. Das verlangt nicht nur den Unternehmenslenkern und Strategen einiges ab – auch die Mitarbeiter müssen akzeptieren, dass sie ständig mit einschneidenden Veränderungen konfrontiert werden. Vorbei ist es mit dem geruhsamen Arbeitsleben. Es scheint keine ruhigen Gewässer mehr zu geben. Gerade noch war das Meer ruhig, die Sonne schien, mit Rückenwind navigierte man unter vollen Segeln zielgerichtet auf sein Ziel zu. Doch plötzlich jagt ein Unwetter das nächste. Die Wellen der Veränderung schlagen so schnell über einem zusammen, dass man kaum dazu kommt, Luft zu holen. Doch nur auf (kurze) Sicht fährt schon lange niemand mehr. Ja, die Stürme und Unwetter haben zugenommen – und das nicht nur meteorologisch, sondern gerade auch bezogen auf die wirtschaftliche Großwetterlage. Doch egal, wie gut die Vorhersageinstrumente sind, egal, wie gut man sich auf die verschiedenen Herausforderungen auch vorbereitet, die Großwetterlage bleibt unbeständig und stürmisch. Vorausschauende Planung ist vonnöten. Da braucht es eine gute, sturmerprobte Mannschaft, die mit allen Wassern gewaschen ist, und eine exzellente Führungsmannschaft. Stets muss geschaut werden, ob man noch auf Kurs ist oder ob sich die Wind- und Wetterbedingungen geändert haben und eine Anpassung des Kurses notwendig machen. Die Motivation der Crew ist in unsicheren, stürmischen Zeiten entscheidend, um das Schiff schnell und sicher in den Zielhafen zu bringen. Achtet man nicht auf die Ängste, Emotionen und Bedürfnisse der Mannschaft, kann es zu folgenschweren Versäumnissen oder sogar zu einer Meuterei kommen. Kennt man allerdings die Voraussetzungen und Rahmenbedingungen für eine motivierte Besatzung, kann man auch die größten Herausforderungen meistern und geht aus jedem kräftezehrenden Sturm gestärkt hervor und erreicht den Zielhafen sicher und vor denjenigen, die nur die harten Faktoren beachten.

# 2 Warum ein Unternehmenswandel immer häufiger notwendig ist

Die Geschwindigkeit, mit der sich Geschäftsmodelle und -prozesse überleben, scheint stetig zuzunehmen. Unternehmen sehen sich immer häufiger vor der Herausforderung, dass sie nicht nur in einem stetigen Verbesserungsprozess Neuerungen einbringen, sondern immer öfter auch einschneidende Veränderungen initiieren und umsetzen müssen. Was sind die wesentlichen Einflussfaktoren, die dazu führen, dass die Anzahl von Veränderungsprojekten zunimmt und die Veränderungsprojekte in immer kürzeren Abständen aufeinanderfolgen? Lassen Sie uns die wichtigsten genauer betrachten.

## 2.1 Globalisierung

Die Globalisierung hat dazu geführt, dass sich auch Unternehmen zusehends den Herausforderungen und Chancen stellen müssen, die die Globalisierung mit sich bringt. Die Welt ist „kleiner" geworden: DAX-Konzerne wie auch mittelständische Unternehmen stehen in einem direkten Wettbewerb mit chinesischen, amerikanischen und europäischen Unternehmen. Jede Krise eines wirtschaftlich starken Landes hat entsprechende Nachwirkungen auf andere Länder. Ein erschreckendes Beispiel ist die letzte Finanzkrise, die im September 2008 die weltweite Wirtschaft fast von einem Tag auf den anderen in eine tiefe Krise stürzen ließ. Keine Nation, kaum ein Unternehmen kam ohne Einbußen davon. In der Folge kam es 2009 zu vielen Insolvenzen, von denen auch renommierte Traditionsunternehmen betroffen waren (vgl. Abschnitt „Zusammenfassung und Ausblick"). Die Globalisierung hat dazu geführt, dass sich immer mehr Länder zu Wirtschaftsunionen zusammenschließen (EU in Europa, APEC im pazifischen Raum, NAFTA in Nordamerika etc.). Der Zusammenschluss bringt zahlreiche Vorteile, birgt aber auch viele Risiken. Die Eurokrise zeigt die wirtschaftlichen Abhängigkeiten und Einflüsse untereinander eindrücklich und auch, welche Chancen und Risiken sie für die einzelnen Länder und ihre Wirtschaft bedeuten. Geraten ein, zwei Länder ins Wanken, drohen sie, die anderen Mitgliedsstaaten mitzureißen. Wirtschaftsmächte wie die USA und auch China schauen ebenfalls besorgt auf die Entwicklungen in Europa, denn von der Eurokrise sind auch sie betroffen. Die Chance, in wirtschaftlich guten Zeiten von einer globalisierten Wirtschaft zu profitieren, steht dem Risiko gegenüber, in

Krisenzeiten ggf. auch kurzfristig hohe finanzielle Rückschläge in Kauf nehmen zu müssen. Wirtschaftliche Boomzeiten wechseln sich mit rezessiven Zeiten ab, und das in immer kürzeren Abständen. In der Folge müssen Unternehmen einen immer größeren Kreis an Wettbewerbern im Auge behalten, um erfolgreiche Geschäftsmodelle und -prozesse von Konkurrenten kritisch mit den eigenen vergleichen zu können. Durch die Globalisierung kann es Unternehmen heute passieren, dass sie sich unversehens einer unfairen Wettbewerbssituation gegenübersehen, weil andere Unternehmen durch ihre Staaten Wettbewerbsvorteile erhalten, die ihnen ihr eigener Wirtschaftsstandort nicht bietet. Auch der Markt und die Chancen und Risiken, die er bietet, müssen ständig analysiert werden, um die richtigen Erkenntnisse und Maßnahmen abzuleiten.

Produzierende Unternehmen stehen vor der Herausforderung, in kurzen Boomphasen möglichst viel zu produzieren, und in den möglicherweise rasch darauffolgenden Zeiten, in denen nur wenig nachgefragt wird, ihre Produktion drastisch drosseln zu müssen. Wer heute als Mittelständler im produzierenden Gewerbe überleben will, muss hoch flexibel agieren und sicherstellen, dass er Absatzspitzen ebenso meistern kann wie größere Durststrecken, in denen kaum Nachfrage besteht. Damit man diesem Anspruch als Unternehmen gerecht werden kann, müssen langjährige Unternehmensstrukturen und Geschäftsmodelle stetig dahin gehend überprüft werden, ob sie dem aktuellen Anspruch noch gerecht werden oder ggf. angepasst werden müssen. Der stetig zunehmende Wettbewerbsdruck in einer globalisierten Welt führt zu einem enormen Kosten- und Innovationsdruck.

Ist Ihr Unternehmen für die Zukunft gewappnet? Überprüfen Sie seine Zukunftsfähigkeit anhand der folgenden Checkliste zum Megatrend „Globalisierung“:

**Checkliste: Wie gut ist Ihr Unternehmen auf die Zukunft vorbereitet?**

| GLOBALISIERUNG | ja | nein |
|---|---|---|
| Nehmen Sie regelmäßig eine Konkurrenzanalyse (ggf. auch international) vor? Wissen Sie, welche Vor- bzw. Nachteile Sie gegenüber Ihren Konkurrenten haben? | ☐ | ☐ |
| Analysieren Sie regelmäßig, welche Chancen und Risiken Ihnen die Märkte bieten, in denen Sie tätig sind? | ☐ | ☐ |
| Bei produzierenden Unternehmen: Nutzen Sie alle Möglichkeiten, um in Boomphasen Absatzspitzen bestmöglich bedienen und in Rezessionszeiten die Produktion bei möglichst geringen Einbußen schnell drosseln zu können? | ☐ | ☐ |
| Verfügen Sie über Konzepte, wie Sie mit steigendem Kostendruck umgehen? | ☐ | ☐ |
| Verfügen Sie über Konzepte zur Stärkung Ihrer Innovationsfähigkeit? | ☐ | ☐ |

| Checkliste: Wie gut ist Ihr Unternehmen auf die Zukunft vorbereitet? | | |
|---|---|---|
| **GLOBALISIERUNG** | **ja** | **nein** |
| Nutzen Sie die Möglichkeiten mobilen Arbeitens in ausreichendem Maße? | ☐ | ☐ |
| Kennen Sie die Vor- und Nachteile Ihres Standorts/Ihrer Unternehmensstandorte? Wissen Sie, wie Sie diese entsprechend nutzen können, bzw. verfügen Sie über Strategien, mit denen Sie eventuelle Standortnachteile wettmachen können? | ☐ | ☐ |

## 2.2 Technologischer Fortschritt, Komplexität der Aufgaben, Qualifizierungsbedarf

Eine weitere wichtige Rahmenbedingung, die den Unternehmen stetige Veränderungsbereitschaft abverlangt, ist in der rasanten Weiterentwicklung der Informationstechnologie zu sehen. Wir leben im digitalen Zeitalter.

### Technologischer Fortschritt und Digitalisierung

Die Digitalisierung hat das Leben aller maßgeblich beeinflusst und verlangt auch von Unternehmen eine stetige Anpassung. Arbeiten ist nicht mehr nur vom Büro aus möglich, es kann in der Bahn, im Park oder von zu Hause aus erfolgen. Arbeitnehmer müssen nicht mehr um die halbe Welt fliegen, um an internationalen Meetings teilzunehmen. Stattdessen werden Web- oder Telefonkonferenzen abgehalten. Die Zusammenarbeit in internationalen Teams über Ländergrenzen hinweg ist nur noch durch die unterschiedlichen Zeitzonen eingeschränkt — auch hier rückt die Welt näher zusammen. Wir können jederzeit unsere E-Mails abrufen, egal, ob wir im Büro sitzen oder gerade über die Straße gehen, und sind fast überall telefonisch erreichbar. Für Unternehmen bietet das die Chance, neue, effizientere Arbeitsstrukturen zu etablieren. Aber die Digitalisierung und die ständige Erreichbarkeit der Mitarbeiter birgt auch neue Risiken, die ihrerseits gemanagt werden müssen: Der Burn-out-Problematik der Mitarbeiter durch stetige Erreichbarkeit, der damit zunehmenden Dauerbelastung, die mit immer weniger geschützten Ruhezeiten verbunden ist, muss begegnet werden. Wer hätte vor einigen Jahren gedacht, dass Unternehmen einmal beispielsweise die Nutzung von Geschäftssmartphones im Urlaub untersagen müssen, um ihren Mitarbeitern einen erholsamen Urlaub gewährleisten zu können? Oder wer hätte vermutet, dass sich renommierte Automobilkonzerne dazu gezwungen sehen, den E-Mail-Empfang auf Firmensmartphones von Tarifangestellten nach Dienstschluss zu unterbinden?

**BEISPIEL: Zunahme psychischer Erkrankungen**

Allein im ersten Halbjahr 2012 stieg die Anzahl psychischer Erkrankungen bei Arbeitnehmern (gemessen an den Krankschreibungen) im Vergleich zum Vorjahr um acht Prozent. Die psychischen Erkrankungen lagen damit auf Platz 3 der Erkrankungen (nach den Muskel- und Skeletterkrankungen auf Platz 1 und den Atemwegserkrankungen auf Platz 2).[1]
Seit 2000 haben sich die Fehltage aufgrund psychischer Erkrankungen wie Burn-out oder Depressionen fast verdoppelt und verzeichneten einen kontinuierlichen Anstieg.[2]
Die Bundespsychotherapeutenkammer weist darauf hin, dass die Fehlzeiten durch psychische Erkrankungen mit durchschnittlich 30–39 Tagen verglichen mit anderen Erkrankungen besonders lang sind. Die volkswirtschaftlichen Kosten werden auf 26 Milliarden Euro geschätzt.[3]

Wie es scheint, müssen sich Unternehmen darüber Gedanken machen, wie sie künftig mit der zunehmenden Arbeitsbelastung ihrer Arbeitnehmer umgehen. Die Work-Life-Balance wird gerade in Zeiten fast uneingeschränkter Erreichbarkeit und Mobilität, verbunden mit zunehmendem Leistungsdruck auf die Mitarbeiter ein wichtiges personalpolitisches Thema sein. Es wird darauf ankommen, dass es den Unternehmen gelingt, ihre Mitarbeiter keiner stetigen Überforderung auszusetzen und hierfür entsprechende Leitlinien und Überprüfungsinstrumente zu schaffen. Was im Spitzensport selbstverständlich ist, muss auch in Unternehmen Einzug halten: Wer möchte, dass Spitzensportler möglichst lange ihre Höchstleistungen erbringen können, muss sehr genau darauf achten, dass sie gut trainiert und gefordert, aber nicht überfordert werden. Auf entsprechende Erholungspausen und eine gesunde Lebensweise zu achten, ist für den langfristigen Erfolg essenziell. Nicht anders ist es mit den Leistungsträgern und High-Potentials in Unternehmen.

**BEISPIEL: Einen Marathon im Sprint bewältigen?**

Niemand käme wohl auf den Gedanken, den persönlichen Rekord eines 100-Meter-Sprinters als Grundlage zur Hochrechnung einer zu laufenden Zeit für einen Marathon zu nehmen. Doch leider ist genau diese Vorgehensweise weitverbreitet, wenn es darum geht, (jährliche) Ziele mit Mitarbeitern zu vereinbaren. Von ihnen werden dauerhaft Spitzenleistungen erwartet, die meistens nur ausnahmsweise und/oder über einen kurzen Zeitraum erbracht werden können.

1 Siehe Reuters: Arbeitnehmer fehlen im Durchschnitt acht Tage, in: Die Zeit vom 13.08.2012.

2 Siehe dpa: Fehltage wegen Burn-out seit 2000 fast verdoppelt, in: Die Zeit vom 07.06.2012.

3 Siehe ebenda.

## Datenpiraterie und Industriespionage

Auch die Notwendigkeit, Datenpiraterie und Industriespionage zu unterbinden, wird durch die technischen Neuerungen und die Nutzung vom Smartphones, Tablets, Notebooks und Cloud-Services noch dringlicher und herausfordernder.

**BEISPIEL: Schaden durch Industriespionage[4]**

Laut der Studie *Industriespionage 2012*, die von der Sicherheitsberatung Corporate Trust in Zusammenarbeit mit der Brainloop AG und der TÜV SÜD AG vorgelegt wurde, haben mehr als 54 Prozent der deutschen Unternehmen bereits Erfahrungen mit Industriespionage gemacht. Der tatsächliche Prozentsatz der von Industriespionage betroffenen Unternehmen dürfte weitaus höher liegen, weil man davon ausgehen kann, dass Industriespionage von den ausspionierten Unternehmen nicht immer entdeckt wird.[5]
Insbesondere Forschungsergebnisse und geheime Firmeninformationen stehen im Fokus der Industriespionage.[6]
Der Schaden wird auf 4,2 Milliarden Euro pro Jahr geschätzt.[7]

## Informationstechnologie und Prozessmanagement

Der stetige technologische Fortschritt erlaubt es Unternehmen, Strukturen und Prozesse zu automatisieren und effizienter zu gestalten. Aufgrund des steigenden Wettbewerbsdrucks ist man als Unternehmen gezwungen, ständig zu prüfen, inwieweit die IT-Infrastruktur und die Prozesse noch den neuesten Anforderungen gerecht werden.

## Halbwertszeit von Wissen und Komplexität der Aufgaben

Durch den schnellen technologischen Fortschritt werden einfache Tätigkeiten immer mehr durch Technologie ersetzt und auf eine neue Stufe der Rationalisierung gehoben. Damit steigt auch der Anspruch an die verbleibenden Mitarbeiter. Sie werden immer öfter und immer schneller mit anderen, stärker spezialisierten Aufgaben konfrontiert. Die Komplexität der Aufgaben und der Anforderungen wächst

4 Siehe uqrl: Industriespionage – Deutscher Mittelstand am häufigsten betroffen, in: Mittelstand direkt.

5 Siehe ebenda.

6 Siehe ebenda.

7 Siehe ebenda.

beständig. Die Unternehmen sehen sich dadurch vor der Herausforderung einer stetigen Qualifizierung ihrer Mitarbeiter, insbesondere, weil die Prozesse und die IT oft auf die Bedürfnisse und Geschäftsmodelle der Unternehmen maßgeschneidert sind. Spezialisierte Kräfte sind nicht sofort einsatzbereit und können auch nicht direkt vom Markt abgeworben werden.

| **Checkliste: Wie gut ist Ihr Unternehmen auf die Zukunft vorbereitet?** | | |
|---|---|---|
| **TECHNOLOGISCHER FORTSCHRITT, AUFGABENKOMPLEXITÄT, ERHÖHTER WEITERBILDUNGSBEDARF** | | |
| | **ja** | **nein** |
| Nutzen Sie alle Möglichkeiten, die sich durch mobiles Arbeiten bieten, u. a. auch, um flexible Arbeitsmodelle umzusetzen und Ihren Mitarbeitern eine bessere Vereinbarkeit von Beruf und Familie zu ermöglichen (Home-Office-Lösungen)? | ☐ | ☐ |
| Erfassen Sie systematisch, wie sich die ständige Erreichbarkeit auf die Psyche Ihrer Arbeitnehmer auswirkt? | ☐ | ☐ |
| Haben Sie Maßnahmen ergriffen (z. B. durch Betriebsvereinbarungen zur Smartphonenutzung, Erreichbarkeit im Urlaub u. Ä.), die sicherstellen, dass Ihre Mitarbeiter notwendige Ruhezeiten einhalten (können)? | ☐ | ☐ |
| Machen Sie Ihren Mitarbeitern Angebote zur Unterstützung ihrer Gesundheit (z. B. Salatbar und Fitnessessen in der Kantine, kostenloses stilles Wasser und Obst, Fitnesscenter oder entsprechende Gutscheine, Unternehmenssportgruppen)? | ☐ | ☐ |
| Nutzen Sie die technologischen Möglichkeiten (Webkonferenzen), um das Arbeiten in virtuellen Teams ggf. über Ländergrenzen hinweg kostengünstig zu realisieren? | ☐ | ☐ |
| Haben Sie die Risiken der Nutzung mobiler Endgeräte wie z. B. Smartphones geprüft und sind Sie entsprechend vor Industriespionage geschützt? | ☐ | ☐ |
| Gibt es im Unternehmen klare Regelungen, wie Smartphones und Laptops in der Öffentlichkeit genutzt werden dürfen (z. B. unterwegs in Zügen, in Flughäfen)? | ☐ | ☐ |
| Verfügen Sie über ein intelligentes Weiterbildungskonzept, das neben dem aktuellen Bildungsbedarf auch den prognostizierten zukünftigen Bildungsbedarf mit einschließt? | ☐ | ☐ |
| Bieten Sie Ihren Mitarbeitern neben den klassischen Weiterbildungsmethoden (Seminare, Workshops) auch die Möglichkeit des IT-gestützten, selbst gesteuerten Lernens (z. B. durch entsprechende Onlinetutorials, Onlinecoachings, Apps, Unternehmenswikis)? | ☐ | ☐ |

## 2.3 Transparente Märkte, Internet, Wissensgesellschaft

### Transparente Märkte

Die Märkte werden durch das Internet immer transparenter. Innerhalb von Sekunden sind Preise und Produkte vergleichbar. Die neuesten Smartphones beispielsweise können schnell hinsichtlich ihrer Möglichkeiten, ihrer Kosten und ihres Nutzens für den Käufer verglichen werden. Längst hat sich der Verkäufermarkt zum Käufermarkt gewandelt. Der Preisdruck auf die Unternehmen hat sich dadurch deutlich erhöht. Dem Endverbraucher kommen immer mehr Entscheidungsmacht und Einflussmöglichkeiten zu.

Social Media gewinnen immer mehr an Bedeutung. Die Bewertung von Produkten, sei es in sozialen Netzwerken oder in Internetshops und —foren, beeinflusst die Käufermeinungen. Produkte können aber auch ganz gezielt zielgruppenspezifisch in sozialen Netzwerken beworben werden.

### Schnelle Marktsättigung — kurze Produktlebenszyklen

Gleichzeitig wird es für Unternehmen immer schwieriger, neue Kunden für sich zu gewinnen und Käufer an ihre Marke oder ihr Unternehmen zu binden. Der Kunde ist heutzutage fast wunschlos glücklich. Produkte, die nicht wirklich benötigt werden und darüber hinaus auch noch dem technologischen Fortschritt standhalten müssen, haben immer kürzere Lebenszyklen. Wer als Unternehmen erfolgreich sein will, muss innovativ sein, zur richtigen Zeit das richtige Produkt auf den Markt bringen oder aber Trends schnell erkennen und zu den „Early Adaptern" gehören.

### Wissensgesellschaft

Wir sind von einer Industriegesellschaft zu einer Wissensgesellschaft geworden oder befinden uns auf dem besten Weg dorthin. Neben den bereits dargestellten grundlegenden Veränderungen unserer Kommunikationsformen und -medien in der Gesellschaft und im Geschäftsleben, zeigt sich das auch an der wachsenden Bedeutung von nicht materiellen Gütern und Dienstleistungen. Die Zahl der Mitarbeiter, die in informationsbezogenen Aufgabengebieten tätig sind, wächst stetig. Dass wir uns auf dem besten Weg zu einer Wissensgesellschaft befinden, zeigt auch die Tatsache, dass Industriestaaten vermehrt in Bildung und Forschung investieren, um sich hierdurch einen Wettbewerbsvorteil zu verschaffen. Allerdings macht auch der „War for Talents and Innovations", also der Kampf um die gut ausgebildeten Potenzialträger und die besten Erfindungen mittlerweile nicht mehr vor den Landes- oder Wirtschaftsunionsgrenzen halt. Es ist zu erwarten, dass der „War for Talents and Innovations" einen „Weltkriegscharakter" annehmen wird.

## Demografischer Faktor

### Alternde Bevölkerung

Die Menschen in Deutschland werden zunehmend älter, während gleichzeitig die Geburtenrate sinkt. Nach Berechnungen des Statistischen Bundesamtes werden 2060 17 Millionen Menschen weniger in Deutschland leben als heute. „Während die Zahl der 45- bis 64-Jährigen von 2006 bis 2025 um 1,4 Millionen zunimmt, wird sich die Zahl der jüngeren Erwerbstätigen von 25 bis 44 Jahren in diesem Zeitraum um 3,7 Millionen verringern."[8]

**Anteile der Altersgruppen unter 20, ab 65 und ab 80 Jahren in Deutschland, 1871–2060* (Stand 2010)**

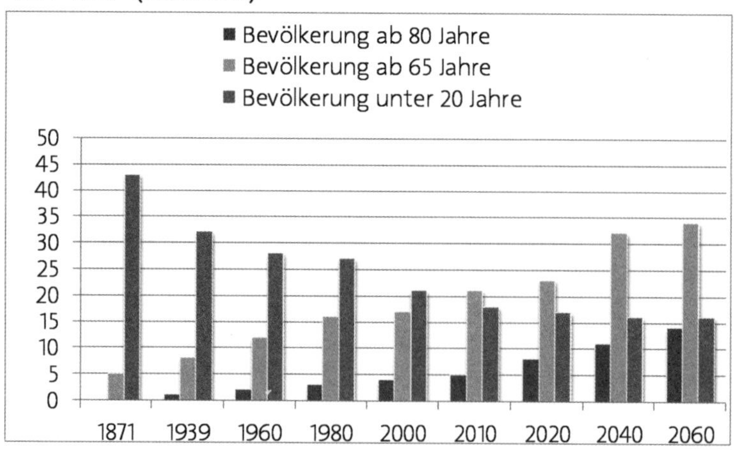


* ab 2020: Ergebnisse der 12. koordinierten Bevölkerungsvorausberechnung des Bundes und der Länder, Untergrenze der „mittleren" Bevölkerung
Datenquelle: Statistisches Bundesamt; grafische Darstellung: BiB

Abb. 1: Demografischer Wandel

[8] Siehe http://demographie-wiki.de/index.php?title=Demographie_Unternehmen.

### Der Fachkräftemangel und seine Auswirkungen

Der Fachkräftemangel stellt Deutschland wie auch andere Industrienationen, die ein ähnliches Schicksal haben, vor neue Herausforderungen. Man geht davon aus, dass der Fachkräftemangel nicht allein aus Deutschland heraus bewältigt werden kann. Auch hier wird wohl die Globalisierung greifen und Unternehmen in Industrienationen werden sich für Mitarbeiter aus anderen Nationen öffnen. Durch den Bedarf immer spezialisierterer Mitarbeiter kommt der Personalentwicklung und der Mitarbeiterbindung in Zukunft eine immer größere Bedeutung zu. Auch das Employer Branding, d. h., die Positionierung des Unternehmens als Arbeitgebermarke nach außen hin, wird im Kampf um die besten Mitarbeiter immer wichtiger werden. In stark wachsenden Branchen, die hoch qualifizierte, international ausgerichtete Mitarbeiter benötigen, kann man diesen Trend schon jetzt beobachten. Auf der anderen Seite ist diese Weitsicht bei Unternehmen, die derzeit ihre Mitarbeiterzahl zugunsten einer zumindest kurzfristigen Profitabilität weiter reduzieren (wie z. B. im Bankensektor) noch nicht festzustellen.

### Frauen im Fokus der Unternehmen

Bedingt durch den demografischen Faktor sehen sich Unternehmen insbesondere in den Industriestaaten vor der Herausforderung, den immer besser ausgebildeten Frauen durch flexiblere Arbeitszeitmodelle attraktive Arbeitsmöglichkeiten zu bieten. Zurzeit unterbrechen immer noch meistens die Frauen ihre Karriere, wenn sie eine Familie gründen, damit sie sich in der ersten Zeit um ihre Kinder kümmern können. Danach steigen sie oft nur in Teilzeit wieder in die Arbeitswelt ein, zumeist in Jobs, die verglichen mit ihrem Potenzial und ihrem Bildungshintergrund weit hinter ihren Einsatzmöglichkeiten zurückbleiben. Größtenteils ist dieser Umstand der Tatsache geschuldet, dass es zu wenige Betreuungsmöglichkeiten für Kinder gibt bzw. dass die angebotenen Betreuungszeiten mit den Arbeitszeitanforderungen der Unternehmen nicht in Einklang zu bringen sind. Viele Unternehmen haben das erkannt und bieten vermehrt gesponserte Kinderbetreuungsplätze für ihre Mitarbeiter und Mitarbeiterinnen an. Außerdem versuchen sie den Wiedereinstieg zu erleichtern, indem sie Arbeitszeiten und -orte flexibler gestalten. Während Frauen nach einer „Babypause" bereits jetzt wieder früher in den Beruf zurückkehren und auch besser ausgebildet sind, zeigt sich, dass auch immer mehr Männer Zeit mit der Familie verbringen (möchten) und stärker in die Betreuung eingebunden sind. Zukunftsforscher betonen, dass es – um dem Fachkräftemangel entgegenzuwirken – in Zukunft darauf ankommen wird, dass die Unternehmen eine bessere Vereinbarkeit von Beruf und Familie aktiv vorantreiben.

## Sind zukünftig auch ältere Mitarbeiter wieder im Fokus?

Inwieweit auch ältere Mitarbeiter wieder an Attraktivität für die Unternehmen gewinnen, bleibt abzuwarten. Zurzeit sieht man sich eher dem Trend gegenüber, dass sich Unternehmen von älteren Mitarbeitern mit langer Betriebszugehörigkeit trennen bzw. ihnen Anreize geben, nicht bis zum Rentenbeginn im Unternehmen zu verbleiben (Anreize durch Abfindungsvereinbarungen, Arbeitszeitkonten etc.). Inwieweit sich Unternehmen diesen Trend auf lange Sicht, insbesondere aufgrund des vorausgesagten Fachkräftemangels, leisten können, bleibt abzuwarten. Insbesondere in einer Wissensgesellschaft ist natürlich gerade das über lange Jahre erworbene Wissen bzw. die Erfahrung der langjährigen, älteren Mitarbeiter ein hoher Wert, der eine vermeintliche Minderleistung verglichen mit jüngeren Mitarbeitern zumindest wieder aufwiegen sollte.

Im Übrigen zeigen Studien (z. B. Prognos-Studie „Erfahrung rechnet sich", herausgegeben vom Bundesministerium für Familie, Jugend, Frauen und Senioren), dass die oftmals angenommene Minderleistung älterer Menschen nicht als bestätigt angesehen werden kann. Vielmehr zeigen sich deutliche Stärken der älteren Belegschaft, insbesondere durch die Bindung von Wissen und Mitarbeitern, was

- zu einer höheren Weiterbildungsrendite,
- zu vermehrten Beiträgen zu Qualitätsverbesserungen,
- zur der Vermeidung von Fehlern und
- zu einer Optimierung von Prozessen und Entwicklungszeiten

führt.[9]

Aus Sicht des Vertriebs kommt den älteren Mitarbeitern in Zukunft eine steigende Bedeutung zu, weil angenommen werden kann, dass aufgrund der immer größeren Käuferschicht der älteren Bevölkerung auch eine ähnliche Altersstruktur beim Verkaufspersonal für eine kundenspezifische Ansprache und Beratung von Bedeutung sein wird. Das höhere Lebensalter wirkt darüber hinaus auch bei jüngeren Kunden oftmals vertrauensfördernd und begünstigt so den Verkaufsabschluss oder die Neukundenakquisition. In klassischen Beratungsberufen werden die „Seniors" schon heute sehr geschätzt — erfolgreich ist dort, wer grau melierte Schläfen hat und Erfahrung ausstrahlt.

[9] Prognos: Erfahrung rechnet sich – Aus Kompetenzen Älterer Erfolgsgrundlagen schaffen. Hrsg. v. Bundesministerium für Familie, Senioren, Frauen und Jugend. Berlin 2008.

| Checkliste: Wie gut ist Ihr Unternehmen auf die Zukunft vorbereitet? | | |
|---|---|---|
| **TRANSPARENTE MÄRKTE, INTERNET, WISSENSGESELLSCHAFT** | | |
| | **ja** | **nein** |
| Setzen Sie das wirtschaftliche Potenzial von Social Media gezielt ein, um Ihr Unternehmen, seine Produkte/Leistungen zu bewerben und zu vertreiben (z. B. für Brand Awareness, Personalmarketing, Suche/Ansprache potenzieller Kunden)? | ☐ | ☐ |
| Wird Online-PR von Ihrem Unternehmen strategisch genutzt, um im Rahmen der transparenten Märkte dem Endkonsumenten die Vorteile des Unternehmens und seiner Produkte leicht zugänglich zu machen (z. B. Einträge in Wikipedia, White Papers, Onlinepressediensten)? | ☐ | ☐ |
| Ergreifen Sie spezielle Maßnahmen zur Steigerung der Innovationsfähigkeit Ihres Unternehmens? | ☐ | ☐ |
| Analysieren Sie gezielt Trends, die Ihr Unternehmen und seine Produkte beeinflussen könnten, um sicherzustellen, dass Sie Chancen erkennen (Early Adapter) bzw. Risiken vorbeugen können? | ☐ | ☐ |
| Fließen demografische Faktoren in die strategische Personalplanung und Personalentwicklung Ihres Unternehmens ein? | ☐ | ☐ |
| Investieren Sie vermehrt in Employer Branding, Personalmarketing und eine Personalpolitik und Unternehmenskultur, die Ihre Personalgewinnung und Mitarbeiterbindung zukunftsfähig machen? | ☐ | ☐ |
| Setzen Sie gezielt Maßnahmen zur Verbesserung der Work-Life-Balance Ihrer Mitarbeiter ein (z. B. Kinderbetreuungsplätze, Home-Office-Lösungen, flexible Arbeitszeitmodelle)? | ☐ | ☐ |

## 2.4 Ökologische Einflüsse, Ressourcenknappheit, Engpässe

### Ressourcenknappheit

Unternehmen haben schon jetzt mit einer Ressourcenverknappung zu kämpfen und der Trend geht in Richtung einer weiteren Verschärfung der Situation. Ein Grund dafür ist die demografische Entwicklung: Die Weltbevölkerung wächst weiter und wird in den nächsten 40 Jahren um geschätzte 2,5 Milliarden Menschen zunehmen. Ein weiterer Grund für die Verschärfung der Situation besteht darin, dass Länder, die zurzeit noch ein geringeres Pro-Kopf-Einkommen aufweisen, in den nächsten Jahrzehnten auf mehr Wohlstand hoffen dürfen. So nimmt die Weltbank an, dass gerade das Einkommen der einkommensschwachen Länder doppelt so schnell wachsen wird, wie das der wohlhabenden Länder. Zunehmender Wohlstand in diesen Ländern wird zu einem enormen Anstieg der benötigten Rohstoffmengen führen. Denn die Ansprüche der Bevölkerung von aufstrebenden Ländern werden parallel zum Anstieg ihres Einkommens steigen. Schon jetzt spüren wir die Rohstoffverknappung durch den Preisanstieg besonders nachgefragter Rohstoffe. So sind laut Deutscher Industrie- und Handelskammer (DIHK) die Preise für Rohstoffe seit dem Jahr 2000 je nach Indices um das 2,5- bis 6-Fache des Ausgangswerts gestiegen. Die DIHK führt diese Entwicklung auf die starke Nachfrage der Schwellenländer, insbesondere Chinas, zurück.

Neben der natürlichen Verknappung haben viele Länder auch damit zu kämpfen, dass nicht allein die natürliche Verfügbarkeit und die Nachfrage den Preis regeln. Zum Teil scheint absichtlich verschleiert zu werden, über wie viele Ressourcen einzelne Länder tatsächlich verfügen, um den Preis in die Höhe treiben oder eine künstliche Verknappung herbeiführen zu können. Auch gibt es immer wieder Vorwürfe, dass Länder versuchen, ihren Unternehmen Vorteile zu verschaffen, indem sie Güter zunächst dem eigenen Land zur Verfügung stellen und die Güter für andere Länder verknappen. Außerdem kommt es zu einer künstlichen Ressourcenverknappung durch Kriege und Konflikte.

All das verlangt von den Unternehmen ein Umdenken, damit die Risiken der Ressourcenverknappung kalkulierbar werden und Chancen, die sich ergeben, genutzt werden können. Unternehmen setzen deshalb auf neue ressourceneffiziente Produkte und Geschäftsfelder. Der Innovationsdruck wächst, bietet aber auch vielfältige Chancen. Die Erfindung der Digitalfotografie zum Beispiel führte zu einem deutlich geringeren Verbrauch an Silber und Chemikalien. Auch die Wiederaufbereitung von Produkten erlebt einen wahren Boom. Es werden nicht nur gebrauchte Mobiltelefone recycelt, auch Medizingeräte werden wiederaufbereitet und zu einem erschwinglichen Preis weiterverkauft. In Deutschland schießen gerade ganze Reparaturwerkstätten rund um Smartphones und Tablets aus dem Boden. Die Liste der Beispiele ließe sich weiter fortsetzen.

Bei der Entwicklung und Einführung neuer Produktlinien kommt es immer mehr darauf an, die benötigten Ressourcen so knapp wie möglich zu halten, um die Produktionskosten und die Risiken, die mit einer Verknappung des Rohstoffs verbunden sind, möglichst gering zu halten. Gleichzeitig kommt der Suche nach Alternativen für die verwendeten Rohstoffe bzw. nach neuen Produkten, die diese Rohstoffe nicht benötigen, immer mehr Bedeutung zu. Leider scheinen das viele

Unternehmen noch nicht erkannt zu haben. Obwohl die Materialkosten beim verarbeitenden Gewerbe mit einem Anteil von gut 50 Prozent der Gesamtkosten den größten Stellhebel bilden, wird oftmals lieber bei den Personalkosten, die bei etwa 25 Prozent liegen, gespart.[10]

Auch die Energiekosten sind in den letzten Jahren immer weiter gestiegen. Die hohen Energiepreise für Treibstoff, Strom und Gas verringern die Gewinnmargen und führen dadurch ebenfalls zu einem Umdenken. Unternehmen setzen vermehrt auf erneuerbare Energien oder versuchen, möglichst energieeffizient zu produzieren.

## Ökologische Einflüsse

Die Umwelt selbst ist ebenfalls zu einem kostbaren Gut geworden. Auch hier setzt mittlerweile ein Umdenken ein. Längst werden die Wissenschaftler, die die Erderwärmung und die damit zusammenhängenden Wetterkapriolen, Stürme und Überschwemmungen auf die $Co^2$-Emissionen zurückführen, nicht mehr müde belächelt. Das „Bündnis Entwicklung Hilft" kommt im Rahmen seines WeltRisikoBerichts 2012 zu dem Ergebnis, dass die Umweltzerstörung wesentlich zur Erhöhung des Katastrophenrisikos beiträgt.[11]

**BEISPIEL: Wirtschaftlicher Schaden durch Naturkatastrophen**

Laut WeltRisikoBericht 2012[12] gab es in den letzten 10 Jahren

- 4.130 Katastrophen
- mit mehr als einer Millionen Toten.

Der daraus resultierende wirtschaftliche Schaden wird auf mindestens **1,195 Billionen US-Dollar** geschätzt.

### Knapper werdende Ressource Trinkwasser

Der Anstieg der Weltbevölkerung wird zu einer weiteren Verknappung des Süßwassers führen. Man ist sich einig, dass in den nächsten Jahrzehnten viel in die Infrastruktur investiert werden muss, um den Zugang zu Trinkwasser sicherzustellen.

10 BMU-Broschüre: Megatrends der Nachhaltigkeit – Unternehmensstrategie neu denken. Hrsg. v. Bundesumweltministerium für Umwelt, Naturschutz und Reaktorsicherheit. Berlin 2008.

11 Siehe http://www.entwicklung-hilft.de/Nachrichten.286+M5df7e36d147.0.html.

12 Siehe ebenda.

### Erneuerbare Energien

Nicht zuletzt aufgrund der Atomkatastrophe von Fukushima werden die erneuerbaren Energien in Zukunft noch stärker an Bedeutung gewinnen. Auch hier zeigen sich Chancen und Risiken, die die Unternehmen zukünftig beeinflussen werden.

| Checkliste: Wie gut ist Ihr Unternehmen auf die Zukunft vorbereitet? | | |
|---|---|---|
| **VERSCHÄRFUNG ÖKOLOGISCHER EINFLÜSSE, UMGANG MIT RESSOURCENKNAPPHEIT** | | |
| | **ja** | **nein** |
| Bei produzierenden Unternehmen: Suchen Sie in Ihrem Unternehmen vorausschauend nach Alternativen für verwendete Rohstoffe, um die Materialkosten zu senken? | ☐ | ☐ |
| Bei produzierenden Unternehmen: Überprüfen Sie schon bei der Entwicklung neuer Produkte die Verfügbarkeit der benötigten Materialressourcen und ihre Zugänglichkeit in Bezug auf eine mögliche baldige Verknappung? | ☐ | ☐ |
| Treffen Sie gezielt Maßnahmen zur Senkung der Energiekosten Ihres Unternehmens? | ☐ | ☐ |
| Suchen Sie fortgehend nach Möglichkeiten, den Schadstoffausstoß zu verringern? | ☐ | ☐ |
| Nutzt Ihr Unternehmen erneuerbare Energien? | ☐ | ☐ |

## 2.5 Zusammenfassung und Ausblick

Wir haben ausgewählte Megatrends vorgestellt, die zeigen, wie komplex die Welt von morgen ist und was von Unternehmen erwartet wird, die auch in Zukunft erfolgreich am Markt agieren wollen.

### Basisanforderungen an zukunftsfähige Unternehmen

Was sind die wichtigsten Kompetenzen, die Unternehmen mitbringen sollten, damit sie Risiken vorausschauend begegnen und die sich ergebenden Chancen nutzen können? Abgeleitet von den Herausforderungen der Megatrends ergeben sich die folgenden Basisanforderungen:

- Neuorientierungsfähigkeit
  - Innovaltionsfähigkeit
    - Aktive Suche nach neuen Geschäftsfeldern, Produkten, Ideen, Weiterentwicklungen, Einsparpotenzialen
    - Fördern einer Innovationskultur
  - Kreativität
    - Problemsensivität (Problembewusstsein)
    - Denken in unkonventionellen Strukturen („out of the box“)
    - Lösungsorientierte Herangehensweise
    - Hemdsärmeligkeit/Hands-on-Mentalität
  - Infragestellen des Bewährten
    - Stetige Überprüfung, ob das, was man tut, noch das Richtige ist
    - Stetige Überprüfung, ob man das Richtige, richtig umsetzt
    - Stetige Überprüfung, wie man ressourcengünstiger agieren kann
    - Stetige Überprüfung, welche technologischen Neuerungen es gibt und ob bzw. wie man sie einsetzen kann
- Strategische Planungsfähigkeit
  - Management und Analyse der Komplexität bei der Informationsgewinnung und Verarbeitung
  - Unterscheiden zwischen Trends und Megatrends
  - Ableiten kurz-, mittel- und langfristiger Ziele aus erkannten Megatrends
  - Kennzahlenbasierte Überprüfung und Ableiten von Maßnahmen
- Adaptions- und Umsetzungsfähigkeit
  - Hohe Flexibilität
  - Schnelligkeit
  - Organisationsentwicklung und Change Management
  - Streben nach Exzellenz/kontinuierliche Verbesserungsfähigkeit
- Exzellentes Informationsverhalten/Marketing
  - Gezielte Nutzung von Internet und Social Media
  - Online-PR
- Auf dem neusten Stand der Entwicklung bleiben
  - Nutzen neuester Technologien und Erkenntnisse
- Verantwortliches Management und Führungsverhalten
- Strategische Personalplanung und Personalpolitik
- Diversifizierung

## Spezifische Anforderungen an zukunftsfähige Unternehmen

Neben den Basisanforderungen ergeben sich auch spezifische Herausforderungen, die sich aus den Megatrends ableiten lassen. Viele erfolgreiche Unternehmen haben erkannt, dass sie Megatrends aufspüren und von ihnen spezifische Maßnahmen für sich ableiten müssen, um sicherzustellen, dass sie für die Zukunft richtig ausgerichtet sind. Im Sinne der Risikominimierung und der Nutzung von Chancen entwickeln diese Unternehmen Kennzahlensysteme, die überprüfen, inwieweit sie die gesteckten Ziele erreichen und wo sie möglicherweise weitergehende Maßnahmen ergreifen müssen. Auf diese Weise erhalten diese Unternehmen ein Navigationsinstrument, das ihnen den richtigen Weg weist und anzeigt, ob sie sich (noch) auf Kurs befinden. Befinden sie sich nicht (mehr) auf dem richtigen Kurs, zeigt ihnen dieses Instrument, wie sie gegensteuern müssen, um das Ziel zu erreichen.

**BEISPIEL: Erfolgreiche Unternehmen nutzen Zukunftsprognosen**

**Bei den erfolgreichen Unternehmen (gemessen an den letzten Umsatzprognosen) nutzt jedes zweite Unternehmen Kennzahlen und Zukunftsprognoseinstrumente für die Ausrichtung seiner langfristigen Geschäftsstrategie, während bei den weniger erfolgreichen Unternehmen nur jedes fünfte Megatrends auswertet und für die Geschäftsplanung nutzt.[13] Zu diesen Ergebnissen kommt die Studie „Managementkompass Megatrends“ von Steria Mummert Consulting.[14]**

Erfolgreiche Unternehmen nutzen Megatrends, um sich für die Zukunft aufzustellen — mit oder ohne Hilfe von z. B. strategischen Unternehmensberatungen. Den meisten Unternehmen ist heute klar: Wenn sie langfristig am Markt bestehen und erfolgreich sein wollen, dürfen sie sich nicht mehr auf frühere Erfolge oder ihre aktuell gute Marktlage verlassen. Unternehmen, die diesen Umstand in den letzten Jahren unterschätzt haben, ist das häufig zum Verhängnis geworden. Ausgelöst durch die Finanzkrise 2009 jagte eine Insolvenz die nächste.

Die folgende Abbildung gibt einen guten Überblick über die Insolvenzen in Rezessionsjahren (z. B. 2009 ausgelöst durch die Finanzkrise):

[13] Siehe Steria Mummert Consulting und Institut für Management und Wirtschaftsforschung (Hrsg.): Potenzialanalyse Megatrends. Hamburg 2007, S. 9 ff.

[14] Siehe ebenda.

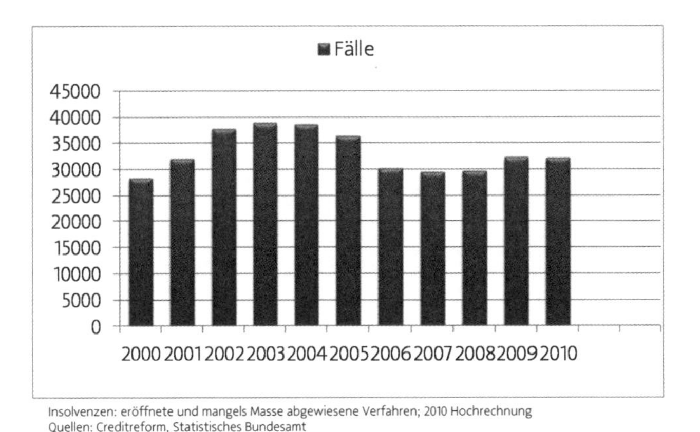


Abb. 2: Insolvenzen und Rezessionsjahre

Das Rezessionsjahr 2009 wurde auch vielen namenhaften deutschen Traditionsunternehmen zum Verhängnis. Dabei ging es Schlag auf Schlag: Kaum ein Monat verging 2009, ohne dass ein namhaftes Unternehmen Insolvenz anmelden musste, wie der folgende Beispielkasten eindrucksvoll belegt:

**BEISPIEL: Beantragte Insolvenzen namhafter Firmen im Finanzkrisenjahr 2009 (erstes Halbjahr)[15]**

- 9. Januar 2009 — Rosenthal (Porzellanhersteller)
- 14. Januar 2009 — Wolf-Garten (Gartengeräte)
- 2. Februar 2009 — Edscha (Automobilzulieferer)
- 4. Februar 2009 — Märklin (Modellbahnbau)
- 9. Februar 2009 — Schiesser (Unterwäsche)
- 2. März 2009 — Hertie (Warenhauskette)
- März 2009 — TMD Friction (Bremsbelaghersteller)
- April 2009 — Qimonda (Halbleiterhersteller)
- 8. April 2009 — Karmann (Automobilunternehmen)
- 14. April 2009 — Woolworth (Warenhauskette)
- Mai 2009 — Pohland (Herrenausstatter)
- Juni 2009 — Trevira (Textilfaser-Produzent)
- 5. Juni 2009 — Wadan Werften (Schiffsbau)
- 9. Juni 2009 — Arcandor (Handels- und Touristikkonzern)

[15] Siehe Niebisch, F. L./N. Rüdel: Insolvenzen 2009 - Das Jahr der Megapleiten, in: Handelsblatt vom 18.12.2009.

Die Finanzkrise und die zahlreichen Insolvenzen von Traditionsunternehmen bewirkten schlagartig ein Umdenken in der Wirtschaft, das sich bis heute auswirkt. Kein Unternehmen, auch kein Traditionsunternehmen, verlässt sich heute mehr darauf, dass es mit seiner aktuellen Strategie auch morgen noch erfolgreich sein wird.

### Branchenspezifische Trends

Die Unternehmen, die im ersten Halbjahr 2009 Insolvenz anmelden mussten, sind aus verschiedenen Gründen in die Krise geraten – oftmals waren hierfür auch Managemententscheidungen verantwortlich. Insbesondere die Branche der Warenhausketten hatte wichtige Trends einfach verpasst. Der Boom des Internethandels wurde von vielen etablierten Warenhäusern und renommierten Einzelhandelsketten lange ignoriert und unterschätzt. Einige Traditionsunternehmen haben den Anschluss verpasst, weil sie sich nicht oder nicht schnell genug auf die wandelnden Marktverhältnisse und die Bedürfnisse der Kunden eingestellt haben. Andere Unternehmen hingegen, die den Trend frühzeitig erkannt haben, konnten sich behaupten.

**BEISPIEL: Trend erkannt, Gefahr gebannt**

**Modeunternehmen und Warenhausketten, die den Onlinetrend früh genug erkannt und entsprechend agiert haben, profitieren nun. Zu nennen sind beispielsweise**

- **Zara,**
- **H&M,**
- **C&A,**
- **Tom Tailor,**
- **Gerry Weber.[16]**

Amazon wurde von vielen Unternehmen lange unterschätzt, insbesondere, weil zunächst in einem reinen Onlinebuchhandel keine Gefahr gesehen wurde. Mittlerweile hat sich Amazon aufgrund seiner breiten Angebotspalette zu einer sehr ernst zu nehmenden Konkurrenz in der Einzelhandelsbranche entwickelt. Insbesondere die Möglichkeit, Produkte online bei Amazon durch Kundenbewertungen zu vergleichen, empfinden viele Kunden angesichts der Komplexität der Angebote als einen wesentlichen Vorteil.

[16] Siehe Reuters: Billig reicht nicht. Die Pleiten im Einzelhandel sind hausgemacht, in: Focus vom 25.07.2012.

Zalando, die zunächst nur Schuhe im Angebot hatten und nun im nächsten Schritt weitere Produkte anbieten wollen, wird von der Konkurrenz z. T. noch belächelt. Man darf gespannt sein, inwieweit sich auch Onlinemodeportale durchsetzen werden. Einige traditionelle Schuhhändler scheinen im Moment die Konkurrenz noch nicht zu fürchten, weil sie entsprechende Trends früh erkannt und genutzt haben. Deichmann sieht sich für die Zukunft gut gerüstet, denn das Unternehmen hat eigenen Angaben zufolge als erster Schuhhändler in Deutschland schon im Jahr 2000 einen Onlineshop eröffnet.[17]

### Nur die Anpassungsfähigen werden überleben

Charles Darwin sagte es schon: „Es ist nicht die stärkste, auch nicht die intelligenteste Spezies, die überlebt. Es ist die (Spezies), die sich Veränderungen am besten anpassen kann.“ Gleiches gilt für Unternehmen: Wer im immer härteren Wettkampf und in einer sich immer schneller ändernden Welt überleben bzw. langfristig erfolgreich sein will, muss über eine Kernkompetenz verfügen, die wichtiger ist als alle anderen: die Veränderungsfähigkeit und mit ihr einhergehend das Management von Veränderungen.

In einer Gesellschaft der transparenten Märkte kann man Trends schnell erkennen, aber die Gretchenfrage wird sein: Kann man sie auch für sich nutzen und umsetzen, und zwar schneller als die Konkurrenz? In den nächsten Kapiteln werden wir deshalb beleuchten, worauf es bei einem effektiven Management von Veränderungen wirklich ankommt und woran so viele gute Ansätze dennoch immer wieder scheitern.

[17] Siehe Jochen Knoblach: Schuh-Papst Heinrich Deichmann: „Ach ja, Zalando“, in: Frankfurter Rundschau vom 11.02.2012.

# 3 Change Management: Worüber sprechen wir eigentlich?

## 3.1 Grundlegende Begriffe des Change Managements

Befasst man sich mit dem Management von Veränderungen, bekommt man unterschiedliche, aber immer wiederkehrende Begriffe zu hören:

- Change Management und Organisationsentwicklung,
- evolutionäre und revolutionäre Veränderung,
- Total Quality Management, Kaizen, Prozessmanagement, Six Sigma, Business Process Reengineering,
- bottom-up und top-down.

Diese Begriffe werden ganz selbstverständlich verwendet, oft jedoch, ohne dass man weiß, was sie wirklich bedeuten. Vielleicht kennen Sie das auch aus Ihrem Arbeitsalltag und Ihrem Unternehmen. Es gibt viele Begriffe und Abkürzungen. In jeder Abteilung, in jedem Fachbereich sind es andere. Kommt man neu in ein Unternehmen, traut man sich zunächst nicht, zu fragen, was all diese Begriffe und Abkürzungen bedeuten sollen. Ist man etwas länger in einem Fachbereich bzw. einem Unternehmen tätig, kann man noch weniger nach den Bedeutungen fragen, ohne inkompetent zu erscheinen. Die eigentliche Bedeutung der Begriffe ergibt sich dann für den Zuhörer erst über einen längeren Zeitraum, indem er aus den im Zusammenhang genutzten Begriffen und Abkürzungen auf ihre Bedeutung schließt und sie in jeder neuen Situation hinsichtlich ihrer Richtigkeit prüft. Als Menschen können wir dies sehr gut. Immerhin haben wir so sprechen gelernt. Natürlich kann man sich auf diese Art und Weise die Bedeutung von Begriffen aneignen, aber es geht auch schneller: Wir haben Ihnen die wichtigsten Begriffe einmal zusammen- und gegenübergestellt und erläutern, was sie bedeuten.

Was sind nun die Unterschiede zwischen den oben genannten Begriffen? Was bedeuten sie und wie lassen sie sich voneinander abgrenzen?

In der folgenden Abbildung finden Sie eine Einordnung und Gegenüberstellung der wichtigsten Begriffe, die im Zusammenhang mit der Gestaltung von Veränderungsvorhaben genutzt werden:

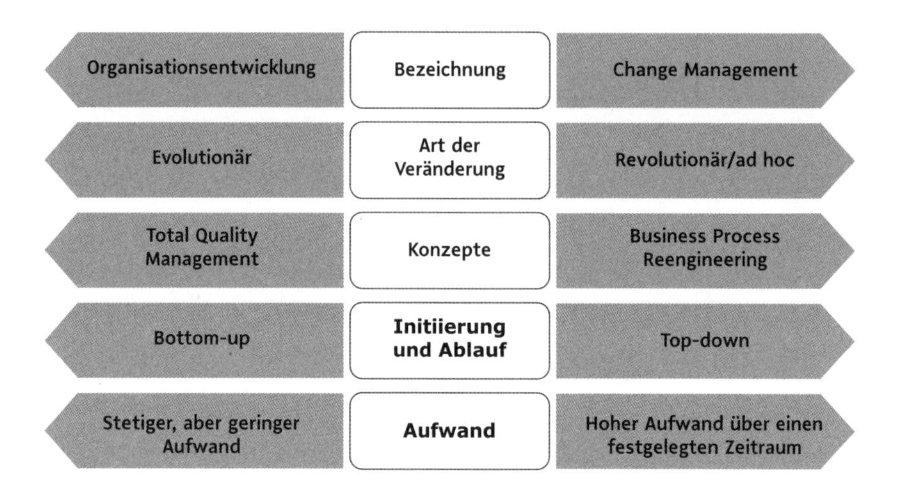


Abb. 3: Merkmale und Unterschiede von Veränderungen in Unternehmen

Im Weiteren unterziehen wir die einzelnen Begriffe einer genaueren Betrachtung.

## 3.1.1 Organisationsentwicklung und Change Management

Beide Begriffe werden zum Teil synonym gebraucht, wobei sich der Begriff „Change Management“ oder eingedeutscht „Veränderungsmanagement“ im Unternehmensalltag mehr und mehr durchzusetzen scheint.

- Woher kommt das?
- Was sind die eigentlichen Unterschiede zwischen den beiden Begriffen?
- Oder gibt es keine?

Um die Abgrenzung der beiden Begriffe zu verstehen, sollte man ihre Definition, ihre Entstehung und ihre Einsatzgebiete genauer betrachten.

### Organisationsentwicklung

Die Organisationsentwicklung (OE) meint die strategische Planung und Umsetzung von Organisationsveränderungen, um Verhaltens- und Einstellungsänderungen herbeizuführen und damit die organisatorische Leistungsfähigkeit von Organisationen (Unternehmen) zu verbessern. Sie basiert auf den Erkenntnissen und Methoden von Verhaltenswissenschaften wie der Soziologie, der Psychologie und der

Pädagogik und setzt gezielt gruppendynamische Prozesse zur Verbesserung eines Organisationssystems ein. Bei der Organisationsentwicklung handelt es sich um einen ganzheitlichen Ansatz, der die Unternehmenskultur, die Organisationsstruktur und das Individuum betrachtet und auch die Wechselwirkungen und Abhängigkeiten, die zwischen ihnen bestehen, mit in die Betrachtung einbezieht.

Der Organisationsentwicklung liegt ein humanistisches Menschenbild zugrunde. Sie geht davon aus, dass der Mensch von sich aus nach Entfaltung und stetiger Verbesserung strebt, engagiert und initiativ ist und Verantwortung übernehmen will. Die Organisationsentwicklung strebt eine „Humanisierung der Arbeit" an, d. h., sie hat neben dem Ziel der Verbesserung der organisatorischen Leistungsfähigkeit zur Erreichung der strategischen Ziele eines Unternehmens immer auch die Verbesserung der Arbeitsbedingungen der Mitarbeiter im Fokus.

- Von innen heraus
- Breit bis umfassend angelegt
- Andauernder, mittel- bis langfristiger Ansatz
- Auf Erkenntnissen der Verhaltenswissenschaften basierend (Psychologie, Soziologie, Pädagogik)
- Prozessorientiert angelegt
- Mitarbeiterorientiert, partizipativ

Modifiziert nach Mabey und Pugh
Quelle: Mabey, Ch./D. S. Pugh: Strategies for Managing Complex Change. Milton Keynes 1999.

Abb. 4: Merkmale der Organisationsentwicklung

## Change Management

Change Management (CM) bzw. Veränderungsmanagement ist die gezielte Steuerung eines Prozesses zur nachhaltigen und tief greifenden Veränderung von Unternehmen, mit dem Ziel der wirtschaftlichen Leistungssteigerung und der Konkurrenzfähigkeit. Ein weiteres Ziel des Change Managements ist es, die anvisierten Veränderungen möglichst schnell und effektiv umzusetzen. Dabei nutzt es alle Methoden und Theorien, die diese Zielsetzung unterstützen, insbesondere Methoden des Projektmanagements, aber auch in zunehmendem Maße Methoden und Erkenntnisse der Verhaltens- und Kommunikationswissenschaften.

## Vergleich und Abgrenzung der Begriffe „Organisationsentwicklung" und „Change Management"

Wie die kurzen Definitionen der Begriffe schon zeigen, lassen sich Organisationsentwicklung (OE) und Change Management (CM) nicht trennscharf voneinander abgrenzen. Das kann insbesondere auch auf ihre Entstehungs- und Entwicklungsgeschichte zurückgeführt werden. Während sich die Organisationsentwicklung in der 30er und 40er Jahren des 20. Jahrhunderts entwickelte und ihren Ursprung in den Verhaltenswissenschaften und im Humanismus hat, wurde der Begriff des Change Managements erst sehr viel später geprägt und trat ab den 90er Jahren des 20. Jahrhunderts vermehrt auf. In den 90er Jahren zeigten einige der bereits beschriebenen Megatrends wie der zunehmende technologische Fortschritt und die Globalisierung erste Auswirkungen auf die Unternehmen. Der Wettbewerb wurde härter, die Unternehmen sahen sich vor der Herausforderung, ihre Unternehmen zukunftsfähig ausrichten zu müssen. Es kam zu einem Verdrängungswettbewerb, und damit einhergehend zu Fusionen. Strategische Unternehmensberatungen erlebten einen regelrechten Boom und wurden immer öfter in Anspruch genommen, um Fusionen zu begleiten und neue Geschäftsmodelle zu entwickeln und zu implementieren. Prozesse und Abläufe mussten aufgrund der immer stärkeren Nutzung der Informationstechnologie angepasst werden.

| Organisationsentwicklung (OE) | Change Management (CM) |
|---|---|
| • Ab ca. 1940 verhaltenswissenschaftliche Grundlagen | ▪ Ab ca. 1990 eher betriebswirtschaftliche Grundlagen, ergänzt durch ausgewählte Methoden der OE und des Projektmanagements |
| ▪ Begriff und Theorie wurden durch Soziologie, Psychologie und Pädagogik geprägt | ▪ Begriff und Theorie wurde durch (strategische) Unternehmensberatungen bzw. von Betriebswirten geprägt |
| ▪ Langfristig angelegter Prozess oft ohne zeitliche Befristung (Ende des Prozesses bei Zielerreichung)<br>▪ Veränderungsprozess wird begleitet, analysiert, moderiert<br>▪ Beeinflussung des Prozesses setzt auf Einsicht der Beteiligten<br>▪ Von innen heraus | ▪ Zeitlich fest begrenzter Prozess (Ende des Prozesses nach festgelegter Zeit mit intendiertem Ergebnis)<br>▪ Geplant und unter Zuhilfenahme von Projektmanagementmethoden gesteuert<br>▪ Initiiert von oben |

Abb. 5: Organisationsentwicklung und Change Management – wesentliche Unterschiede

Doch immer öfter stellte man in den Strategieberatungen und den betroffenen Unternehmen erstaunt fest, dass strategisch gut geplante Fusionen und Veränderungsprozesse nicht erfolgreich waren und weit hinter dem geplanten Effekt zurückblieben oder sogar scheiterten.

**BEISPIEL: Unternehmenszusammenschluss DaimlerChrysler 1998**

**Der Firmenzusammenschluss DaimlerChrysler gilt als eines der bekanntesten Beispiele für wenig erfolgreiche Fusionen, die auf ein unzureichendes Change Management zurückgeführt werden. Nach der Fusion wurde kein systematisches Change Management unter Berücksichtigung der weichen Faktoren wie z. B. der Integration der unterschiedlichen Unternehmenskulturen implementiert.[1] So entstand ein Lehrstück darüber, warum man auch weiche Faktoren bei Fusionen nicht unterschätzen sollte. Ende 2007 wurde einer Umbenennung der DaimlerChrysler AG in Daimler AG zugestimmt; 2009 verkaufte die Daimler AG ihre Anteile an Chrysler.**

In der Folge fand das Thema „Post Merger Integration" weitergehende Beachtung. Dies führte dazu, dass die klassischen Strategieberatungen und auch die Universitäten im Rahmen des Studiengangs Betriebswirtschaft neben den harten Faktoren auch den weichen Faktoren wie der Unternehmenskultur Beachtung schenkten. Aus einer Fachrichtung kommend, die sich in erster Linie an Zahlen und klar planbaren Fakten (sog. harten Faktoren/Hard Facts) orientiert, taten sich die Betriebswirtschaftler jedoch schwer, die weichen Faktoren messbar zu machen, um sie in der Folge geplant verändern zu können. Menschliches Verhalten lässt sich nicht nach Formel F berechnen. Der Mensch verhält sich nicht annähernd so rational, wie er gerne für sich in Anspruch nimmt (wir werden später in diesem Kapitel im Rahmen der Vorstellung des 7-Phasen-Modells genauer auf dieses Phänomen eingehen), und Unternehmenskulturen werden nun mal durch die Mitarbeiter eines Unternehmens und ihre Werte, Normen und Ansichten geprägt.

Immerhin führte diese Erkenntnis dazu, dass das Scheitern von Veränderungsprozessen nun auch unter teilweiser Betrachtung des Einflusses weicher, d. h. nicht direkt berechenbarer Faktoren erfolgte. Die Strategieberatungen öffneten ihre Teams nun auch für Exoten wie Psychologen und in den Universitäten wurde der Wirtschaftspsychologie größere Bedeutung beigemessen. Das war die Geburtsstunde des Change Managements. Das Kind brauchte einen neuen Namen, denn mit Organisationsentwicklung im ureigensten Sinne wäre man bei knallharten Analytikern und Strategen gescheitert. Eine solche „Gutmenschtheorie" passte nicht zum Shareholder-Value-An-

[1] Vgl. Rathje, S.: Zusammenhalt in der Zwischenzeit - Neue Ansätze zur Erhaltung der Unternehmenskultur in der M&A Planung, in: Interculture Journal 2006, S. 103–122.

satz, der die Interessen der Anteilseigener der großen Aktiengesellschaften an oberste Stelle setzte und ihnen alle anderen Interessen zunächst einmal unterordnete. Darüber hinaus fehlte der Organisationsentwicklung oftmals die gestaltende Beeinflussung auf ein zuvor festgelegtes Ziel hin: Das bedeutet, dass sich klassische Organisationsentwickler eher als Prozessbegleiter und Moderatoren und nicht als Prozessgestalter verstanden. Sie gingen aufgrund ihres humanistischen Weltbildes davon aus, dass der Mensch den richtigen Weg eigenständig findet. Auch schienen viele Organisationsentwicklungen ohne einen festen Endpunkt weiterzulaufen. Sie waren meistens langfristig angesetzt und zerfaserten dabei leider oft in viele unterschiedliche Prozesse, ohne dass ein für das Unternehmen quantifizierbares Ergebnis am Ende stand. Dennoch kann der Organisationsentwicklung ihr Erfolg nicht einfach abgesprochen werden. Er konnte allerdings faktisch nur schwer nachgewiesen werden:

- Da zu Beginn einer Organisationsveränderung meistens keine konkreten Ziele gesetzt wurden, konnte der Erfolg nicht anhand der Zielerreichung gemessen werden.
- Oft betrafen die Veränderungsprozesse weiche Faktoren. Das machte es bei einem Vorher-Nachher-Vergleich schwer, ihren Erfolg faktisch zu messen.
- Es gab keinen festen Endzeitpunkt, zu dem Bilanz gezogen wurde, weil die Veränderungen langfristig bzw. auf Dauer angelegt waren.

Aufgrund des fehlenden Erfolgsnachweises kam der Organisationsentwicklung aus Sicht der klassischen Betriebswirtschaftler eine entsprechend geringe Wertschätzung zu.

Das Veränderungsmanagement hingegen wurde, weil es ab den 90er Jahren meistens durch eine Fusionsbegleitung oder ein strategisch initiiertes Projekt zur Einführung neuer Geschäftsmodelle eingesetzt wurde, unter Zuhilfenahme von Projektmanagementmethoden eingesetzt. Es wurde genutzt, um bei sogenannten Transitions[2] eine notwendige Änderung der weichen Faktoren zu beeinflussen.

## Heutige Praxis

Heute wird in der Regel nicht mehr zwischen Organisationsentwicklung und Change Management unterschieden. Beide Richtungen haben sich mehr und mehr aneinander angeglichen. In der Unternehmenspraxis wird der Begriff „Organisationsentwicklung" heutzutage häufig als eine übergreifende Bezeichnung ver-

[2] Grundlegender Wandel durch eine Fusion von Unternehmen oder die Einführung neuer Geschäftsmodelle, Prozesse etc.

wendet, die sich um eine stetige, laufende Anpassung des Organisationssystems bemüht. Oft werden Personalentwicklung und Organisationsentwicklung (PE und OE) zusammengefasst und bezeichnen einen Unternehmensbereich, der sich mit dem Management der weichen – also die Mitarbeiter betreffenden – Faktoren beschäftigt. Change Management oder Veränderungsmanagement ist meistens innerhalb dieses Bereichs angesiedelt und beschäftigt Mitarbeiter, die Veränderungen mit Projektcharakter begleiten. Hier geht es also um Veränderungen, die durch das Management (ggf. in Zusammenarbeit mit externen Beratern) angestoßen werden und in einer vorgegebenen Zeit umgesetzt werden sollen. Neben den Change Managern wird meistens ein Team von Experten zusammengestellt, die das Veränderungsprojekt inhaltlich begleiten und vorantreiben und an ein Mitglied des oberen Managements berichten. Oft wird der Begriff „Change Manager" auch für Führungskräfte gebraucht, denen im Veränderungsprozess eine maßgebliche Bedeutung zukommt.

Den weichen Faktoren von Veränderungen wird aber nach wie vor zu wenig Bedeutung beigemessen. Insbesondere, weil aufgrund der aufgeführten Megatrends abzusehen ist, dass Veränderungen in Unternehmen, die erfolgreich agieren wollen, immer öfter umgesetzt werden müssen, ist es unumgänglich, die weichen Faktoren als Erfolgsfaktoren stärker in die Veränderungsprozesse mit einzubeziehen. Veränderungsprozesse können umso schneller und effektiver umgesetzt werden, je mehr die Mitarbeiter die Veränderung als notwendig erachten und tatkräftig unterstützen.

### 3.1.2 Evolutionäre und revolutionäre Veränderung

Grundsätzlich kann man zwischen den gegensätzlichen Extremausprägungen „evolutionärer Wandel" und „revolutionärer Wandel" unterscheiden. Evolutionär meint dabei eine stetige Veränderung im Sinne einer Verbesserung. Die klassische Organisationsentwicklung verfolgt einen evolutionären Ansatz. Change Management wurde von den Strategieberatungen und Betriebswirten entwickelt, um revolutionäre Veränderungen zu unterstützen. Während sich evolutionäre Veränderungen durch die gestalterische Mithilfe der Mitarbeiter sozusagen aus sich selbst heraus entwickeln, werden revolutionäre Veränderungen von „oben", also vom Management ggf. unter Zuhilfenahme von externen Beratern, angestoßen. Revolutionäre Veränderungen bedeuten meistens große Veränderungen und harte Einschnitte für Unternehmen; oft unterliegen sie auch einem hohen Umsetzungs- und Zeitdruck. Letztlich kann man beide Arten der Veränderung in Unternehmen beobachten. Die meisten Unternehmen haben Systeme entwickelt, einen evolutionären Wandel in ihrem Unternehmen zu etablieren und zu professionalisieren

(s. auch die nachfolgenden Erläuterungen zu Total Quality Management, Kaizen etc.). Von Zeit zu Zeit (heutzutage in immer kürzeren Abständen) werden aber auch revolutionäre Veränderungen notwendig, z. B., weil sich die Anforderungen an Unternehmen durch Megatrends zum Teil recht schnell und grundsätzlich ändern können, worauf entsprechend reagiert werden muss.

### 3.1.3 Prozessmanagement, Total Quality Management, Kaizen, Business Process Reengineering

Der Begriff des Prozessmanagements war spätestens Anfang der 90er Jahre in aller Munde. Beim Prozessmanagement geht es darum, Ablaufprozesse innerhalb eines Unternehmens zu erfassen und hinsichtlich ihrer Effektivität und Effizienz zu untersuchen und zu verbessern. Durch den Prozessfokus und die Dokumentation von Prozessen wird transparent, wer im Unternehmen wann, was, wie macht, welche Schnittstellen es zwischen den Prozessen gibt (viele Schnittstellen erhöhen die Störanfälligkeit) und wie die Durchlaufzeiten sind. Der Prozessfokus wurde zunächst in der Automobilindustrie angewandt. Aufgrund der durchschlagenden Erfolge, die sich durch das Prozessmanagement erreichen ließen, fokussierten immer mehr (insbesondere produzierende) Unternehmen auf diesen Ansatz.

Im Zuge der Etablierung des Prozessmanagementgedankens entwickelten sich verschiedene Ansätze:

#### Total Quality Management (TQM), Kaizen

Total Quality Management und Kaizen (japanisch für: Veränderung zum Besseren) bedeuten grundsätzlich das Gleiche wie kontinuierlicher Verbesserungsprozess (KVP). Je nach Verwendungsland (USA, Japan, Deutschland) wird der eine oder der andere Begriff verwendet. Letztlich geht es bei all diesen Ansätzen um eine stetige Verbesserung im Hinblick auf die Qualität und die Leistung aus einem prozessualen Blickwinkel. Alle Ansätze betonen, dass neben der Prozessbetrachtung insbesondere den Mitarbeitern und ihrer Arbeitshaltung eine wesentliche Bedeutung für den Erfolg zukommt. Die Mitarbeiter kennen die Produkte und die (eigenen) Prozesse am besten und können folglich deren Verbesserungspotenzial am besten einschätzen und ausschöpfen.

### Business Reengineering

Während es sich bei den beschriebenen Ansätzen um evolutionäre Veränderungen handelt, steht das Business (Process) Reengineering (Neugestaltung von Geschäftsprozessen) für einen revolutionären Veränderungsansatz. Hammer und Champy machen deutlich: „Beim Business Reengineering geht es nicht darum, die bestehenden Abläufe zu optimieren. Business Reengineering ist ein völliger Neubeginn — eine Radikalkur."[3] Sie plädieren für ein diskontinuierliches Denken, das grundsätzlich geltende (oft nicht niedergeschriebene) Denkvorstellungen infrage stellt.

**BEISPIEL: Grundsatzannahmen infrage stellen**

Mit diskontinuierlichem Denken sollen bestehende Grundsatzannahmen infrage gestellt werden, auf denen das aktuelle Geschäft ggf. basiert. Grundsatzannahmen, wie sie noch vor einigen Jahren in unterschiedlichen Branchen geherrscht haben mögen, sind:

- Kunden kaufen Schuhe/Kleidung/Bücher nur im Geschäft. Sie wollen die Sachen anschauen, anfassen und anprobieren bzw. in sie hineinblättern können. Der Onlineeinkauf von Kleidung und Büchern hat keine Zukunft.
- Menschen wollen keine elektronischen Bücher lesen, sondern ein richtiges Buch in der Hand halten.
- Wir brauchen als Unternehmen keinen Onlineauftritt, weil unsere Kunden das Internet kaum nutzen.
- Kunden wollen ihre Möbel nicht selbst zusammenbauen.
- Zu einem guten Frühstück gehört eine Tageszeitung.
- Die Menschen wollen möglichst günstigen Kaffee. Kaffeepads für Einzelportionen sind viel zu teuer — es gibt keinen Markt für so etwas.

## 3.1.4 Top-down und bottom-up

Es gibt verschiedene Ansätze, wie Veränderungen in Unternehmen durchgeführt werden können. Top-down und bottom-up sind dabei die am meisten genutzten Bezeichnungen, die einem im Rahmen von Change-Projekten begegnen. Worin unterscheiden sie sich?

[3] Hammer, M./J. Champy: Business Reengineering. Die Radikalkur für das Unternehmen. 2., ungek. Aufl. Frankfurt/New York 1999, S. 12 f.

## Der Top-down-Ansatz

Wie die Bezeichnung schon erahnen lässt, geht die Veränderung beim Top-down-Ansatz vom Top-Management eines Unternehmens aus und wird dann über alle Hierarchieebenen bis zur Basis herunterkaskadiert (vgl. die folgende Abbildung).

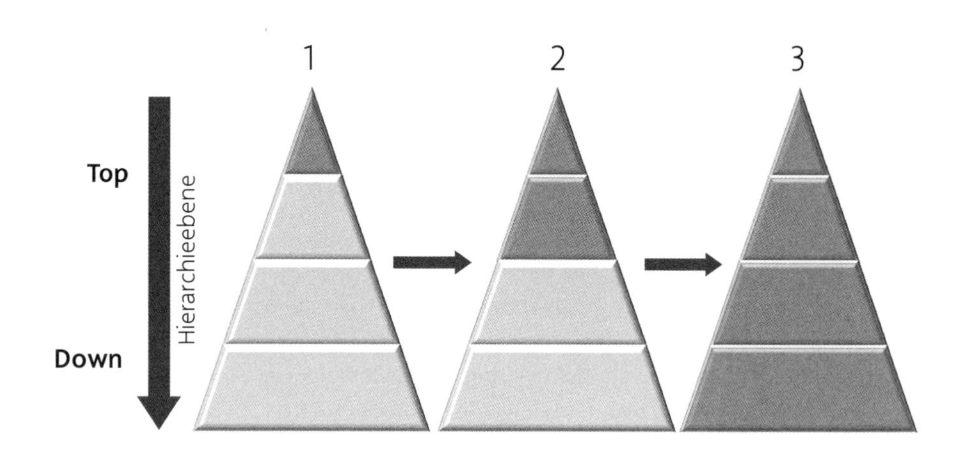


Abb. 6: Top-down-Ansatz

Der Initiator und die treibende Kraft der Veränderung ist das Management. Dies bedeutet aber nicht, dass die Mitarbeiter nicht involviert werden. Für den Erfolg der Veränderung ist es ganz im Gegenteil bei diesem Ansatz essenziell, dass die Mitarbeiter die Veränderungsnotwendigkeit erkennen und unterstützen.

### Neue Strategie ableiten

Nachdem die Führungsspitze den Veränderungsbedarf festgestellt hat, wird klassischerweise eine Zukunftsvision entwickelt (Wo wollen wir hin?). Von dieser Vision, die eher einen anzustrebenden Idealzustand beschreibt, wird die Mission abgeleitet (Welcher Auftrag ergibt sich daraus?). Die festzulegende Strategie (Wie erreichen wir die Vision? Welche strategischen Ziele helfen dabei, die Mission erfolgreich zu bewältigen?) zeigt dann, wie der Zielzustand erreicht werden soll.

Die folgende Abbildung verdeutlicht die Begriffe „Vision", „Mission" und „Strategie" am Beispiel der Expedition von Christoph Kolumbus:

Abb. 7: Vision, Mission, Strategie der Expedition von Christoph Kolumbus

Die Vorteile des Top-down-Ansatzes liegen in der guten Steuerungs- und Durchsetzungsmöglichkeit: Die anzustrebende Vision und Mission sowie die zur Erreichung des Zielzustands benötigte Strategie geben klare Orientierungs- und Controllingmöglichkeiten und stellen sicher, dass auf das richtige Ziel hingearbeitet wird.

Die größten Gefahren, die dieser Ansatz mit sich bringt, sind die mögliche Abwehrhaltung der Mitarbeiter und der daraus resultierende mehr oder weniger aktive Widerstand gegen die Veränderung.

**!** **ACHTUNG: Umsetzung top-down verursacht Widerstand bottom-up**

Reine Top-down-Strategien führen zu einer stärkeren Abwehrhaltung der Mitarbeiter und zu größerem Widerstand gegen die Neuerungen. Veränderungsprojekte, die top-down initiiert und durchgeführt werden, sind somit langsamer als integrierte Strategien (siehe z. B. den Top-down-Ansatz mit Rückkopplungsschleifen, wie im Folgenden beschrieben).

Erfolgsfaktoren sind dementsprechend:

- Die einstimmige Unterstützung und das Vorleben der Veränderung durch die Führungsspitze (Commitment und Vorbildrolle),
- die frühzeitige aktive Einbindung der Mitarbeiter,
- das Verständnis seitens der Mitarbeiter, dass eine Veränderung notwendig ist, um erfolgreich sein zu können,
- das Verständnis der neuen Strategie und
- das sich daraus ergebende Commitment (die Mitarbeiter unterstützen die neue Ausrichtung überzeugt).

## Der Bottom-up-Ansatz

Den entgegengesetzten Ansatz zum Top-down-Ansatz verfolgt der Bottom-up-Ansatz: Der Veränderungsprozess beginnt an der Basis und setzt sich bis an die Spitze fort. Die Initiatoren und treibenden Kräfte der Veränderung sind die Mitarbeiter, denen eine entsprechende Verantwortung übertragen wurde. Diesen Ansatz findet man klassischerweise fast ausschließlich bei evolutionären Veränderungsprozessen (z. B. im Rahmen des Total Quality Managements). Man erkannte recht schnell, dass, insbesondere bei Produktionsprozessen, die Mitarbeiter, die selbst im Rahmen der Prozesse arbeiten, die Schwachstellen und Optimierungsmöglichkeiten am besten kennen und gestalten können. Ein weiterer Vorteile dieses Ansatzes besteht insbesondere im hohen Engagement der Mitarbeiter: Da sie die Veränderungen selbst anstoßen und vorantreiben, sind Widerstände selten (zu einer psychologischen Erklärung hierzu s. Kapitel „Irrtum Nr. 1: Die Fakten sprechen für sich – und motivieren Mitarbeiter für die Veränderung"). Nachteile ergeben sich durch die eingeschränkte Planbarkeit und Steuerungsmöglichkeit.

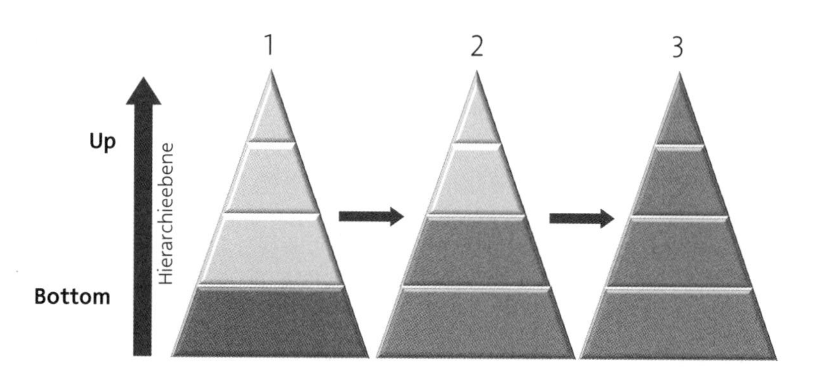


Abb. 8: Bottom-up-Ansatz

### Fazit zu den Top-down- und Bottom-up-Ansätzen

In der Realität wenden Unternehmen heute beide Ansätze parallel an. Im Sinne einer evolutionären, stetigen Verbesserung kommt der Bottom-up-Ansatz insbesondere in der Prozessoptimierung zum Einsatz, während sich von Zeit zu Zeit die Notwendigkeit für eine revolutionäre bzw. einschneidende Veränderung ergibt (z. B. aufgrund des schnellen Wandels der Marktbedingungen), die eher einem Top-down-Ansatz folgen.

Idealerweise werden top-down-kaskadierte Veränderungsprozesse aber auch um Aspekte des Bottom-up-Ansatzes ergänzt. In der Praxis zeigt sich, dass es sinnvoll ist, Rückkopplungsschleifen in die Kommunikation einzubauen, durch die das Management Indikatoren erhält, die anzeigen, wie weit der geplante Prozess bis zu diesem Zeitpunkt umgesetzt wurde und wo ggf. Nachbesserungsbedarf besteht.

Die folgende Abbildung veranschaulicht den Top-down-Ansatz mit Rückkopplungsschleifen:

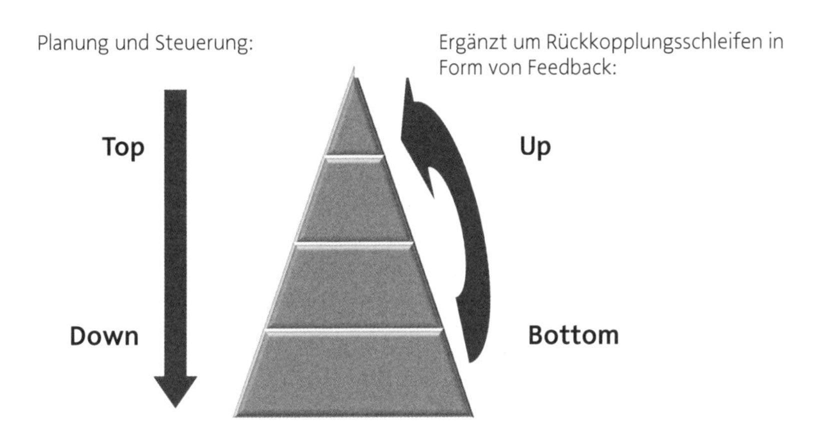


Abb. 9: Top-down-Ansatz mit Rückkopplungsschleifen

Wie der Top-down-Ansatz mit Rückkopplungsschleifen in der Praxis angewendet werden kann, veranschaulicht das folgende Beispiel:

**BEISPIEL: Top-down-Prozess mit Rückkopplungsschleifen (bottom-up)**

In einem Workshop, den international alle Mitarbeiter durchlaufen, werden die Vision, die Mission und die neue Strategie kommuniziert. Die Mitarbeiter werden im Workshop aufgefordert, mögliche Hürden zu nennen, die im Rah-

**men des Veränderungsprozesses überwunden werden müssen, und welche Lösungen sie zur Überwindung dieser Hürden vorschlagen. Die Ergebnisse aller Workshops werden gesammelt, thematisch sortiert zusammengefasst und ausgewertet. Die Ergebnisse werden dem Vorstand zur Verfügung gestellt und das Change Team überlegt zusammen mit dem obersten Management, welche Aktionen aufgrund der Ergebnisse umgesetzt werden müssen. Verabschiedete Aktionen werden umgesetzt bzw. wiederum top-down kommuniziert.**

Auch Multi-Core-Ansätze (unterschiedliche Startpunkte, die von dort jeweils die umgebenden Bereiche „infizieren") werden manchmal zusätzlich integriert (vgl. hierzu auch Kapitel „Bedeutung für den Veränderungsprozess"). Zur Veranschaulichung dient die folgende Abbildung:

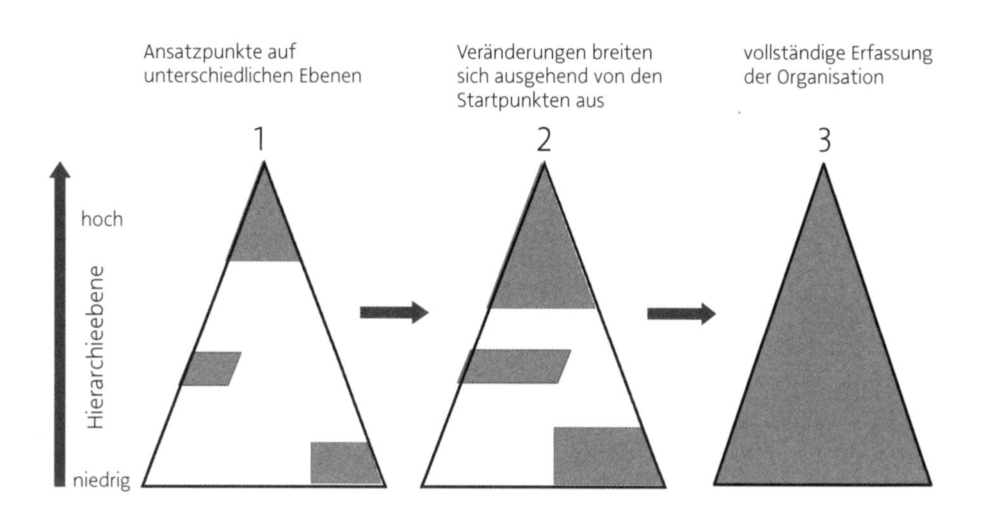


Abb. 10: Multi-Core-Ansatz

Wie der Multi-Core-Ansatz in der Organisation genutzt werden kann, zeigt das folgende Beispiel:

**BEISPIEL: Multi-Core-Ansatz und soziale Netzwerke**

**Im Kern funktioniert der Mulit-Core-Ansatz wie die allseits bekannte Gerüchteküche, mit dem Unterschied, dass gezielt z. B. Informationen an einzelne Personen oder Personengruppen innerhalb einer Hierarchiestufe gegeben werden. Darüber hinaus werden diese Personen bzw. Personengruppen offiziell dazu aufgefordert, die Informationen mit anderen Personen im Unternehmen**

zu teilen, zu denen sie in einem guten und direkten Kontakt stehen. Wichtig ist dabei, dass dies vor dem Hintergrund gut aufbereiteter Fakten geschieht, die entsprechend weitergegeben werden können. Ansonsten droht ein Stille-Post-Effekt, bei dem jede Person etwas weglässt und/oder hinzufügt, bis am Ende eine vollkommen andere Aussage als die Ursprungsaussage entsteht. Der Mulit-Core-Ansatz bedient sich eines Potenzierungseffekts, weil jede informierte Person, die Information wieder an mehrere Personen weitergeben kann. Der Vorteil ist, dass sich Informationen auf diese Weise epidemisch und sehr schnell ausbreiten.

---

Der Vorteil des Multi-Core-Ansatzes besteht darin, dass Informationen schnell verbreitet werden können. Der Nachteil ist, dass man mit dem Multi-Core-Ansatz keinen kompletten Wandel durchführen kann, weil er nur schwer steuerbar ist. Er kann ergänzend zu Top-down-, Bottom-up- oder gemischten Ansätzen eingesetzt werden, beispielsweise, um schnell Informationen zu streuen oder um Vorschläge zu sammeln.

## 3.2 Keine Veränderung über Nacht: Die emotionalen Phasen des Change

Wer immer schon einmal eine einfache lästige Angewohnheit ändern wollte, wird festgestellt haben, dass die bloße Feststellung, dass man etwas ändern muss, noch nicht automatisch zu einer Veränderung führt.

Eine Veränderung ist ein Prozess — bis es tatsächlich zu einer Veränderung kommt, braucht es eine gewisse Zeit, und man durchläuft verschiedene Phasen, bis eine Veränderung nachhaltig vollzogen ist.

Wie also verlaufen Veränderungsprozesse? Gibt es einen typischen Ablauf in verschiedenen Phasen? Und wenn ja: Welche Phasen lassen sich unterscheiden und wie lassen sie sich ggf. so beeinflussen, dass die einzelnen Schritte möglichst effektiv und effizient umgesetzt werden können?

## 3.2.1 Das 3-Phasen-Modell nach Kurt Lewin

In den Anfängen der Organisationsentwicklung unterschied Kurt Lewin drei Grundphasen der Veränderung:

### 1. Auftauphase (Unfreezing)

Die alte (verfestigte) Struktur wird langsam aufgetaut oder aufgeweicht. Die Voraussetzung hierfür ist die Einsicht, dass die alte Struktur nicht mehr zeitgemäß ist, d. h., dass die intendierten Ziele mit dieser Struktur nicht mehr erreicht werden können. Letztlich ist das eine Abwägungssache: Nur wenn es schwerwiegendere Argumente *für* eine Veränderung gibt, wird die verfestigte Struktur langsam aufgegeben. Gibt es nur einige wenige (weniger schwerwiegende) Gründe, sich zu verändern, spricht also mehr *gegen* eine Veränderung, bleibt alles beim Alten.

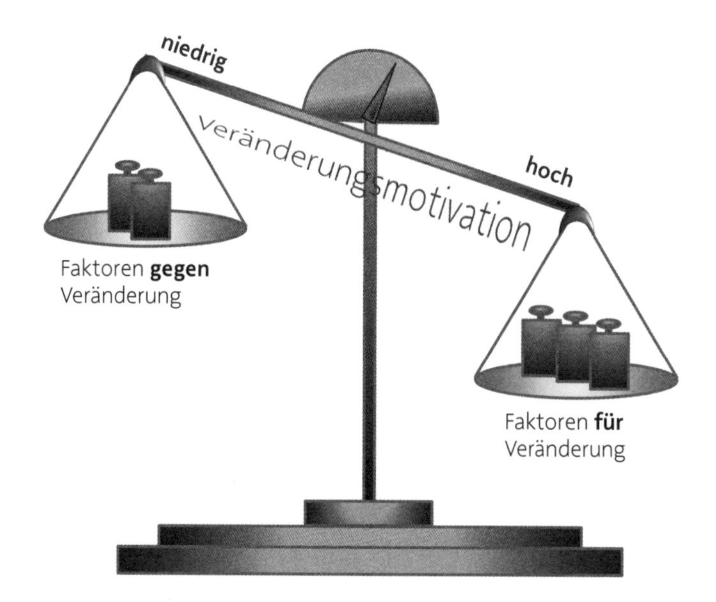


Abb. 11: Veränderung – eine Abwägungssache

Dieser Erkenntnisprozess tritt nicht ad hoc ein, sondern benötigt seine Zeit, wie die Metapher des „Auftauens" sehr gut verdeutlicht.

**2. Veränderungsphase (Change)**

In der Phase der Veränderung wird die Struktur neu geordnet und angepasst. Es wird an der neuen Zielstruktur gearbeitet, neue Verhaltensweisen werden ausprobiert. Das (Organisations-)System ordnet sich neu.

**3. Gefrierphase (Refreezing)**

Ist die ideale neue Struktur gefunden, setzt die (erneute) Gefrierphase ein. Die neuen etablierten Strukturen, Prozesse und Verhaltensweisen werden langsam zur Normalität. Am Ende steht ein neu etabliertes System, das so lange Bestand haben wird, wie es seinen Zweck erfüllt. Sobald es sich überlebt hat, beginnt der Prozess von Neuem.

Das Modell von Lewin sollte immer vor dem Hintergrund seiner Entstehung betrachtet werden. Es wurde ursprünglich nicht für den begleitenden Einsatz von Veränderungsprozessen in Unternehmen entwickelt. Vielmehr suchte der Gestaltpsychologe und weltbekannte Sozialpsychologe Mittel zur Lösung sozialer Konflikte. Der Deutsche, der in den 30er Jahren des 20. Jahrhunderts in die USA emigrierte, beschäftigte sich u. a. mit der Frage, wie es gelingen könnte, die deutsche Kultur nach dem Zweiten Weltkrieg in Richtung einer funktionierenden Demokratie zu verändern.

### 3.2.2 Das 7-Phasen-Modell

Das dargestellte Phasenmodell von Kurt Lewin hat auch heute noch seine Gültigkeit, wenn es darum geht, zu verdeutlichen, wie der Grundprozess einer Veränderung funktioniert. Für die Praxis bedient man sich jedoch mehr und mehr eines weiter heruntergebrochenen Phasenmodells, das betrachtet, wie der Mensch den Prozess eines Change-Projekts erlebt. Ein solches Modell vereinfacht die Ableitung der richtigen Maßnahmen für jede Phase eines an der Praxis orientierten Ablaufs. Ein Klassiker, dem man im Rahmen des Change Managements begegnet, ist ein 7-stufiges Phasenmodell. Es zeigt die verschiedenen emotionalen und kognitiven Phasen auf, die Menschen während eines Unternehmenswandels zwingend durchlaufen:

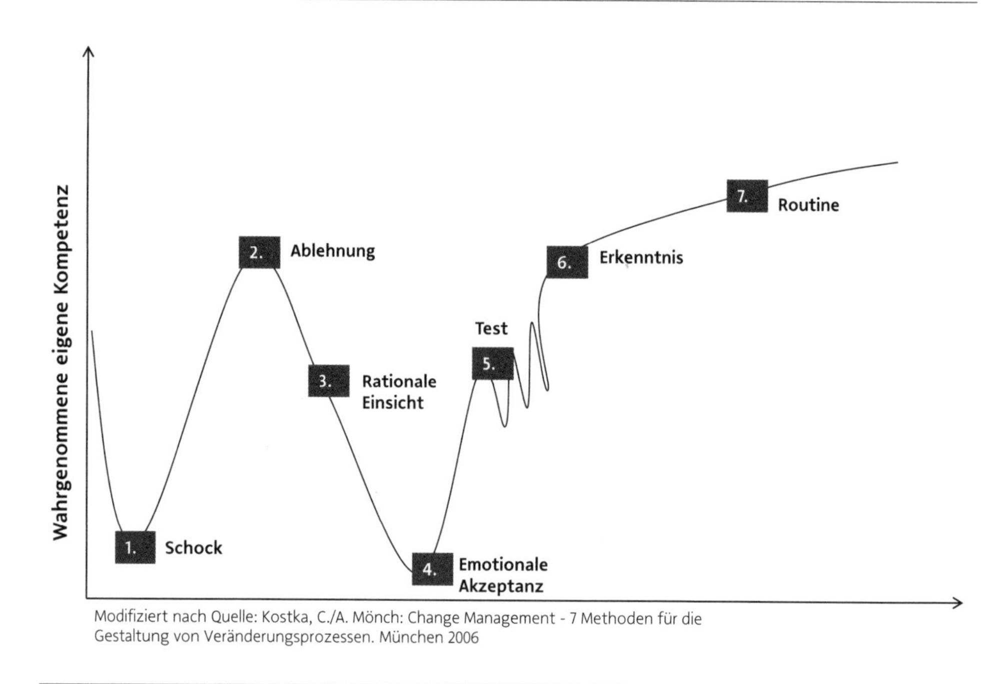


Abb. 12: Phasen von Veränderungsprozessen

## Phase 1: Schock/Überraschung

Sobald der Mitarbeiter (für ihn) überraschend davon erfährt, dass tief greifende Veränderungen geplant sind, ist die erste Reaktion Schock bzw. Überraschung. Je überraschender die Information für den Mitarbeiter ist und je tief greifender und weitreichender die Veränderung wahrgenommen wird, desto größer ist die persönliche Betroffenheit und desto geringer die eigene, wahrgenommene Kompetenz.

## Phase 2: Ablehnung

Nach dem ersten Schrecken tritt fast automatisch Phase 2 ein: die Ablehnung. Weil nicht sein darf, was nicht sein kann, wird sofort ein Schutzmechanismus aktiviert. Je unvermittelter die Veränderung über einen hereinbricht und je tief greifender sie ist, desto überforderter fühlt man sich in dieser Situation. Die wahrgenommene Kompetenz ist extrem gering. Für vorübergehende Linderung sorgt zunächst die ablehnende Haltung. Diese ablehnende Haltung, die immer dann einsetzt, wenn man sich in seiner Handlungs- und Gestaltungsfreiheit eingeschränkt fühlt, nennt man auch Reaktanz (vgl. hierzu die ausführlichen Ausführungen in Kapitel „Irrtum Nr. 1: Die

Fakten sprechen für sich – und motivieren Mitarbeiter für die Veränderung"). Diese automatisch ausgelöste Abwehrhaltung gibt dem Betroffenen ein gewisses Gefühl der Macht („Da mache ich nicht mit!") und des Einflusses auf die Situation, sodass die wahrgenommene Kompetenz zunächst wieder ein wenig zunimmt.

## Phase 3: Rationale Einsicht

Nachdem sich der Mitarbeiter nun langsam an den Gedanken gewöhnt hat, dass ein Veränderungsprozess ansteht, ist er nach und nach dazu bereit, sich für Fakten zu öffnen. Überzogene Wertungen positiver oder negativer Art sind nur noch stark abgeschwächt vorhanden. In dieser Phase sollten die Mitarbeiter zwingend verstehen, *warum* die Veränderung notwendig ist. Wichtig für die Akzeptanz ist es, dass die Mitarbeiter erkennen, dass es sich lohnt, den Schritt der Veränderung zu tun, bzw. dass die Erfolgschancen mit der Veränderung größer sind als ohne sie. Wenn der Mitarbeiter also abwägen soll, ob er das alte oder aber das neue System unterstützen soll, müssen ihm alle wichtigen Fakten vorliegen. Es ist wichtig, dass er alle Informationen, die er benötigt, erhält und die Entscheidungen des Managements für einen Unternehmenswandel im wahrsten Sinne des Wortes **nachvollziehen** kann.

Damit das gewährleistet ist, müssen bestimmte Voraussetzungen erfüllt sein. Erst wenn das der Fall ist, sind die Grundvoraussetzungen dafür gegeben, dass die Mitarbeiter eine Veränderung mittragen (Commitment) und aktiv unterstützen (Engagement). Die folgende Abbildung zeigt die Voraussetzungen, die hierfür notwendig sind:

Mitarbeiter setzen nur engagiert und fokussiert um, was sie

- verstehen,
- akzeptieren,
- und woran sie aktiv beteiligt sind

Quelle: modifiziert nach Xallax AG 2009

Abb. 13: Engagement und Commitment

Im besten Fall wird rational bereits die Notwendigkeit eines Wandels erkannt. Ist das der Fall, wird die Veränderung zwar bezogen auf den gesamtunternehmerischen Wandel akzeptiert, aber die damit verbundenen notwendigen Verhaltensanpassungen des Mitarbeiters selbst werden noch nicht erkannt. Die wahrgenommene eigene Kompetenz sinkt zunächst wieder, weil der einzelne Mitarbeiter noch nicht einschätzen kann, was genau an persönlichen Veränderungen notwendig sein wird. Im besten Fall akzeptiert er bereits kurzfristige, nicht tief greifende Änderungen.

Im schlechteren Fall versteht er zwar die Notwendigkeit eines Wandels, stellt aber entweder die Alternativlosigkeit des Wandels infrage oder stellt für sich fest, dass damit keine Verhaltensänderungen, die seine eigene Person betreffen, notwendig sind.

Im aller schlechtesten Fall kann der Mitarbeiter die Notwendigkeit des Wandels und die neue Strategie rational nicht verstehen bzw. interpretiert sie falsch (z. B. weil wichtige Fakten fehlen oder falsche Annahmen getroffen werden) und lehnt sie deshalb rational ab.

| Phase | Merkmale |
|---|---|
| **1. Schock, Überraschung** | ▪ Kenntnisnahme unerwarteter Fakten (z. B. Umsatzeinbruch)<br>▪ Die wahrgenommene eigene Kompetenz sinkt |
| **2. Ablehnung, Reaktanz** | ▪ Reaktanz: Es kommt zum automatischen Abwehrmechanismus, weil wahrgenommene Freiheit(en), bisher eroberte Gestaltungs- und Wirkungsspielräume bedroht gesehen werden<br>▪ Schönreden: Es werden Begründungen gesucht (und gefunden), dass eine Veränderung nicht notwendig ist<br>▪ Wahrgenommene eigene Kompetenz steigt, weil die veränderten Bedingungen nicht als Notwendigkeit zur Veränderung des eigenen Verhaltens gesehen werden |
| **3. Rationale Einsicht** | ▪ Langsam werden Fakten wahrgenommen und rational bewertet<br>▪ Rational wird die Veränderungsnotwendigkeit erkannt und die wahrgenommene eigene Kompetenz sinkt<br>▪ Es wird nach wenig tief greifenden (Schein-)Lösungen gesucht |

Modifiziert nach Quelle: Kostka, C./A. Mönch: Change Management - 7 Methoden für die Gestaltung von Veränderungsprozessen. München 2006.

Abb. 14: Phasen in Veränderungsprozessen – Phasen 1–3

## Phase 4: Emotionale Akzeptanz/Verweigerung

Diese Phase stellt den entscheidenden Wendepunkt dar: Nun entscheidet sich der Einzelne, ob er die Veränderung auch emotional akzeptiert oder seine tatkräftige Unterstützung verweigert. Um den Wandel emotional wirklich zu akzeptieren und nicht nur hinzunehmen, ist es notwendig, dass in der vorangegangenen Phase die Veränderungsnotwendigkeit zumindest rational nachvollzogen werden konnte. Nachdem die Veränderungsnotwendigkeit im besten Fall akzeptiert wurde, muss sich der Mitarbeiter nun eingestehen, dass sie auch ein eigenes Umdenken erfordert und dass der Mitarbeiter in der logischen Konsequenz auch sein eigenes Verhalten anpassen muss. Bisherige Verhaltensweisen werden hinsichtlich ihrer Passung überprüft und ggf. angepasst. Das wirkliche Umdenken wird verinnerlicht. In der Folge können die Ärmel hochgekrempelt und die Dinge mit Blick nach vorne angegangen werden.

Ein Risiko in dieser Phase sind die Beharrungstendenzen. Oft werden einige „lieb gewonnene", aber eigentlich nicht mehr passende Verhaltensweisen noch bis zum Schluss beibehalten. Hierdurch kann es zu einer Verlangsamung des Prozesses kommen oder man fällt ggf. sogar wieder in alte Verhaltensweisen zurück, bevor man sich in einem weiteren Anlauf wirklich emotional mit Haut und Haaren der Neuerung verschreibt und auch lange kultivierte Werte und Verhaltensweisen über Bord wirft.

## Phase 5: Testphase

Hat man erst einmal alle Altlasten über Bord geworfen, fühlt man sich befreit und geht neugierig ans Werk. Neue Verhaltensweisen und Prozesse werden nun ausprobiert. Nach dem Prinzip „Versuch und Irrtum" (Trial and Error) werden die neuen Arbeitsweisen immer wieder verbessert und weiter angepasst. Gegebenenfalls müssen auch ganz neue Kompetenzen erworben werden, um den neuen Ansprüchen gerecht zu werden. Die Testphase ist insbesondere für ältere Mitarbeiter, die sich möglicherweise großen Veränderungen gegenübersehen, eine besondere Herausforderung, während sich gerade junge Mitarbeiter meistens mit großem Eifer in diese Phase stürzen (zu einem generationsgerechten Change Management s. auch Kapitel „Irrtum Nr. 1: Die Fakten sprechen für sich — und motivieren Mitarbeiter für die Veränderung"). Durch die stetigen Lern- und Verbesserungsschleifen kommt es spiralförmig immer wieder zu Rückschlägen bzgl. der wahrgenommenen Kompetenz: Entweder man erkennt Wissenslücken, die es zu schließen gilt, oder aber man stellt fest, dass der vorher gut durchdachte Ablauf doch noch die ein oder andere Verbesserung notwendig macht. Im Großen und Ganzen kann man aber ein stetiges Hinaufschrauben der eigenen wahrgenommenen Kompetenz verzeichnen.

## Phase 6: Erkenntnisphase

Langsam setzt Sicherheit ein, man ist mit den wichtigsten Abläufen vertraut, weiß auch bei neu hinzukommenden Aufgaben, worauf es zu achten gilt. Es wurde ein breiter Erfahrungsschatz gesammelt, der sich nun auszahlt. Nach unzähligen Versuchen haben sich die besten Verfahrensmöglichkeiten gefunden. Der Mitarbeiter kennt jetzt die Erfolgsfaktoren und weiß, wo Risiken lauern und wie man ihnen vorausschauend begegnet. Die wahrgenommene Kompetenz steigt drastisch an: Endlich sieht sich der Mitarbeiter wieder als Herr der Lage, fühlt sich emotional oben auf und auch für die Zukunft gut gerüstet.

## Phase 7: Routine erlangen

Das neue Verhaltensrepertoire ist nun nicht mehr neu, sondern bereits zu einer lieb gewonnenen Gewohnheit geworden. Die neuen Denk- und Verhaltensweisen werden ohne nachzudenken optimal ausgeführt. Die wahrgenommene Kompetenz ist hoch und vermag sich nur noch sachte zu steigern.

| | |
|---|---|
| **4. Emotionale Akzeptanz/ Verweigerung** | ▪ Entscheidender Wendepunkt<br>▪ Chance: Bisheriges wird infrage gestellt und als nicht zukunftsfähig akzeptiert<br>▪ Risiko: Keine emotionale Akzeptanz und dadurch Rückschritt, Verharren |
| **5. Test** | ▪ Neue Verhaltensweisen werden getestet und geübt<br>▪ Es gibt Erfolge und Rückschläge<br>▪ Neues Verhaltensrepertoire wird abgeleitet<br>▪ Langsam steigt die wahrgenommene Kompetenz an |
| **6. Erkenntnis** | ▪ Durch Übung wird Sicherheit erlangt, wann welches Verhalten angemessen und erfolgversprechend ist<br>▪ Dies führt zur Erhöhung der wahrgenommenen eigenen Kompetenz |
| **7. Routine** | ▪ Neue Denk- und Verhaltensweisen haben sich etabliert und finden weitgehend automatisch Anwendung |

Modifiziert nach Quelle: Kostka, C./A. Mönch: Change Management - 7 Methoden für die Gestaltung von Veränderungsprozessen. München 2006.

**Abb. 15: Phasen in Veränderungsprozessen – Phasen 4–7**

# 4 Die weiche Seite der Veränderung

Warum scheitern eigentlich Veränderungsprozesse oder laufen nicht so schnell, effektiv oder unkompliziert wie geplant? Unsere Erfahrung hat uns immer wieder nur zu einer Antwort geführt: Weil die weiche Seite der Veränderung beim Management von Veränderungsprozessen nicht oder zu wenig beachtet wird. Geplant von Strategen, die rein rationale Überlegungen anstellen und deren Management weitgehend rational geprägt ist, werden Unternehmenstransfusionen wie voll automatisierte Produktionsprozesse geplant. Auch wenn sich im oberen Management und bei den Strategieberatungen mehr und mehr die Erkenntnis durchgesetzt hat, dass die weichen Faktoren wesentlich zum Erfolg oder Misserfolg eines Veränderungsprozesses beitragen, werden sie immer noch nicht systematisch in die Planung und das Management von Change-Prozessen einbezogen. Wie wir im ersten Kapitel gesehen haben, sind die Unternehmen aber gezwungen, sich immer schneller und öfter anzupassen. Aber je öfter die z. T. bereits überbeanspruchten Mitarbeiter mit immer neuen Change-Projekten konfrontiert werden und je größer die Burn-out-Problematik im immer schnelllebigeren Geschäftsleben wird, desto wichtiger wird es, die weiche Seite von Veränderungsprozessen als einen wesentlichen Bestandteil von Anfang an mit einzubeziehen.

## 4.1 Der rationale und der emotionale Unternehmensquotient

Die Zukunftsfähigkeit von Unternehmen hängt deshalb unserer festen Überzeugung nach ganz wesentlich davon ab, wie gut die weichen Faktoren für die strategisch-wirtschaftliche Ausrichtung genutzt werden. Beim Change Management unterscheiden wir dabei – entsprechend der Unterscheidung von Daniel Goleman zwischen dem Intelligenzquotienten (IQ) und dem emotionalen Quotienten (EQ) beim Menschen – zwischen dem rationalen Unternehmensquotienten (RUQ) und dem emotionalen Unternehmensquotienten (EUQ). Wir übertragen also die Bedeutung der rationalen und der emotionalen Intelligenz für den Menschen auf Organisationen und zeigen, welchen Einfluss diese beiden Quotienten im Rahmen des Change Managements haben.

## 4.1.1 Kognitive Intelligenz (IQ) und emotionale Intelligenz (EQ)

Bevor wir uns der Unterscheidung zwischen dem rationalen Unternehmensquotienten und dem emotionalen Unternehmensquotienten und ihrer Bedeutung – also des Einflusses des EQs und des IQs von Unternehmen – widmen, ist es zunächst einmal wichtig, die Unterscheidung zwischen IQ und EQ auf der Ebene des Individuums zu verstehen und zu begreifen, was unter emotionaler Intelligenz verstanden wird.

Der traditionelle IQ ist eine Kennzahl, die sich aus verschiedenen Faktoren der intellektuellen und kognitiven Fähigkeiten eines Menschen ergibt. Der EQ – also die emotionale Intelligenz – erfuhr durch Daniel Goleman und seine Veröffentlichung „EQ – Emotionale Intelligenz" von 1995 weltweite Beachtung.[1] Das Buch geht auf das Konzept der Psychologen John D. Mayer und Peter Salovey zurück, die darauf hinwiesen, dass den Kompetenzen im Umgang mit emotionalen Faktoren (EQ) eine wesentliche Rolle für den beruflichen und privaten Lebenserfolg zukommt.

Dabei ist die emotionale Intelligenz eine Metafähigkeit, die es uns ermöglicht, kognitive Leistungen überhaupt erst richtig nutzen zu können. Wer z. B. krankheitsbedingt über einen geringen EQ verfügt, weil er beispielsweise Gefühle nicht deuten kann, wird es auch mit einem hohen IQ schwer haben, in seinem Leben erfolgreich zu sein.

Auch bei Autisten fällt auf (z. B. beim Asperger-Syndrom), dass sie, obwohl sie oftmals über einen hohen IQ verfügen und zum Teil sogar intellektuell hochbegabt sind, größere Probleme im sozialen Miteinander haben. Kinder mit Asperger-Syndrom fallen deshalb oft schon früh auf, weil sie „anders" sind. Es kommt zu Missverständnissen und in der Folge zu vielfältigen Problemen im täglichen Miteinander.

### Die fünf Faktoren des EQs

Nach Peter Salovey und John D. Mayer umfasst der EQ fünf Faktoren:

- Selbst-Bewusstsein (im Sinne von sich seiner Selbst bewusst sein),
- emotionale Selbstregulation,
- Fähigkeit zur Selbstmotivation und zum Belohnungsaufschub,

[1] Goleman, D.: EQ – Emotionale Intelligenz. 10. Aufl. München 1997.

- Empathie,
- soziale Kompetenz.

Die fünf Faktoren der emotionalen Intelligenz sind so zu verstehen, dass sie jeweils aufeinander aufbauen (s. Abbildung).

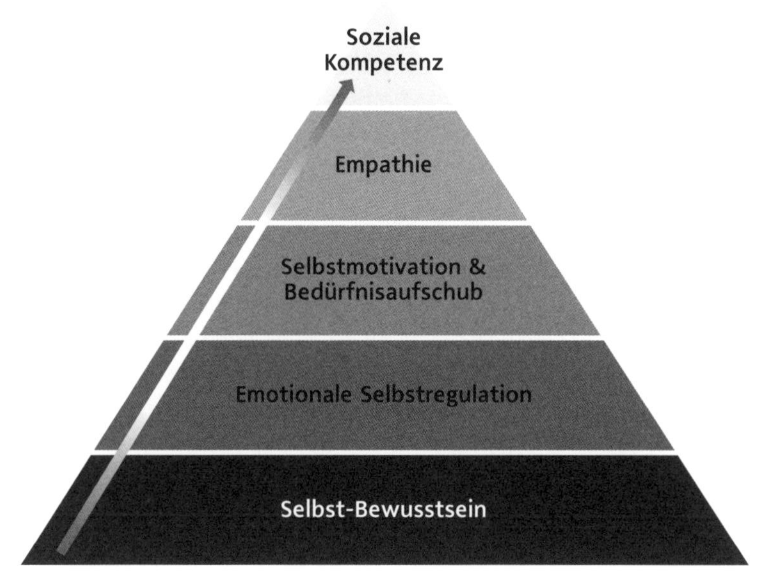


* Saloveymodifiziert nach , P./J. D. Mayer und D. Goleman; siehe D. Goleman: Emotionale Intelligenz. München und Wien 1996, S. 65 f.

Abb. 16: Emotionale Intelligenz (EQ)

Das bedeutet, dass das Selbst-Bewusstsein (Bewusstsein über die eigenen Emotionen) auf der untersten Stufe zunächst vorhanden sein muss, bevor eine emotionale Selbstregulation auf der nächsten Stufe (Stufe 2) erfolgen kann. Damit Selbstmotivation und Bedürfnisaufschub (Stufe 3) gelingen, bedarf es der Kompetenzen der beiden darunterliegenden Stufen. Zu Empathie (Stufe 4) ist wiederum nur fähig, wer sich seiner eigenen Gefühle bewusst ist, sie selbst regulieren kann und eigene Bedürfnisse (z. B. das Schlafbedürfnis) zumindest zeitweilig aufzuschieben vermag, um sich z. B. zunächst den Gefühlen anderer (z. B. dem Liebeskummer eines Freundes) und einer geeigneten Reaktion (z. B. Trost) auf diese Gefühle widmen zu können.

Die höchste Stufe der emotionalen Intelligenz wiederum, die der sozialen Kompetenz, kann nur erlangen, wer alle darunterliegenden Faktoren beherrscht.

### 1. Selbst-Bewusstsein

Nicht zu verwechseln mit dem im Deutschen verwendeten „Selbstbewusstsein" in dem Sinne, dass man sich selbst etwas zutraut. Mit „Selbst-Bewusstsein" ist in diesem Fall die Fähigkeit gemeint, *die eigenen Gefühle (Emotionen) bewusst wahrzunehmen* und sich auch entsprechender Urteile und Wertungen über diese Gefühle bewusst zu sein.

**BEISPIEL: Frauen haben ein höheres Selbst-Bewusstsein**

Zumindest bezogen auf die Definition des emotionalen Selbst-Bewusstseins von Salovey und Mayer scheint die Aussage zuzutreffen, dass Frauen über ein höheres Selbst-Bewusstsein verfügen als Männer: Sie sind sich ihrer eigenen Gefühle sehr viel bewusster und beschäftigen sich im Gegensatz zu Männern auch eingehend damit, warum sie fühlen, was sie fühlen. Auch fragen sie sich häufiger, ob ihre Emotionen, so wie sie sie empfinden, angebracht sind.
Das weibliche Bedürfnis, über die eigenen Gefühle zu sprechen, kennt wohl jeder Mann, der eine Beziehung mit einer Frau geführt hat, und auch das Bedürfnis der Frau, über die Gefühle, die der Mann in bestimmten Situationen empfindet, sprechen zu wollen. Nachvollziehen kann der Mann dieses weibliche Bedürfnis, sich so eingehend mit Gefühlen auseinanderzusetzen, jedoch nur in den seltensten Fällen. Denn Männer beschäftigen sich meistens nicht sehr intensiv und bewusst mit ihrem eigenen Gefühlsleben und wollen sich auch eher selten über ihre Gefühle (soweit sie ihnen bewusst sind) mit einer anderen Person austauschen.

Auch wenn sich Männer eher selten bewusst mit den eigenen Emotionen auseinandersetzen, lassen auch sie sich sehr oft von ihnen leiten. Das emotionale Selbst-Bewusstsein spielt als „Bauchgefühl" meistens eine wichtige (oft sogar die entscheidende) Rolle beim Treffen von Entscheidungen.

### 2. Emotionale Selbstregulation

Dieser Faktor beschreibt die Fähigkeit, die eigenen Gefühle in gewissem Maße steuern bzw. beeinflussen zu können. Alle Eltern werden bestätigen können, dass diese Fähigkeit erlernbar ist: Kleinkinder verfügen zunächst noch nicht oder nur in sehr eingeschränktem Maße über die Fähigkeit, ihre Emotionen selbst zu regulieren. Erst nach und nach lernen sie, ihre Gefühle zu regulieren und nicht bei der kleinsten Frustration minutenlang mit eindrucksvollen Tobsuchtsanfällen zu reagieren.

Emotionale Selbstregulation ist eine wichtige Fähigkeit, weil sie unsere Nerven ebenso schont wie die Nerven der Personen, mit denen wir tagtäglich umgehen. Wir sind damit imstande, uns selbst „am Riemen zu reißen" und auf diese Weise traurige Stimmungen schneller überwinden zu können und Frustration nicht gleich in überschäumende Wut ausufern zu lassen. Ausgerüstet mit dieser Fähigkeit ist es uns möglich, unser eigenes Leiden in Grenzen zu halten und positiv zu beeinflussen.

### 3. Fähigkeit zur Selbstmotivation und zum Belohnungsaufschub

Auf der anderen Seite sind wir nicht nur dazu imstande, negative Gefühle runterzuregulieren, sondern auch dazu, uns selbst zu motivieren, beispielsweise morgens aufzustehen, obwohl unser Körper eigentlich noch schlafen will etc.

Belohnungsaufschub meint die Fähigkeit, Belohnungen wissentlich aufschieben zu können. Was das genau bedeutet und warum diese Fähigkeit zusammen mit der Selbstmotivation, einer der wichtigsten Grundpfeiler für den späteren beruflichen Erfolg im Leben zu sein scheint, zeigt am besten ein Beispiel aus der Psychologie:

**BEISPIEL: Der Marshmallow-Test (Mischel, 1960)**

In einem psychologischen Test wurde Kindern die folgende Aufgabe gestellt: „Ich lege hier ein Marshmallow hin. Das Marshmallow gehört Dir. Wenn Du möchtest, kannst Du es essen. Wenn Du es sofort isst, bekommst Du aber kein weiteres Marshmallow von mir. Bleibst Du aber hier sitzen und isst das Marshmallow nicht, bis ich gleich wieder zurück bin, dann bekommst Du ein zweites Marshmallow von mir, weil Du so schön gewartet hast. Danach kannst Du beide essen" Kinder, die in diesem Test dazu imstande waren zu warten, bis der Versuchsleiter zurückkam, ohne den Marshmallow zu essen, konnten also ihr Bedürfnis, die Süßigkeit zu essen, kurzfristig aufschieben, mit der Aussicht, dafür eine Belohnung zu erhalten. Die Verlockung war für alle Kinder sehr groß und viele waren nicht dazu imstande, der Versuchung lange zu widerstehen.
Die Kinder, die aber der Verlockung widerstanden, das Marshmallow sofort zu essen, verfügten bereits über gute Strategien, um ihr Bedürfnis kurzfristig aufzuschieben: Sie lenkten sich ab, indem sie z. B. den direkten Blick zum Marshmallow vermieden und sich mit anderen Sachen, z. B. mit singen, beschäftigten. Kinder, die über die Fähigkeit, ihr eigenes Bedürfnis zugunsten einer größeren Belohnung aufzuschieben, verfügten, waren auch in ihrem späteren Leben erfolgreicher als Kinder, die ihrem Impuls nicht widerstehen konnten.[2] Sie waren gesünder, seltener kriminell und mit ihrem Leben deutlich zufriedener.

[2] Goleman, D.: EQ – Emotionale Intelligenz. 10. Aufl. München 1997, S. 109 f.

Die Fähigkeit, Belohnungen aufschieben zu können, macht Menschen deshalb erfolgreicher, weil sie Strategien entwickelt haben, sich selbst so zu lenken, dass sie ihrem Erfolg nicht im Wege stehen, sondern ihn aktiv beeinflussen können. Sie verfügen über Selbstdisziplin, was scheinbar mit einem höheren Selbstbewusstsein (im Sinne eines höheren Selbstwertgefühls) einhergeht. Wahrscheinlich hängt das damit zusammen, dass die eigene Kompetenz und die Möglichkeit, auf den eigenen Erfolg Einfluss nehmen zu können, (zu Recht) als hoch eingeschätzt wird.

Insbesondere in Change-Prozessen sind Menschen, die dazu in der Lage sind, Belohnungen aufzuschieben, erfolgreich, denn Belohnungen stellen sich in Veränderungsprozessen nicht über Nacht ein. Jemand, der über die Fähigkeit verfügt, Belohnungen aufzuschieben, ist besser dazu imstande, seine eigene Motivation auch über einen längeren Zeitraum ohne große Erfolgserlebnisse aufrechtzuerhalten, während eine Person, die das nicht kann, schnell demotiviert ist und resigniert.

### 4. Empathie

Empathie ist die Fähigkeit, sich in andere „hineinzufühlen" und die Gefühle anderer wahrzunehmen und zu deuten. Auch die angemessene Reaktion auf das erkannte Verhalten fällt unter den Begriff der Empathie. So muss eine Emotion beim Gegenüber (z. B. Traurigkeit) zunächst festgestellt und richtig gedeutet werden, damit man richtig auf sie reagieren kann. Richtig reagiert man, wenn man die Person tröstet bzw. das Bedürfnis hat, sie zu trösten, weil man nachempfinden kann, wie schmerzhaft Traurigkeit sein kann und wie gut es tut, wenn jemand diesen Schmerz nachvollziehen kann und einem beisteht.

Eine Basis für Empathie ist ein gutes emotionales Selbst-Bewusstsein. Man muss sich zunächst seiner eigenen Gefühle bewusst sein, um die Gefühle anderer richtig deuten zu können.

Der Grundstein für Empathie wird jedoch schon früher gelegt: Sogar Säuglinge sind dazu in der Lage, den Gesichtsausdruck, den verschiedene Gefühle auslösen, zu spiegeln. Wenngleich sie sich ihrer Selbst und der Gefühle anderer zu diesem Zeitpunkt noch in keiner Weise bewusst sind, haben sie von Natur aus schon eine Grundausstattung mitbekommen, die es ihnen ermöglicht, später tatsächlich empathisch sein zu können. Die Wissenschaft bezeichnet diese Grundausstattung mit dem Begriff „Spiegelneuronen". Spiegelneuronen sind Nervenzellen im Gehirn, die beim Menschen wie bei den Affen beim bloßen Beobachten des Verhaltens eines anderen Primaten in exakt der gleichen Weise Aktivität zeigen wie in Situationen, in denen diese Verhaltensweisen selbst ausgeführt werden.

**BEISPIEL: Warum Säuglinge Grimassen schneiden**

Wenn Sie ein Baby mit einem erstaunten Gesichtsausdruck anschauen und das Baby Sie dabei ebenfalls anblickt, können Sie beobachten, dass es automatisch versucht, Ihren Gesichtsausdruck zu spiegeln.
Zeichen eines „erstaunten" Gesichtsausdrucks sind: ein offener, eher zu einem „O" geformter Mund und hochgezogene Augenbrauen.
Das Baby versucht, auch andere Gesichtsausdrücke zu spiegeln, die Grundgefühle ausdrücken, wie z. B. Sorge (Stirn runzeln), Erschrecken (aufgerissene Augen, offener Mund) und Freude (offener Blick und leicht hochgezogene Mundwinkel).
Durch das Spiegeln von Gesichtsausdrücken wird eine Beziehung hergestellt. Es wird dem Gegenüber automatisch suggeriert: „Ich verstehe, wie Du Dich fühlst." Dieses Mitfühlen erzeugt wiederum Sympathie beim Gegenüber.
Dem freudigen Gesichtsausdruck kommt dabei eine besondere Rolle zu. Durch ihn wird eine besonders positive Beziehung hergestellt, insbesondere dann, wenn das Baby nach einiger Zeit beginnt, nicht nur den Gesichtsausdruck seines Gegenübers (z. B. der Mutter) zu spiegeln, sondern diesen Gesichtsausdruck auch selbst initiiert zu zeigen. Für alle Eltern ist es ein besonders schöner Moment, wenn sie von ihrem Kind das erste Mal angelächelt werden. Sie erleben dabei selbst sehr positive, überschwängliche Gefühle („Da geht einem das Herz auf!") und unternehmen, motiviert durch diesen Gesichtsausdruck einiges, in der Hoffnung, ein weiteres Lächeln geschenkt zu bekommen. Die Anstrengungen manch durchwachter Nacht werden durch das Lächeln eines Babys einfach weggezaubert.
Im Übrigen zeigen auch von Geburt an blinde Säuglinge die gleichen Grundmimiken.

Wie empathisch man später ist, scheint auch davon abhängig zu sein, wie gut z. B. von der Mutter auf die eigenen Gefühle in früher Kindheit eingegangen wurde.

Empathie ist einer der Grundpfeiler für den Erfolg im Leben: Empathische Menschen sind beliebter bei ihren Mitmenschen, ihnen wird öfter und lieber ein Gefallen getan. Menschen mit hoher Empathie können ihr Einfühlungsvermögen nutzen, um Situationen in ihrem Sinne positiv zu beeinflussen. Sie haben dadurch mehr Einfluss auf ihr Leben und können es eher in positive Bahnen lenken als wenig empathische Menschen. Insofern ist Empathie ein wichtiger Faktor für die Wahrscheinlichkeit eines erfolgreichen Lebens.

An dieser Stelle ist „Lache und die Welt lacht mit Dir" eine entsprechend einfache, aber wahre Weisheit.

Abb. 17: Lache und die Welt lacht mit dir

Wie Forscher in ihren Studien zeigen konnten, wirken insbesondere positive Emotionen wie Freude, ausgedrückt durch Lachen, ansteckend. Beim Lachen wird scheinbar ein Automatismus im Gehirn erzeugt, dem wir uns nicht willentlich widersetzen können.[3]

Auch wenn Führungskräfte in einem Veränderungsprozess natürlich nicht wie Animateure agieren sollen, um gute Stimmung zu verbreiten, so ist es doch wichtig, dass sie eine positive Grundstimmung ausstrahlen. Auch sie ist zu einem gewissen Grad „ansteckend".

Noch wichtiger ist es, während des Veränderungsprozesses Empathie zu zeigen. Wie wir gesehen haben (vgl. Kapitel „Keine Veränderung über Nacht: Die emotionalen Phasen des Change") unterliegen die Emotionen der Mitarbeiter im Laufe von Veränderungsprojekten einigen Schwankungen. Ängste sind typische Emotionen, die zu Beginn eines Veränderungsprozesses auftreten. Es ist wichtig, dass Führungskräfte diese Emotionen wahrnehmen und adäquat auf sie reagieren, z. B., indem sie Ängste offen ansprechen und ihnen verständnisvoll begegnen. Als Vorgesetzter gilt es, die Mitarbeiter als Coach zu unterstützen, um Phasen negativer

[3] Wolf, T.: Lache und die Welt lacht mit Dir, in: Focus vom 13.12.2006.

Emotionen möglichst schnell hinter sich zu lassen. Wo der Mitarbeiter mit seinen selbstregulatorischen Kräften an seine Grenzen stößt, sollte ihn die Führungskraft entsprechend unterstützen. Dabei kann sie beispielsweise unberechtigte Ängste entkräften, einen positiven Ausblick auf die Zukunft geben, den Mitarbeitern verantwortungsvolle Aufgaben im Rahmen des Unternehmenswandels übertragen, um ihre wahrgenommene Kompetenz zu steigern, und vieles mehr.

**5. Soziale Kompetenz**

Aufbauend auf der Empathie, die zeigt, wie gut man die Gefühle anderer verstehen und auf sie eingehen kann, besagt die soziale Kompetenz, wie gut man diese Fähigkeit nutzt, um in zwischenmenschlichen Beziehungen Gefühle zu handhaben und zu interagieren. Sozial sehr kompetente Menschen sind sich der eigenen Bedürfnisse und Gefühle bewusst, analysieren aber auch sehr bewusst die Gefühle anderer. Sie vermögen es, ihre Bedürfnisse zugunsten der Bedürfnisse anderer auch einmal hintanzustellen bzw. aufzuschieben. Es ist ihnen ein Grundbedürfnis, auch die Gefühle anderer zu berücksichtigen, und sie streben eine für möglichst alle Seiten befriedigende Lösung an.

Das Gegenteil von Personen mit hoher sozialer Kompetenz sind Menschen, die nur auf den eigenen Vorteil und auf das Erreichen eigener Ziele bedacht sind, ihre eigenen Bedürfnisse auch nicht kurzfristig hintanstellen können und auf die Gefühle anderer keine Rücksicht nehmen. Solche Personen sind insofern nicht sozialagierend (asozial) und rücksichtslos. Diese sogenannten Egomanen sind absolut selbstbezogen und all ihr Denken und Handeln kreist nur um sie selbst.

Egomanen sind nur so lange erfolgreich, wie sie sich durch Macht und Terror eine herausragende Position sichern können. Sie sind aber nie beliebt, weil sie die eigenen Ziele rücksichtslos auf Kosten anderer durchsetzen und deshalb auf lange Sicht auch nicht so erfolgreich sein können, wie sozial kompetente Menschen.

**BEISPIEL: Soziale Kompetenz und soziale Netzwerke**

Soziale Kompetenz ist ein wichtiger Faktor für den Aufbau von Netzwerken, also von Personen, die einem bekannt sind und von denen man weiß, dass sie kooperierend mit einem interagieren. In der heutigen Zeit der sozialen Netzwerke werden sie als „Freunde“, „Kontakte“ oder „Followers“ bezeichnet.
Soziale Netzwerke sind deshalb so erfolgreich, weil sie für sich den Effekt nutzen, dass Personen, die von einem selbst als „kooperierend“ (im Sinne von „auf gegenseitigen Nutzen achtend und unterstützend“) eingestuft werden, ebenfalls über einen *Freundes*kreis verfügen, also über einen Kreis an Personen, der wiederum als vertrauenswürdig und unterstützend eingestuft wird.

**Mithilfe sozialer Netzwerke ist es folglich möglich, durch die Empfehlung eines eigenen Freundes Kontakte zu potenziell ebenfalls kooperierenden Personen aufzubauen. Diese Personen sind wiederum ebenfalls gewillt zu kooperieren, weil eine gemeinsame vertrauenswürdige Person sich „für einen verbürgt hat". Es gilt die alte Maxime: „Der Freund eines Freundes ist ein Freund" und Freunden tut man gerne einen Gefallen.**
**Mit dem Internet und der Etablierung sozialer Netzwerke wie Facebook, Twitter, Xing, LinkedIn etc. hat das Netzwerken und gegenseitige Protegieren eine neue Dimension erreicht.**

Soziale Kompetenz ist somit auch ein wichtiger Faktor für privaten wie beruflichen Erfolg. Wenngleich einige Kritiker von der Angst getrieben waren, dass soziale Netzwerke und die zunehmende Kommunikation und Interaktion über Medien zu einer Abnahme der sozialen Kompetenz führen könnten, scheint aktuell eher das Gegenteil der Fall zu sein. Netzwerken (im Sinne von Kontakte zu kooperierenden Personen aufbauen und ausbauen) scheint in einer immer globaler und schneller werdenden Welt ein wichtiger Erfolgsfaktor zu sein.

Soziale Kompetenz ist insbesondere für die Führungskraft als Coach ihrer Mitarbeiter im Prozess des Unternehmenswandels ein wesentlicher Erfolgsfaktor. Vorgesetzte mit einer hohen sozialen Kompetenz haben Verständnis für die emotionalen Höhen und Tiefen ihrer Mitarbeiter im Rahmen von Change-Prozessen. Sie erkennen maskierte Emotionen, die verschleiern, was sie eigentlich sind (wenn z. B. vordergründige Aggression ggf. einfach auf bestimmte Ängste zurückzuführen ist). Führungskräfte mit einer hohen sozialen Kompetenz können versuchen, die tatsächlichen Ursachen entsprechend zu lösen (Befürchtungen thematisieren und für mehr Transparenz sorgen, was der Wandel für den Einzelnen tatsächlich bedeutet). Chefs mit hohem EQ können ihre eigenen Gefühle zunächst zurückstellen und sich vordringlich der Begleitung der eigenen Mitarbeiter im Prozess des Unternehmenswandels widmen. Sie sind ihnen ein gutes Beispiel, indem sie sich selbst auf weiter entfernte Belohnungen konzentrieren (z. B. darauf, Meilensteine im Veränderungsprozess zu erreichen) und sich durch Rückschläge nicht vom Ziel abbringen lassen.

### 4.1.2 Was ist der emotionale Unternehmensquotient?

Nachdem wir nun die emotionale Intelligenz und ihre Bedeutung für den Veränderungsprozess beleuchtet haben, betrachten wir nun, welchen Einfluss es auf das Change Management hat, wenn auch das Unternehmen als Organisation über soziale Intelligenz verfügt.

Wie die emotionale Intelligenz einer Person lässt sich auch die emotionale Intelligenz eines Unternehmens nicht einfach wie ein Intelligenzquotient, der nur die kognitive Intelligenz eines Menschen misst, ermitteln. Trotzdem wird immer deutlicher, dass neben den rein strategischen Faktoren und der taktischen Ausführung, also den harten Faktoren in den Veränderungsprozessen, insbesondere auch den weichen Faktoren eine entscheidende Bedeutung zukommt.

**BEISPIEL: Emotionale Dimension fast doppelt so wichtig wie die rationale**

Einer Change-Management-Studie von Capgemini Consulting[4] zufolge kommt den emotionalen Aspekten die wichtigste Bedeutung im Change Management zu. Gefragt, welcher der drei als wichtig angenommenen Dimensionen (1. der rationalen Dimension, 2. der emotionalen Dimension und 3. der politischen Dimension) die stärkste Bedeutung in Veränderungsprozessen zukommt, entschieden sich 49 Prozent der Befragten für die emotionale Dimension. Damit wird ihre Bedeutung als fast doppelt so wichtig eingeschätzt wie die der politischen (28 Prozent) und der rationalen Dimension (23 Prozent).[5]

Während sich die Einschätzungen der Befragten mit unseren eigenen Einschätzungen decken, stellen wir in der Praxis genau die entgegengesetzte Reihenfolge fest: Die rationale Dimension erfährt die größte Berücksichtigung im Rahmen des Managements von Veränderungsprozessen, die geringste Bedeutung aber kommt der emotionalen Dimension zu. Im Grunde kann man davon ausgehen, dass der rationale Unternehmensquotient, also der Wert, dem die rationale, strategische Leistungsfähigkeit eines Unternehmens zugrunde liegt, gut ausgeschöpft wird. Allerdings zeigen viele Unternehmen leicht autistische Züge, was die Berücksichtigung der emotionalen Dimension anbelangt.

Wenn man die fünf Faktoren für emotionale Intelligenz im interpersonalen Bereich nach Peter Salovey und John D. Mayer auch dem emotionalen Unternehmensquotienten für Veränderungsprozesse zugrunde legt, ergeben sich die folgenden Faktoren:

- Bewusstheit emotionaler Unternehmensfaktoren,
- emotionale Regulationsfähigkeit,
- Fähigkeit zur Mitarbeitermotivation,
- Empathie,
- soziale Unternehmenskompetenz.

[4] Capgemini Consulting (Hrsg.): Digitale Revolution. Ist Change Management mutig genug für die Zukunft? München 2012.

[5] Siehe Capgemini Consulting (Hrsg.): Digitale Revolution. Ist Change Management mutig genug für die Zukunft? München 2012, S. 20 (Abb. 11).

## Bewusstheit emotionaler Unternehmensfaktoren

Mit der Bewusstheit emotionaler Unternehmensfaktoren ist die Fähigkeit gemeint, die Dimension der emotionalen bzw. insgesamt weichen, also die Mitarbeiter und ihr Handeln betreffenden Faktoren bewusst wahrzunehmen. Des Weiteren geht es darum, sich der möglichen bzw. notwendigen Auswirkungen, Wechselwirkungen und typischen Phasen, die durch die weichen Faktoren im Rahmen von Veränderungsprozessen bedingt sind, bewusst zu sein.

**BEISPIEL: Angst vor Veränderung**

Angst ist eine Grundemotion des Menschen und sie ist durchaus hilfreich. Sie versetzt uns in Alarmbereitschaft, wenn wir eine Situation als bedrohlich empfinden. Je nach Situation und Persönlichkeit reagieren wir mit Flucht oder Angriff oder wir verharren im Schock.

Das Wissen um die nächste Veränderung ruft bei vielen Beteiligten zunächst Angst hervor. Angst, seinen Arbeitsplatz oder Macht und Anerkennung zu verlieren, den neuen Anforderungen nicht oder nicht im selben Maße wie zuvor gerecht werden zu können etc.

Als Unternehmen sollte man sich dessen bewusst sein und man sollte sich auch aktiv bewusst machen, was es bedeutet. Im Sinne eines gut gesteuerten Veränderungsprozesses hilft es nichts, wenn man versucht, die Ängste der Mitarbeiter zu verleugnen oder zu „verbieten". Im Gegenteil! Man sollte sich vorher vor Augen führen, welche Ängste auftreten werden, wie man ihnen im Vorfeld bestmöglich durch offene Kommunikation begegnen kann, um sie nicht unbegründet ausufern zu lassen.

Auch sollte dem Unternehmen bewusst sein, dass Angst Mitarbeiter krank machen und das Unternehmen wie auch den Veränderungsprozess lähmen kann. Ein Unternehmen mit einem hohen emotionalen Unternehmensquotienten weiß, dass man durch erfolgreich überwundene Ängste Mitarbeiter dafür gewinnen kann, eine Veränderung emotional zu akzeptieren und in nächster Instanz zu unterstützen. Insofern hat Angst auch etwas Bereinigendes — einmal überwunden hilft sie dabei, motiviert und gestärkt nach vorne zu schauen und die Herausforderung aktiv anzunehmen und ihr aktiv zu begegnen.

| Checkliste: Wie bewusst sind Sie sich der emotionalen Unternehmensfaktoren? | | |
|---|---|---|
| | ja | nein |
| Welche Emotionen beeinflussen aus Ihrer Sicht Veränderungsprozesse am meisten? | ☐ | ☐ |
| Wie äußert sich Widerstand? | ☐ | ☐ |
| Inwieweit lässt sich Widerstand bei anstehenden Veränderungsprojekten vermeiden? | ☐ | ☐ |
| Wie beeinflusst der Umgang mit nicht offen kommunizierten Befürchtungen den Prozess des Change Managements? | ☐ | ☐ |
| Welches sind die häufigsten Ängste in Veränderungsprozessen? | ☐ | ☐ |
| Wie überzeugen Sie Mitarbeiter, die auf ihre bisherige Arbeit stolz sind, dass sie sich verändern müssen? | ☐ | ☐ |

## Emotionale Regulationsfähigkeit eines Unternehmens

Dieser Faktor beschreibt die Fähigkeit, die Mitarbeiteremotionen und ihre Aus- und Wechselwirkungen in gewissem Maße zu steuern bzw. beeinflussen zu können. Während einige Unternehmen, die bereits mehrere tief greifende Veränderungsprozesse durchlebt haben, zumindest ein Bewusstsein für das Auftreten von Emotionen und ihre Auswirkungen entwickelt haben, scheint es mit der Regulationsfähigkeit dieser Emotionen meistens nicht so gut bestellt zu sein.

Viele Unternehmen stehen vielmehr recht hilflos vor der Erkenntnis, dass Emotionen auftreten und welche Auswirkungen und Wechselwirkungen sie haben können, ohne dass sie wissen, wie sie die auftretenden Emotionen strategisch möglichst günstig beeinflussen können, um Veränderungsprozesse beispielsweise in möglichst kurzer Zeit und mit der tatkräftigen Unterstützung ihrer Mitarbeiter durchleben zu können.

Wir werden in den folgenden Kapiteln noch sehen, wie man als Unternehmen z. B. orientiert an den einzelnen Phasen eines Veränderungsprozesses Emotionen möglichst effektiv reguliert, und damit allen Beteiligten hilft, das Leiden, den Unmut, den Widerstand möglichst klein zu halten und schnell zu überwinden, um dann positiv vorausschauend agieren zu können.

Wichtig ist, dass die Mitarbeiter möglichst schnell durch die Phasen des Veränderungsprozesses begleitet werden. Negative Empfindungen und Widerstände lassen sich nicht vermeiden. Sie sind notwendig, damit eine tief greifende Veränderung überhaupt stattfinden kann. Es gilt, sich dessen bewusst zu sein und die Regulationsfähigkeit des Unternehmens zu nutzen, die Phasen negativer Emotionen relativ kurz zu halten bzw. schnell zu überwinden. Den Verharrungstendenzen der Mitarbeiter muss mit hohem sozialem Gespür begegnen werden. Nur so lassen sie sich auflösen.

| Checkliste: Verfügt Ihr Unternehmen über eine ausgeprägte Regulationsfähigkeit? | | |
|---|---|---|
| | ja | nein |
| Versuchen Sie, Emotionen möglichst effektiv zu managen, damit negative Emotionen den Veränderungsprozess nicht länger als nötig verlangsamen oder blockieren? | ☐ | ☐ |
| Kennen Sie verschiedene Arten von Widerständen und wie man ihnen am besten begegnet? | ☐ | ☐ |
| Kennen Sie typische Ängste, die in Veränderungsprojekten auftreten, und verfügen Sie über Strategien, diese Ängste zu überwinden? | ☐ | ☐ |
| Verstehen Sie es, der Wut und der Enttäuschung über Sachen, die zurückgelassen werden müssen, Raum zu geben und sie in eine positive Zukunftssicht zu überführen? | ☐ | ☐ |
| Verstehen Sie die Gründe für Verharrungstendenzen und wie Sie ihnen am besten begegnen? | ☐ | ☐ |

## Fähigkeit zu Mitarbeitermotivation und Bedürfnisaufschub

Ein weiterer Faktor, der Unternehmen befähigt, Change Management erfolgreich durchzuführen, ist die Fähigkeit zur Mitarbeitermotivation. Inwieweit ist das Unternehmen dazu imstande, seine Mitarbeiter so zu beeinflussen, dass sie möglichst schnell positiv nach vorn blicken und den Veränderungsprozess aktiv unterstützen? Wie wir sehen werden, spielen dabei verschiedene Faktoren eine Rolle.

Damit ein Mitarbeiter Veränderungen motiviert und aktiv unterstützend umsetzt, müssen — wie die folgende Abbildung zeigt — einige Grundvoraussetzungen gegeben sein:

Mitarbeiter setzen nur engagiert und fokussiert um, was sie
- verstehen,
- akzeptieren und
- woran sie aktiv beteiligt sind.

**Mitarbeiter müssen deshalb**
- die Notwendigkeit zur Veränderung verstehen,
- die Inhalte der neuen Strategie verstehen und als notwendig erachten,
- ihren Beitrag und die persönlichen Vorteile (und möglichen Nachteile) erkennen,
- persönlich Einfluss auf Veränderungen im Unternehmen und im Prozess nehmen.

Quelle: modifiziert nach Xallax AG 2009

Abb. 18: Grundvoraussetzungen für Commitment und Engagement

Wer selbst mit anpacken darf, um für die Zukunft zu bauen, der baut auch emotional auf die Zukunft. Durch die aktive Einflussnahme gewinnt der Mitarbeiter zunehmend die Gewissheit zurück, dass er über die Kompetenzen verfügt, die er für die zukünftige Ausrichtung des Unternehmens benötigt. Fühlte sich der Mitarbeiter vorher vielleicht noch überfordert, gewinnt er mit allem, was er selbst aktiv beitragen kann, an Selbstbewusstsein. Wie der Mitarbeiter seine persönlichen Kompetenzen zur Bewältigung einer Veränderung einschätzt, trägt ganz wesentlich dazu bei, wie engagiert er die Veränderung unterstützt. Das eine bedingt das andere und man muss als Unternehmen darauf achten, dass der Mitarbeiter nicht in eine negative Dauerschleife gerät, in der er sich wenig kompetent fühlt, dementsprechend auch nichts aktiv mit umsetzen möchte und damit auch keine Chance hat, zu einem neuen, positiven Selbstbewusstsein zu gelangen.

Auch der Führungsstil ist ein Faktor, der die Mitarbeitermotivation in Veränderungsprozessen aktiv beeinflusst. Grundsätzlich lässt sich sagen, dass insbesondere ein gutes Vorbildverhalten der Führungskräfte und in besonderem Maße der Führungsspitze die Mitarbeitermotivation positiv beeinflussen kann. In der Capgemini-Studie rangiert das Commitment und Engagement der Führungskräfte auf Platz 2 der Erfolgsfaktoren für das Change Management.[6]

Warum ist dieser Punkt so wichtig?

[6] Siehe Capgemini Consulting (Hrsg.): Digitale Revolution. Ist Change Management mutig genug für die Zukunft? München 2012, S. 26 (Abb. 15).

Führungskräfte, die es verstehen, Begeisterung und Zuversicht für die Neuerung auszustrahlen und ein positives Bild der Zukunft zu zeichnen, können einen sehr positiven Einfluss auf die Motivation der Mitarbeiter ausüben. Doch Vorsicht: Auch hier muss man den negativen Effekt besonders fürchten, denn so wie ein paar positiv gestimmte Führungskräfte die Stimmung positiv beeinflussen können, können Zweifler in den oberen Reihen Misstrauen säen und Ängste noch zusätzlich anfachen.

**BEISPIEL: Wie das obere Management die Mitarbeitermotivation beeinflusst**

In einem von uns begleiteten Veränderungsprozess konnten wir einmal die konträren Einflüsse der Einstellung des oberen Managements eindrucksvoll beobachten. Wir führten Interviews mit dem oberen Management. Im Vorhinein waren wir von der Projektleiterin des Change-Projekts darüber informiert worden, dass zwei Unternehmensbereiche sehr unterschiedlich auf die Einführung des neuen Geschäftsmodells reagierten. Die persönliche Betroffenheit schien zunächst keinen Aufschluss darüber zu geben, warum die Mitarbeiter der Bereiche so unterschiedlich reagierten, denn sie waren beide gleich viel bzw. wenig von den Änderungen betroffen.

Nach unseren Interviews mit den beiden Managern, die die Bereiche führten, war jedoch klar, was dieses unterschiedliche Verhalten bei den Mitarbeitern verursachte:

Der Manager des Bereichs A schien komplett hinter dem neuen Geschäftsmodell zu stehen. Er sprach charismatisch und euphorisch von den Chancen, die die Veränderung bot. Er hatte sich auch eingehend Gedanken gemacht, wie noch bestehende Hürden überwunden werden könnten. Er strahlte dabei eine äußerst positive und lösungsorientierte Denkweise aus und verstand es, mit einfachen Beispielen, die für jeden Mitarbeiter nachvollziehbar waren, die Komplexität des neuen Modells auf ein Minimum zu reduzieren. So wurde jedem der Vorteil des neuen Systems sofort offenbar.

Der Manager des Geschäftsbereichs B hingegen machte im Interview keinen Hehl daraus, dass das neue Modell nicht seine Zustimmung bekommen würde. Chancen und Vorteile sah er keine, malte dafür aber die aus seiner Sicht unüberbrückbaren Hürden in den schwärzesten Farben.

Es ist wohl unschwer zu erraten, welcher Bereich der Veränderung positiv und welcher ihr negativ gegenüberstand. Richtig: Die Mitarbeiter des Bereichs A gingen die Veränderungen proaktiv unterstützend an und waren darum bemüht, für etwaige Hürden schnell Lösungsmöglichkeiten zu finden.

Die Mitarbeiter des Bereichs B verweigerten sich der Veränderung fast einstimmig und versuchten stattdessen immer noch, das alte System schönzureden und den Veränderungsprozess „auszusitzen“.

**Interessant war des Weiteren, dass Sätze und Beispiele, die wir bei den beiden Managern in den Interviews gehört hatten, fast im O-Ton von den Mitarbeitern wiedergegeben wurden.**

Mehr zum Thema Mitarbeitermotivation erfahren Sie in Kapitel „Irrtümer und Wahrheiten über Motivation".

Der Bedürfnis- bzw. Belohnungsaufschub des Unternehmens zugunsten seiner Mitarbeiter ist ein weiterer Faktor der emotionalen Unternehmensintelligenz. Das bedeutet in der Praxis, dass Unternehmen dazu in der Lage sein sollten, ihre primären Bedürfnisse zugunsten der Bedürfnisse ihrer Mitarbeiter aufzuschieben. Es mag verlockend sein, seinen Mitarbeitern immer Höchstleistungen abzuverlangen, insbesondere in einer Zeit, in der es zunehmend auf Schnelligkeit, Flexibilität und Leistung ankommt, um im Wettbewerb bestehen zu können. Dennoch haben Unternehmen auch eine Verantwortung gegenüber ihren Mitarbeitern und es scheint auch – auf mittel- und langfristige Zeit gesehen – nicht sinnvoll zu sein, stets an die Leistungsgrenze bzw. über sie hinaus zu gehen, um sich kurzfristige Wettbewerbsvorteile zu verschaffen. Wie wir im Einführungskapitel gesehen haben, sind die Zunahme der Burn-out-Problematik und der in nächster Zeit noch stärker werdende Fachkräftemangel (War for Talents) schon rein rational gut nachvollziehbare Gründe, warum man seine Mitarbeiter nicht überbeanspruchen sollte. In diesem Sinne werden in Zukunft Unternehmen erfolgreich sein, die sehr genau einschätzen können, wie viel sie ihren Mitarbeitern zumuten können und die es verstehen, ein gut ausgeklügeltes Work-Life-Balance-Konzept für ihre Mitarbeiter zu schaffen.

Darüber hinaus wird ein ganz wesentlicher Aspekt außer Acht gelassen: Die Macht und der maßgebliche Einfluss, den ein faires, also soziales Miteinander zwischen einem Unternehmen und seinen Mitarbeitern auf den Erfolg des Unternehmens haben kann. Der Mensch ist deshalb ein so erfolgreiches Wesen, weil er ein soziales Wesen ist und weil das – auf lange Sicht gesehen – die überlegenste Überlebensstrategie ist. Die Grundlage hierfür bilden ein paar Spielregeln und Grundwerte, die eingehalten werden müssen, um in fast jedem von uns sozusagen einen Kooperationsknopf zu drücken. Der Mensch als soziales Wesen kooperiert grundsätzlich, wenn er davon ausgehen kann, dass der andere ebenfalls kooperiert und die Kooperation für beide Seiten Vorteile bietet. Vielmehr noch scheint der Mensch die eigenen Bedürfnisse weit zurückzustellen, wenn die richtigen sozialen Gegebenheiten vorliegen.

Allerdings: Wird das Vertrauen des Menschen erschüttert, fühlt er sich zu Recht verraten oder übervorteilt, schlägt er unerbittlich und mindestens mit gleicher Härte zurück. Spieltheoretiker nennen diese Grundregel „tit for tat", zu Deutsch: „Wie Du mir, so ich Dir" oder „Auge um Auge, Zahn um Zahn".

Für Unternehmen bedeutet das in der Konsequenz, dass Mitarbeiter dazu bereit sind, sich überproportional für ihr Unternehmen einzusetzen und die eigenen Bedürfnisse zurückstellen. Mitarbeiter sind z. B. in schlechten Zeiten sogar dazu bereit, persönliche Einschnitte in Kauf zu nehmen (z. B. durch Gehaltsverzicht), solange sie das Unternehmen ihnen gegenüber immer als fair und sozial agierend wahrgenommen haben.

Unternehmen jedoch, die zu kurz denken, und ihren eigenen kurzfristigen Erfolg offen vor die Mitarbeiterinteressen setzen, werden als unsozial wahrgenommen. In der Folge fühlen sich die Mitarbeiter diesem Unternehmen nicht mehr persönlich verpflichtet, was viele Unternehmen mittel- bis langfristig teuer zu stehen kommt. Es ist deshalb im ureigensten Interesse eines jeden Unternehmens, dass es im Sinne der emotionalen Intelligenz dazu in der Lage ist, die eigenen Bedürfnisse und Belohnungen zum Wohle der Mitarbeiter kurzfristig aufzuschieben. So profitieren langfristig die Mitarbeiter und das Unternehmen gleichermaßen.

Weitere Ausführungen und Beispiele hierzu finden Sie in Kapitel „Psychologisches Change Management“.

| **Checkliste: Überprüfen Sie die Fähigkeit Ihres Unternehmens zur Mitarbeitermotivation und zum kurzfristigen Bedürfnisaufschub** | | |
|---|---|---|
| | **ja** | **nein** |
| Stellen Sie sicher, dass Ihre Mitarbeiter die Notwendigkeit der Veränderung für die Zukunftsfähigkeit Ihres Unternehmens verstanden haben? | ☐ | ☐ |
| Erläutern Sie, was die Veränderungen konkret für die Mitarbeiter bedeuten? | ☐ | ☐ |
| Beziehen Sie die Mitarbeiter aktiv in den Change-Prozess ein? | ☐ | ☐ |
| Verwenden Sie institutionalisierte Feedbackverfahren, die es den Mitarbeitern erlauben, Rückmeldungen an das Management zu geben, was im Rahmen des Prozesses gut läuft, was verbessert werden muss, was einer Klärung bedarf etc.? | ☐ | ☐ |
| Sind sich Ihre Führungskräfte ihrer Vorbildfunktion bewusst und unterstützen sie den Veränderungsprozess aktiv? | ☐ | ☐ |
| Ermutigen Ihre Führungskräfte die Mitarbeiter dazu, lösungsorientiert vorzugehen, statt problemfokussiert zu denken? | ☐ | ☐ |
| Vermag es das obere Management Ihres Unternehmens, den Mitarbeitern einen positiven Ausblick in die Zukunft zu vermitteln? | ☐ | ☐ |
| Profitiert Ihr Unternehmen nicht auf Kosten der Mitarbeiter und stellt es im Sinne eines fairen Miteinanders eigene Interessen auch einmal zugunsten der Mitarbeiterinteressen zurück? | ☐ | ☐ |

## Empathiefähigkeit von Unternehmen

Nur wenige Unternehmen verhalten sich wirklich empathisch im Rahmen des Managements von Transformationsprojekten. Ihnen fehlt sehr oft die Fähigkeit, Mitarbeiteremotionen überhaupt erst einmal richtig zu deuten. Offene Ablehnung, Aussitzen, Ironie etc. sind zuweilen nichts anderes als ein Schutzschild gegen gut versteckte Ängste, die mit der Veränderung einhergehen. Meistens wird deshalb von den Unternehmen nicht auf die zugrunde liegenden Emotionen, sondern auf die zutage tretenden Verhaltensweisen reagiert. Leider führt das nur selten zu einer Entspannung der Situation, sondern zu einer weiteren Eskalation, Verhärtung und Entschleunigung oder sogar zu einem zeitweiligen Stillstand des Prozesses (auch Rückschritte sind beobachtbar).

Im Gegensatz zur Empathie zwischen zwei Personen fehlt in der Interaktion zwischen Unternehmen und Mitarbeitern oft die intuitive Empathiefähigkeit, Emotionen durch Spiegelneuronen richtig deuten und übersetzen zu können. Oder anders ausgedrückt: Während wir im persönlichen Miteinander die Gefühlslage oft schon am Gesichtsausdruck fast automatisch ablesen können, ist dies hier nicht so einfach möglich. Wir sind darauf angewiesen, das Gesagte und die Verhaltensweisen zu interpretieren, wenn wir etwas über die Grundemotionen erfahren wollen, die die Mitarbeiter beeinflussen.

Das Gleiche gilt auch andersherum: Während im persönlichen Umgang ein strahlendes Lächeln eine positive Grundstimmung übermittelt oder wir automatisch Anteilnahme mit traurigen Personen zeigen, indem wir den Gesichtsausdruck unbewusst spiegeln, sodass sich der Weinende sofort verstanden fühlt, fehlt auch das im Unternehmens-/Mitarbeiterkontext. Auch für den Mitarbeiter sind die Absichten des Unternehmens, die durchaus empathisch sein können, nicht automatisch ersichtlich und werden gerade in Veränderungsprozessen oft missverstanden, indem sie negativ ausgelegt werden.

Da die nonverbale Kommunikation wegfällt, kommt es zu zahlreichen Missverständnissen und Fehlinterpretationen, und damit auch zu unangemessenen Reaktionen auf beiden Seiten — auf der Unternehmens- und auf der Mitarbeiterseite.

**BEISPIEL: Digitale Kommunikation, Emoticons und Smileys**

Mit der zunehmenden Kommunikation über E-Mails und (später auch) über SMS sah man sich als Nutzer vor der Herausforderung, dass es insbesondere bei kurzen Nachrichten, die auf lange, freundliche Formulierungen verzichteten, immer wieder zu sehr unschönen Missverständnissen kam. Im Gegensatz zur normalen Kommunikation fehlten hier sowohl die Mimik als auch der Tonfall, um die emotionale Ebene, die dem Text zugrunde lag, mitzuübermitteln. So manche gut gemeinte Kurzbotschaft wurde auf diese Weise fehlinterpretiert und führte zu Konflikten, die ansonsten gar nicht entstanden wären. Um Emotionen bei Textnachrichten mitzuübermitteln, setzten sich schnell sog. Emoticons durch. Sie zeigen zumeist Gesichter mit entsprechend verständlicher Mimik, die durch Satzzeichen in 90°-Drehung die Gesichtsausdrücke imitieren, so z. B.

- :-)
- ;-)
- :-(

Für Textnachrichten (SMS) hat es sich durchgesetzt, Abkürzungen für Emotionsbeschreibungen mitzusenden (z. B. lol für „laugh out loud"). Außerdem werden lachende Gesichter, sog. Smileys, eingefügt, um etwas positiv zu unterstreichen. Ein Gesicht mit einem zusammengekniffenen Auge verweist beispielsweise auf Ironie etc. Später kamen auch andere grafische Symbole und Metaphern dazu, mit denen Emotionen und Situationen in kurzen Nachrichten nachvollziehbar dargestellt werden.

Wie anhand dieses Beispiels deutlich wird, scheint es die zwischenmenschliche Kommunikation zu erleichtern und Konflikten vorzubeugen, wenn wir uns Hilfen schaffen, die Emotionen übersetzen bzw. sichtbar machen. Das hilft uns außerdem, empathisch, also angemessen, auf diese Gefühle reagieren zu können.

**TIPP: Machen Sie Emotionen sichtbar und holen Sie sie an die Oberfläche**

Emotionen bahnen sich ihren Weg, oft jedoch versteckt oder sie treten unter dem Deckmantel ganz anderer Verhaltensweisen zutage (z. B. Ironie, Sarkasmus, offener Widerstand). Das Beste, was man tun kann, um mit Emotionen umzugehen und sie in die richtigen Bahnen zu lenken bzw. das Leiden abzukürzen, ist, sie offenzulegen. Emotionen zu ignorieren, bringt nur noch mehr Unruhe ins System und verlangsamt den ganzen Veränderungsprozess.

Diese Erkenntnis sollten Sie auch im Management von Veränderungsprozessen für sich nutzen und damit allen Beteiligten die Verständigung erleichtern.

**TIPP: Werden Sie kreativ und nutzen Sie Metaphern und Symbole, um Emotionen richtig zu deuten**

Nutzen Sie Metaphern und Symbole, um Emotionen auch auf der Unternehmens-/Mitarbeiterebene zutage zu fördern und dann angemessen auf sie reagieren zu können. Das macht es Ihren Mitarbeitern leichter, selbst einen Zugang zu ihren Gefühlen während des Transformationsprozesses zu bekommen, die ihnen oft selbst nicht bewusst sind.

Sie werden sich an dieser Stelle sicher fragen, welche Methoden sich für den Einsatz von Metaphern und Symbolen eignen. Zunächst einmal ist es wichtig, dass Sie verstehen, worauf es in der jeweiligen Phase eines Veränderungsprozesses ankommt, damit Sie die jeweils geeigneten Methoden (Aufdeckungs-, Interventionsmethoden) finden, mit denen Sie die Emotionen zutage fördern und lösungsorientiert angehen können. Worauf man in welcher Phase achten sollte, werden wir im weiteren Verlauf des Buches noch genauer behandeln (s. Kapitel „Den Unternehmenswandel erfolgreich managen: der integrierte Prozessablauf"). Um erst einmal deutlich zu machen, wie man Metaphern und Symbole überhaupt zur Offenlegung von Emotionen (insbesondere von Ängsten) nutzen kann, schauen wir uns ein kurzes Beispiel an:

**BEISPIEL: Steiniger Weg**

In der Phase, in der die neue Vision und Strategie kommuniziert wird, in der aber für die Mitarbeiter noch nicht bis ins letzte Detail deutlich wird, welche Auswirkungen die Veränderung für sie persönlich in ihrer täglichen Arbeit haben wird, treten viele Ängste auf. Es werden diverse Gefahren und Stolpersteine auf dem Weg zum Ziel gesehen.
Methode: Workshop
Zweck: Ängste und mögliche Hindernisse auf dem Weg zum Ziel aufdecken. Lösungsmöglichkeiten ableiten, um die wahrgenommenen Hindernisse zu überwinden.
Benötigte Mittel: Kreide, Steine (bei Outdoor-Version) und kreidetauglicher Belag.
Die zugrunde liegende Idee ist das Visualisierungsprinzip „Hüpfekästchen", das wahrscheinlich noch jedem aus seiner Kindheit bekannt ist. Unten befindet sich die Startposition, die für den Beginn des Veränderungsprojekts steht. Darüber befinden sich übereinander gereiht einzelne Kästchen, in einer Größe von ca. 50 cm x 50 cm. Ganz oben, oberhalb des letzten Kästchens, befindet sich das Ziel. Es ist gleichbedeutend mit der Erfüllung der im Rahmen des Veränderungsprojekts abgeleiteten Mission.
Die Teilnehmer des Workshops werden aufgefordert, Befürchtungen und mögliche Hindernisse zu nennen, die einen auf dem Weg zum Ziel behindern könnten. Die von den Teilnehmern genannten Befürchtungen werden in die Kästchen geschrieben. Die Befürchtungen können dabei in eine sinnvolle Reihenfolge gebracht werden: Zum Beispiel können Hindernisse/Ängste, die wahrscheinlich zu Beginn des Veränderungsprozesses eine Rolle spielen (Verlustängste z. B. möglicher Arbeitsplatzverlust oder Verlust von Einfluss), weiter unten in der vertikalen Reihe angesiedelt werden als Hindernisse, die erst später im Prozess zum Tragen kommen (z. B. die Funktionalität neuer IT-Systeme). Es entsteht ein Weg, der überwunden werden muss, um das Ziel zu

erreichen. Die Teilnehmer erhalten eine festgelegte Anzahl von Steinen (z. B. jeder fünf Steine bei einer Anzahl von zehn abgeleiteten Befürchtungen/Kästchen). Dadurch erhält man einen guten Überblick über die unterschiedlichen Befürchtungen, die vorrangig angegangen werden müssen.
Im nächsten Schritt werden die Teilnehmer gebeten, ihre Steine jeweils in die Kästchen mit den Befürchtungen zu legen, die sie selbst am ehesten betreffen. Da die Teilnehmer weniger Steine haben, als Hinderniskästchen vorhanden sind, müssen sie eine Auswahl treffen.
Nun sollen die Teilnehmer für die Befürchtungen/Hindernisse je ein bis zwei mögliche Lösungen ableiten. Hierfür kann man sich in Arbeitsgruppen aufteilen. Es ist darauf zu achten, dass die Teilnehmer in einer Gruppe an einem Thema arbeiten, das sie persönlich betrifft. Sollte es Felder geben, in denen kein Stein liegt, können in der Großgruppe gemeinsam Lösungen abgeleitet werden. Alle Lösungen werden nach der Ableitung der Gesamtgruppe kurz vorgestellt und besprochen. Jedem Hindernisfeld werden im Anschluss rechts und/oder links ein oder zwei Kästchen mit Lösungsmöglichkeiten zugeordnet und entsprechend dort platziert bzw. eingezeichnet.
Der „steinige Weg“ der Veränderung mit seinen wahrgenommenen Hindernissen und Ängsten soll nun von jedem einzelnen Teilnehmer symbolisch überwunden werden. Nacheinander hüpfen die Teilnehmer bis zum Ziel, und zwar nach der folgenden Systematik:

- Gestartet wird an der Ziellinie. Der Teilnehmer schaut auf das erste Feld. Liegt dort einer seiner Steine (sieht er das Hindernis also als ein persönliches an), liest er das Hindernis vor und sagt danach, ob er eine der angegebenen Lösungsmöglichkeiten akzeptiert. Er liest die angegebene Lösung vor und springt in das Kästchen mit der Lösungsmöglichkeit (es können auch beide rechts und links gewählt werden indem man mit dem linken Fuß ins linke und mit dem rechten Fuß ins rechte Lösungsfeld springt), dann bückt er sich und sammelt symbolisch den Stein aus dem Hindernisfeld auf, das nun für ihn kein Hindernis mehr auf seinem Weg darstellt. Der Teilnehmer wendet sich dem nächsten Hindernisfeld zu und so weiter.
- Bei einem Feld, das der Teilnehmer nicht als persönliches Hindernis ansieht, kann er das normale Hindernisfeld oder eines der Lösungsfelder zum Fortkommen wählen. Es wird kein Stein aufgenommen.
- Sollte für ein Hindernisfeld keine passende Lösung gefunden worden sein, muss der Teilnehmer versuchen, das Feld komplett zu überspringen und auf die nächste Phase bzw. ein entsprechendes Lösungsfeld zu gelangen.

Nachdem alle Teilnehmer den „steinigen Weg“ (hoffentlich) überwunden haben, erfolgt noch eine kurze Abschlussreflexion:

- Was sind unsere Erkenntnisse aus diesem Workshop?
- Wie geht es uns jetzt?

- Fühlen wir uns jetzt besser darauf vorbereitet, den steinigen Weg zu überwinden?
- Gibt es jemanden, der den steinigen Weg nicht überwinden konnte? Wie können wir ihm helfen, doch noch das Ziel zu erreichen?

Die erarbeiteten Lösungen werden gesammelt an das Change Team weitergeleitet, damit sie im weiteren Prozess entsprechend Berücksichtigung finden können. Die Teilnehmer werden zu Beginn des Workshops über diese Vorgehensweise informiert.

Zum Schluss des Workshops kann den Teilnehmern noch das nächste Beispiel „Metapherneinsatz im Spitzensport“ vorgestellt werden (s. u.). Optional wird das Lied „Dieser Weg wird kein leichter sein“ von Xavier Naidoo zum Abschluss gespielt.

Angestrebtes Resultat: Durch die gemeinsame Bearbeitung und lösungsorientierte, offene Herangehensweise verlieren die Ängste ein wenig von ihrem Schrecken. Gegebenenfalls können sie sogar ganz aus der Welt geschafft werden.

---

Die Vorteile solcher Aufbereitungs- und Interventionstechniken, die Symbole und Metaphern nutzen, sind:

- Der Mitarbeiter setzt sich mit seinen Befürchtungen bewusst auseinander.
- Indem der Mitarbeiter seine Befürchtungen offenlegt, werden sie sichtbar, und damit leichter „fassbar“.
- Durch das Nutzen von Symbolen und Metaphern ist die Bearbeitung aber auch abstrakt und erzeugt einen inneren Abstand, sodass die Angst vor der Auseinandersetzung mit schwierigen Themen abnimmt. Der Zugang zu angstbesetzten Themen wird damit erleichtert.
- Bestimmten Symbolen und Metaphern werden bestimmte Eigenschaften zugeschrieben, die die Verarbeitung zusätzlich unterstützen können (z. B. Steine sind schwer, man kann über sie stolpern, wenn sie im Weg liegen, man kann sie aber auch leicht aus dem Weg räumen; die Systematik des Hüpfekästchens verbinden wir mit Unbeschwertheit, freudiger Herausforderung, der Gewissheit, dank der eigenen Geschicklichkeit zum Ziel zu kommen).
- Bezogen auf das Workshopbeispiel:
  - Im Workshopbeispiel wird der „steinige Weg“ zusätzlich durch die Steine visualisiert und durch die Strecke, die es über die Felder bis hin zum Ziel zu überwinden gilt.
  - Die Hindernisse werden symbolisch und physisch überwunden, indem man die Lösungsmöglichkeiten annimmt und als „gangbaren“ Schritt auf dem Weg zum Ziel akzeptiert.

- Letztlich wird symbolisch das Ziel erreicht, wenngleich es etwas Geschicklichkeit erfordert; körperlich wird also nachempfunden: Der Weg zum Ziel ist kein leichter, aber er ist überwindbar.
- Sicher wird deutlich, dass viel zu tun ist, auf dem neuen Weg, aber es wird auch klar, dass es viele kleine Steine sind, die sich aus dem Weg räumen lassen. Wenn nur jeder eine Lösung für einen dieser Hindernissteine (oder sogar gleich für mehrere) findet, kann man den Weg auch bewältigen. Die wahrgenommene eigene Kompetenz und Einflussmöglichkeit nimmt zu.

**BEISPIEL: Metapherneinsatz im Spitzensport**

**Die deutsche Fußballnationalmannschaft nutzte im WM-Jahr 2006 das Lied von Xavier Naidoo „Dieser Weg wird kein leichter sein“ als Kabinensong vor den Spielen. Im Refrain des Liedes heißt es: „Dieser Weg wird kein leichter sein, dieser Weg wird steinig und schwer.“**

**Der Bundestrainer erntete dafür viel Kritik, doch die Mannschaft hatte sich diesen Song ausgesucht. Indem sie sich offen mit ihren Ängsten und Befürchtungen auseinandersetzten, erschien es ihnen möglich, den steinigen Weg auch zu bewältigen.**

**Immerhin bis zum 3. Platz schafften es die Deutschen mit diesem Song, der zeigt, dass es oft besser ist, sich offen mit Befürchtungen auseinanderzusetzen und auf diese Weise das Gefühl zu bekommen, bestens auf das vorbereitet zu sein, was kommt.**

**Die wahrgenommene eigene Kompetenz nimmt zu, das Gefühl, hilflos ausgeliefert zu sein, schwindet und man ist bereit „es anzupacken“ und „zu überwinden“. Selbstregulation setzt ein und man stellt sich der Situation motiviert und ohne Angst.**

Das Beispiel zeigt, wie wichtig es ist, Befürchtungen offen auszusprechen, solange man auch daran denkt, einen positiven Ausblick in die Zukunft zu bieten. Natürlich hätte man auch einen Motivationssong nehmen können, wie von vielen Kritikern angemerkt wurde. Aber was wäre dann gewesen? Da die Befürchtungen, ggf. schon früh zu scheitern und die in die Mannschaft gesetzten Erwartungen nicht erfüllen zu können, allgegenwärtig waren, wären die Spieler ggf. hoch motiviert hinausgelaufen, aber beim ersten Fehler wären ihre Ängste sofort wieder präsent gewesen, wahrscheinlich größer als zuvor. Die wahrgenommene eigene Kompetenz wäre sehr niedrig gewesen und wahrscheinlich hätte man ohne das notwendige Selbstbewusstsein schnell noch mehr Fehler gemacht und „nicht mehr ins Spiel gefunden“, wie es in solchen Situationen hinterher gerne heißt. Bei einem Song wie dem von Xavier Naidoo konnte man indes davon ausgehen, dass die Spieler sich durch Fehler und Rückschläge nicht aus der Bahn werfen lassen. Sie hatten sich bereits bewusst gemacht, dass der Weg schwer sein würde. Ihre wahrgenommene eigene Kompetenz und ihr Glaube an sich selbst konnte dadurch nicht mehr erschüttert werden.

## Beziehungsmanagement im Unternehmen

Ein weiterer Kernfaktor, der beeinflusst, wie gut oder schlecht Unternehmen dazu in der Lage sind, Veränderungen zu managen, ist das Beziehungsmanagement. Gerade in Veränderungsprozessen ist es der Schlüssel und die höchste Stufe, die im Rahmen des emotionalen Unternehmensquotienten erreicht werden kann.

Nur wer alle vorangegangenen Stufen wirklich beherrscht, kann ein gutes Management der zwischenmenschlichen Beziehungen nutzen, um Veränderungsprozesse effektiv und erfolgreich umzusetzen.

- Ein Unternehmen, das über ein gutes Beziehungsmanagement verfügt, ist dazu in der Lage, die Emotionen seiner Belegschaft zu verstehen und sie entsprechend in der Planung und Umsetzung zu berücksichtigen.
- Ein sozialkompetentes Unternehmen geht offen mit den Ängsten seiner Mitarbeiter um, um diese Ängste entweder zu entkräften oder aber um transparent und fair über reale Bedrohungen zu sprechen und darüber, wie man mit ihnen umgehen möchte.
- Ein Unternehmen, das die weichen Faktoren und ihre Wechselwirkungen mit einbezieht, zeigt nicht nur Verständnis für seine Mitarbeiter und ist sich der Herausforderungen für die Mitarbeiter bewusst, sondern hilft den Mitarbeitern auch notwendige negative Emotionen offen zu zeigen, aber möglichst schnell auf ein akzeptables Niveau zu bringen.
- In jeder Phase des Prozesses weiß ein solches Unternehmen, wie es die Mitarbeiter bestmöglich unterstützen kann, um die Veränderung für alle Seiten möglichst effektiv und verträglich zu gestalten.
- Hohe soziale Intelligenz zeigt ein solches Unternehmen auch, weil ihm bewusst ist, wie viel Veränderung es seinen Mitarbeitern in welcher Zeit zumuten kann. Bei einem stetigen Wandel muss dabei insbesondere das betont werden, was sich nicht ändern soll. Das wird nur allzu oft vergessen. Die „Grundfesten" eines Unternehmens, seine Werte und Normen, sollten grundsätzlich Bestand haben und sich über die Jahre nur wenig ändern. (Anders ist das bei Fusionen, bei denen unterschiedliche Kulturen zu einer neuen Kultur überführt werden müssen. Aber auch hier sollte man zunächst Gemeinsamkeiten herausfiltern, die als Grundfesten erhalten bleiben.) Je mehr Veränderungen in immer kürzeren Zeitabständen zu bewältigen sind, desto wichtiger ist es für die Mitarbeiter, dass sie sich auf eine gewisse Grundstabilität verlassen können. Oder anders ausgedrückt: Je stürmischer die Zeiten sind, desto wichtiger ist es für die Crew, dass sie sich auf bewährte Regeln des zwischenmenschlichen Zusammenspiels verlassen kann.

- Ein Unternehmen mit hohem zwischenmenschlichen Gespür versteht es aber auch, Neugier und Zuversicht für die Zukunft zu säen.
- Es beteiligt Mitarbeiter in höchstem Maße am Prozess der Veränderung, nutzt ihre Ideen und Umsetzungsvorschläge und macht sie so zu „ihres eigenen Glückes Schmied".
- Erreichte Zwischenziele werden offenbart und der Beitrag, den die Mitarbeiter selbst daran hatten, wird herausgestellt, was die wahrgenommene Selbstkompetenz und in der Folge das Selbstbewusstsein weiter erhöht. Auch wird betont, wie tatsächliche Probleme und Hürden überwunden werden konnten.

| **Checkliste: Wie gut ist das Beziehungsmanagement Ihres Unternehmens ausgebildet?** | **ja** | **nein** |
|---|---|---|
| Verstehen Sie die Emotionen Ihrer Mitarbeiter und berücksichtigen Sie sie vorausschauend in der Planung und Umsetzung von Transformationsprozessen? | ☐ | ☐ |
| Gehen Sie die Befürchtungen Ihrer Mitarbeiter (z. B. die Befürchtung, den Arbeitsplatz zu verlieren, die Angst, an Einfluss und Macht zu verlieren oder den neuen Anforderungen nicht gerecht werden zu können) offen an, um sie entweder zu entkräften oder aber um transparent und fair über reale Bedrohungen zu sprechen und wie Sie mit ihnen umgehen möchten? | ☐ | ☐ |
| Zeigen Sie Verständnis für Ihre Mitarbeiter und sind Sie sich in jeder Phase des Prozesses der Herausforderungen für Ihre Mitarbeiter bewusst? | ☐ | ☐ |
| Lassen Sie auch notwendige negative Emotionen zu und helfen Sie Ihren Mitarbeitern durch unterstützende Maßnahmen dabei, ihre negativen Gefühle bewusst zu reflektieren und zu verarbeiten? | ☐ | ☐ |
| Ist Ihnen in jeder Phase des Prozesses bewusst, wie Sie Ihre Mitarbeiter bestmöglich unterstützen können, um die Veränderung für alle Seiten möglichst effektiv und verträglich zu gestalten? | ☐ | ☐ |
| Ist Ihnen bewusst, wie viel Veränderung Sie Ihren Mitarbeitern zumuten können, ohne dass Sie Gefahr laufen, sie zu überfordern? | ☐ | ☐ |
| Betonen Sie nicht nur die Notwendigkeit der Veränderung, sondern auch, was Sie an Bewährtem beibehalten wollen? | ☐ | ☐ |
| Geben Sie einen positiven Ausblick auf die Zukunft und wie sich die Mühen des Augenblicks mittel- und langfristig auszahlen werden? | ☐ | ☐ |
| Beteiligen Sie Ihre Mitarbeiter aktiv an der Umsetzung? | ☐ | ☐ |
| Holen Sie aktiv Rückmeldungen, Ideen und tatkräftige Vorschläge Ihrer Mitarbeiter ein und etablieren Sie „Rückkopplungsschleifen"? | ☐ | ☐ |

## 4.2 Warum Strategen oft keine guten Change Manager sind

Wie wir gesehen haben, spielen Gefühle und insbesondere Ängste eine zentrale Rolle beim Management von Transformationsprozessen. Die emotionale Unternehmensintelligenz (EUQ) trägt wesentlich dazu bei, die Mitarbeiter erfolgreich und mit möglichst wenig Reibungsverlusten auf dem Weg der Veränderung zu begleiten und zu unterstützen.

Was aber führt dazu, dass man sich sowohl im Management als auch in den Strategieberatungen heutzutage durchaus des wichtigen Einflusses der weichen Faktoren bewusst ist, sie aber trotzdem immer noch nicht in die strategische Planung von Veränderungsvorhaben vom ersten Schritt der Planung bis zum Schluss mitberücksichtigt und integriert?

Wie wir gesehen haben, werden die meisten Transformationsprojekte von oben initiiert, also von der Unternehmensleitung angestoßen. Das oberste Management plant, leitet die neue Strategie ab und verabschiedet einen groben Zeit- und Ablaufplan für die Umsetzung der Transformation. Das Gerüst für den Veränderungsplan wird also zunächst ausschließlich von den harten Faktoren bestimmt. Erst wenn der Plan mit seinen harten Faktoren abgestimmt ist, landet er traditionell bei der Abteilung Interne Kommunikation und bei der HR-Abteilung des Unternehmens, um ihn mit weichen Faktoren „anzureichern" wie etwa die Kommunikation der Veränderungsnotwendigkeit an die Mitarbeiter und die notwendigen fachlichen Schulungsmaßnahmen. Und genau das ist der entscheidende Punkt: Es handelt sich so gut wie nie um ein integriertes Konzept, das von Anfang an harte wie weiche Faktoren gleichermaßen bei der Planung berücksichtigt.

Ein Konzept aber, das nicht von Anfang an, harte wie weiche Faktoren berücksichtigt kann nicht optimal ablaufen. Wenn ich als Automobilhersteller zunächst einen Rennwagen plane, kann ich ihn nur schwer nachträglich mit Allradantrieb ausstatten, um ihn geländetauglich zu machen. Ich muss mir zunächst überlegen, was ein Auto alles können soll, um dann ein Konzept zu entwickeln, das beidem gerecht wird und letztlich zu einem Fahrzeug führt, das als sportliches Auto *und* als Geländewagen eingesetzt werden kann.

Worin aber liegt dieser immer wiederkehrende Grundsatzfehler begründet? Letztlich ist diese Vorgehens- und Denkweise auf die Persönlichkeitsstruktur und die Ausbildung der oberen Führungsriege zurückzuführen. Ihre Sichtweise ist eine strategische und meist rein auf Fakten begründet. Um zu verstehen, warum es sowohl bei der Planung als auch bei der Umsetzung weniger um die Menschen im Veränderungsprozess und ihren Einfluss auf den Gesamtprozess geht, lohnt es sich, die Persönlichkeitsstruktur von Managern einmal genauer zu betrachten.

### 4.2.1 Persönlichkeitstypologien

Persönlichkeitstypologien dienen der vereinfachten Darstellung der unterschiedlichen Facetten von Persönlichkeiten und fassen diese Facetten in Kategorien zusammen. Man geht dabei von der Annahme aus, dass es gegensätzliche Ausprägungen von Charaktereigenschaften gibt, dass sich z. B. jemand, der den Umgang mit Menschen liebt, also den sozialen Umgang stark sucht, weniger intensiv und gerne mit reinen Sachthemen beschäftigt.

Natürlich sind Menschen und ihre Persönlichkeitseigenschaften sehr viel komplexer und lassen sich nicht einfach irgendwelchen Persönlichkeitsschubladen zuordnen.

Dennoch kann es unter Umständen hilfreich sein, sich vor dem Hintergrund bestimmter Fragestellungen und zur Reduzierung der Komplexität ausgewählte Dimensionen anzuschauen, die einen Eindruck davon vermitteln können, welche ausgewählten Grundtendenzen (u. a.) Persönlichkeiten ausmachen können bzw. wie sie das Denken und Handeln von Persönlichkeiten beeinflussen.

Ein sehr bekanntes Persönlichkeitsmodell ist das Vier-Typen-Modell, das auf den Psychologen William Marston zurückgeht. Das hier vorgestellte Modell bedient sich zweier in der Persönlichkeitspsychologie häufig genutzter und zur Vereinfachung bewährter Grunddimensionen. Diese Dimensionen, die jeweils über zwei Extremausprägungen verfügen, werden zueinander ins Verhältnis gesetzt. Die folgenden Dimensionen sind im Zusammenhang mit dem oben genannten Aspekt (warum Strategen oft keine guten Change Manager sind) besonders interessant und werden deshalb hier exemplarisch vorgestellt:

1. Dimension: rational vs. emotional
   - An harten Fakten orientiert, rein rational denkend in der einen Extremausprägung und
   - an zwischenmenschlichen, emotionalen Themen orientiert, nach Gefühl entscheidend in der anderen Extremausprägung.
2. Dimension: extrovertiert vs. introvertiert
   - Sehr nach außen gerichtet, sucht die Öffentlichkeit in der einen Extremausprägung,
   - eher in sich gekehrt, ruhig in der anderen Extremausprägung.

Natürlich gibt es Menschen dieser Extremausprägungen in der Realität nur selten. Außerdem beeinflussen viele andere Facetten der Persönlichkeit, wie sich Menschen tatsächlich verhalten. Dennoch ist es für die Erklärung von Grundtendenzen interessant, sich die vier Extremtypen, die sich durch die ins Verhältnis gesetzten Grunddimensionen ergeben, einmal genauer anzusehen:

Quelle: modifiziert nach Marston, W. M.

Abb. 19: Vier-Typen-Modell[7] für den Change-Prozess

Die folgenden Beschreibungen sind bewusst überzeichnet, damit sich die besonderen Eigenarten in ihren theoretischen Extremausprägungen besser nachvollziehen lassen. Bitte übersehen Sie das Augenzwinkern nicht, mit dem die nachfolgenden Typologien verfasst wurden ;-)

## Der Menschenversteher

Dieser Typus verfügt über einen hohen EQ. Er geht gerne mit Menschen um, kennt ihre Bedürfnisse gut und geht auf sie ein. Im Zweifel stellt der Menschenversteher sich selbst und seine Interessen hinter die anderer zurück. Er ist sehr beliebt, weil er verständnisvoll ist und integrierend wirkt.

[7] Modifiziert nach dem Vier-Typen-Modell von William Marston

Auf der anderen Seite ist er ein eher zurückhaltender Mensch, der sich nicht in den Vordergrund spielt. Ihm ist wichtig, dass er gute Beziehungen zu allen Personen in seinem Umfeld unterhält. Als Führungskraft fühlt er sich für die Belange seiner Mitarbeiter persönlich verantwortlich. Für die menschlichen Schwächen seiner Mitarbeiter hat dieser Typus fast immer Verständnis, solange das nicht auf Kosten anderer geschieht. Er ist glücklich, wenn alle anderen um ihn herum zufrieden sind. Seine Gutmütigkeit und sein hohes Harmoniebedürfnis führen jedoch häufig dazu, dass eigentlich nicht tolerierbares Verhalten zu lange ungeahndet bleibt.

Dieser Typus ist im oberen Management von Konzernen eher selten zu finden, weil ihm aufgrund seiner ausgeprägten Introvertiertheit und emotional gewichteten Persönlichkeit die Durchsetzungskraft fehlt, sich selbst mit Nachdruck zu positionieren und im Zweifel auch Anfeindungen, die in Top-Positionen nicht ausbleiben, auszuhalten. Auch Entscheidungen, die negative persönliche Auswirkungen für Einzelne haben, aber im Interesse der Mehrheit manchmal unumgänglich sind (z. B. betriebsbedingte Entlassungen), trifft er ungern, weil dieser Typus zu möglichst allen Personen ein gutes Verhältnis pflegen möchte. Auch weil er möglicherweise unpopuläre Entscheidungen im Sinne der Gemeinschaft treffen müsste, meidet der Menschenversteher den Aufstieg in Spitzenpositionen.

Auffällig häufig trifft man Frauen, die in Richtung dieses Typus tendieren, was neben anderen begrenzenden Rahmenbedingungen dazu beiträgt, dass Frauen seltener im Top-Management von Konzernen vertreten sind. In kleinen und mittelständischen Unternehmen stellt sich das zum Teil anders dar, weil dort Personen dieses Typus noch einen größeren Einfluss auf die Art der Gesamtunternehmensausrichtung und -kultur nehmen können. Insbesondere in eigentümergeführten Unternehmen findet man diese Persönlichkeit deshalb zuweilen auch in der Geschäftsführerposition. Im Sinne der Nachhaltigkeit sowie aufgrund seines ausgeprägten Verantwortungsbewusstseins ist dieser Typus dann auch dazu fähig, z. B. betriebsbedingte Kündigungen auszusprechen. Auch bedingt durch den Eigentümerstatus und die dadurch fehlenden Macht- und Grabenkämpfe findet man den Menschenversteher häufiger im Management eigentümergeführter Unternehmen. Auf der Vorstandsebene von Konzernen findet man ihn fast ausschließlich in der Vertretung des Bereichs Personal.

## Der Motivator

Dieser Typus geht ebenfalls gerne mit Menschen um. Auch ihm ist es wichtig, gute Beziehungen zu möglichst allen Personen zu unterhalten, und er spielt auf der Klaviatur der emotionalen Dimension virtuos. Im Gegensatz zum Menschenversteher ist er aber wenig zurückhaltend, sondern sucht und liebt die Bühne. Dieser Typus ist oft sehr charismatisch und mitreißend. Er ist glücklich, wenn er beliebt ist und von anderen gemocht oder sogar bewundert wird. Seinen Mitarbeitern gesteht er den ein oder anderen menschlichen Fehler zu, solange ihn das nicht schlecht dastehen lässt.

Im Management findet man Menschen mit dieser Grundtendenz häufig in Vorstands- oder Geschäftsführerpositionen, die die Bereiche Vertrieb und oder Marketing verantworten. Für diese Ressorts ist der Motivator geradezu prädestiniert, denn aufgrund seiner mitreißenden, überzeugenden Art und seines hohen EQs ist er ein guter Verkäufer und Marketingexperte.

### Der Planer

Top-Manager dieses Typus verfügen oft über einen hohen IQ. Sie sind hervorragende Analytiker und theoretische Planer. Sie möchten jedes Problem bis ins Detail analysieren und verstehen; hinter allem steckt für sie eine Logik, die sie entdecken möchten. Sie lieben kniffelige Aufgaben und Problemstellungen sehr viel mehr als das Tageslicht oder den Umgang mit Menschen, insbesondere, weil es zwischen ihnen und ihren Mitmenschen oft grundsätzliche Verständnisprobleme gibt. Für diesen Typus zählen nur Zahlen, Daten, Fakten; alles muss in ein Schema passen und planbar sein. Der Planer argumentiert rein faktenbasiert und baut auf das rationale Verständnis seiner Mitmenschen. Recht hilflos steht er da, wenn ihn andere Personen offenkundig nicht verstehen, obwohl seine Position „doch logisch ist". Genauso verständnislos steht er vor so manchem zwischenmenschlichen Problem, weil es sich ihm rational nicht erschließt. Der Planer ist glücklich, wenn er eine kniffelige Aufgabe gelöst hat und ein Plan wie theoretisch berechnet aufgeht. Er hat einen hohen, bis an Perfektionismus grenzenden fachlichen Anspruch an sich und seine Mitarbeiter.

Dieser Typus wird in den Elitekaderschmieden dieser Welt ausgebildet, studiert BWL, internationales Management oder Informatik. Strategieberatungen beschäftigen eine ganze Armada dieses Typus. Im oberen Management, insbesondere von internationalen Konzernen, ist er häufig anzutreffen. Dort ist er als Planer meistens für Bereiche wie Finanzen, Controlling oder IT verantwortlich und hat in der IT- und in der Finanzbranche zuweilen den Vorsitz inne (Vorstandsvorsitzender, Vorsitzender der Geschäftsführung).

### Der Stratege

Dieser Typus ist ein ausgesprochener Stratege und Rationalist. Auf Menschen, die sich von Gefühlen leiten lassen, schaut er herab. Sein Antrieb ist der Erfolg. Er plant seine Strategien auf der Basis einer breiten Auswertung. Gerne leitet er unterschiedliche Szenarien ab, wägt sie gegeneinander ab, um dann die erfolgversprechendste Strategie mit Nachdruck zu verfolgen und umzusetzen. Menschen sind für ihn in erster Linie als die Ausführenden seiner Strategien wichtig. Für diesen Typus zählen vor allem anderen das sachlich beste Ergebnis (Geschäftsergebnis) und der persönliche Erfolg. Im Gegensatz zum Planer will der Stratege seine Strategien unbedingt in der Praxis umgesetzt sehen und wissen, dass sie (besser als alle anderen) funktionieren. Aufgrund seiner Extrovertiertheit übernimmt er gerne die Funktion der Galionsfigur. Er ist glücklich, wenn diejenigen, die seinen Erfolg aufgrund ihrer Position bewerten (z. B. Anteilseigner, Auftraggeber, Eigentümer), ihm Anerkennung zollen. Er ist vor allem glücklich, wenn seine Strategien funktionieren und wenn er besser ist als die Konkurrenz. Er hat einen hohen wettbewerbsorientierten Anspruch an sich und seine Mitarbeiter (höher, schneller, weiter). Dieser Typus ist ein Alphatier. Er duldet nicht, dass seine Strategien infrage gestellt werden oder ihm jemand seinen Platz streitig macht.

Im Management ist der dominante Stratege häufig alleiniger Geschäftsführer oder aber der Vorsitzende der Geschäftsführung bzw. des Vorstands.

## 4.2.2 Die vier Typen und ihre Rolle im Change Management

Die vier dargestellten Archetypen haben aufgrund ihrer Persönlichkeitsstruktur Stärken und Schwächen. Wenn man sich bewusst macht, welche Personen im Rahmen des Change Managements eine besondere Rolle spielen und welchem der dargestellten Persönlichkeitstypen sie in ihrer Grundausrichtung am ehesten entsprechen, kann man ihre Stärken gezielt im Change Management nutzen. Auch die mit dem Typus zusammenhängenden Schwächen können entsprechend beachtet und vorausschauend so beeinflusst werden, dass sie den Veränderungsprozess nicht behindern.

Welchen Stärken und Schwächen kommt im Rahmen des Managements von Veränderungsprojekten eine besondere Bedeutung zu und was sollte man beachten?

### 1. Der Menschenversteher

Die **Stärken** des Menschenverstehers sind:

- Er erachtet weiche Faktoren im Change-Prozess als wichtig,
- er achtet bei der Umsetzung auf die Belastungsfähigkeit der Mitarbeiter und auf Zumutbarkeit (realistischer Zeitablauf, nicht zu viele Veränderungsprojekte in zu kurzen Abständen),
- er verfügt über ein intuitives Gespür für die richtige, den Veränderungsprozess unterstützende Kommunikation (Wann muss was, wie kommuniziert werden?),
- er hat keine Angst, Gefühle der Mitarbeiter zuzulassen, geht offen mit Emotionen um (außer bei der Verliererproblematik s. u.) und kennt angemessene Maßnahmen zur Regulation bzw. Mitarbeitermotivation,
- er genießt zumeist großes Vertrauen und Glaubwürdigkeit bei der Belegschaft (geringe Gefahr, dass Mitarbeiter verdeckte Absichten oder Täuschungsmanöver vermuten und dass Ängste hochkochen könnten).

Die **Schwächen** des Menschenverstehers sind:

- Er hat weniger Verständnis für harte Faktoren und fürs Prozessmanagement,
- ihm fehlt ggf. der strategische Blickwinkel (detailliertes Verständnis der neuen Strategie),
- sein Ansehen bei anderen Mitgliedern der Unternehmensführung, die eher rational ausgerichtet sind, ist möglicherweise gering; ihm fehlt also mitunter die Überzeugungskraft und das Durchsetzungsvermögen zur Erzeugung von Commitment im obersten Management,
- sein Durchsetzungswille (insbesondere bei Widerständen) ist meistens nur schwach ausgeprägt; er lässt also zu viel durchgehen,
- ihm mangelt es ggf. an Zugkraft und Zielorientierung, sodass er Gefahr läuft, angesichts der Komplexität des Veränderungsprozesses und seiner Herausforderungen den Überblick zu verlieren. Er orientiert sich weniger an zu erreichenden Meilensteinen und dem Zeitplan als an der Lösung zwischenmenschlicher Probleme, die zum Teil nicht vollständig aufgelöst werden können. Deshalb widmet er sich oft zu einseitig und lange den weichen Faktoren des Change,
- er scheut die offene Kommunikation mit den Verlierern der Veränderung (Verliererproblematik).

**TIPP: Den Menschenversteher auf Kurs halten!**

Achten Sie durch ein systematisches Projekt- und Zielmanagement darauf, dass der Menschenversteher den geplanten Pfaden folgt, und kontrollieren Sie die Teilzielerreichung entsprechend. Der Menschenversteher tendiert dazu, sich leicht durch das Lösen zwischenmenschlicher Probleme vom Weg abbringen zu lassen. Natürlich haben „Störungen“ zunächst einmal Vorrang: Wie ein Wanderer auf dem Weg zum Gipfel, kann man ab und zu anhalten, um kleinere Blessuren zu verarzten, um sicherzustellen, dass sie nicht größer werden und einen von der Gipfelerstürmung abhalten oder die Gipfelerstürmung unnötig verzögern. Auf der anderen Seite sollte man aber darauf achten, dass man planmäßig vor Einbruch der Nacht oder dem nächsten Wetterumschwung das nächste Etappenziel erreicht. Auch wenn der Projektmanager nicht der Sponsor der Expedition ist, ist er sozusagen der Bergführer, der dafür verantwortlich ist, dass alle Beteiligten den Gipfel planmäßig erreichen.

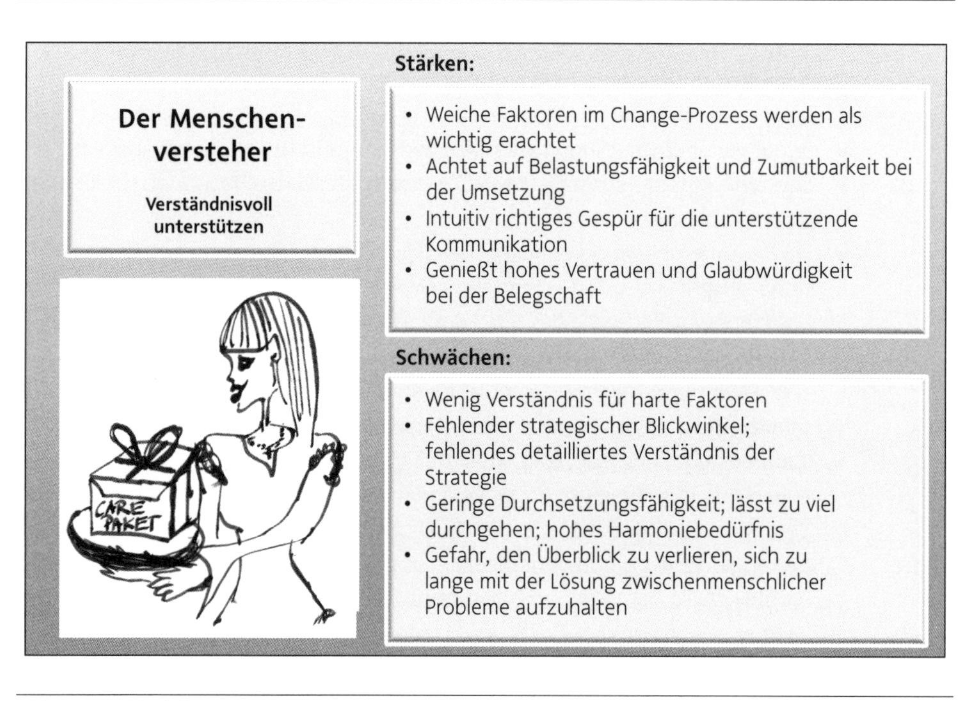


Abb. 20: Steckbrief Der Menschenversteher

### 2. Der Motivator

Die **Stärken** des Motivators sind:

- Er erachtet weiche Faktoren im Change-Prozess als wichtig.
- Er will die Mitarbeiter für die neue Strategie begeistern und einen positiven Ausblick auf die Zukunft geben.
- Er spricht gerne persönlich zu den Mitarbeitern und bietet sich damit als Repräsentant für die Veränderung an.
- Er versteht es, die Menschen „emotional zu packen".

Die **Schwächen** des Motivators sind:

- Er hat weniger Verständnis für harte Faktoren und fürs Prozessmanagement.
- Ihm fehlt ggf. der strategische Blickwinkel (ein detailliertes Verständnis der neuen Strategie).
- Er ist entweder sehr beliebt oder polarisiert stark (insbesondere sehr rationale Personen sehen ihn eher kritisch, während sich die anderen gerne mitreißen lassen).
- Er vermeidet Konflikte und alles, was ihn schlecht aussehen lassen könnte.
- Er ist sehr sprunghaft bzw. agiert aus dem Bauch heraus und lässt sich deshalb schlecht und ungern steuern.
- Er möchte möglichst nur positive Aussagen machen; scheut den Kontakt und die offene Kommunikation mit den Verlierern der Veränderung (Verliererproblematik).

**TIPP: Agieren Sie ehrlich und authentisch!**

Es ist im Rahmen des Change Managements sehr hilfreich, die Stärken und Schwächen der handelnden Personen zu kennen. Setzen Sie Personen immer nur entsprechend ihrer Stärken ein. Versuchen Sie niemals, jemandem etwas in den Mund zu legen, von dem er nicht selbst überzeugt ist. Überzeugend ist nur, wer von dem, was er sagt, auch selbst überzeugt ist.
Ehrlichkeit, Authentizität und Wertschätzung sind die Eckpfeiler eines guten Change Managements. Bedenken Sie, dass man Vertrauen schnell verlieren kann, wenn man diesen Umstand missachtet. Vertrauen zurückzugewinnen dauert seine Zeit — war der Vertrauensbruch sehr schwerwiegend, ist das Vertrauen für immer verloren.

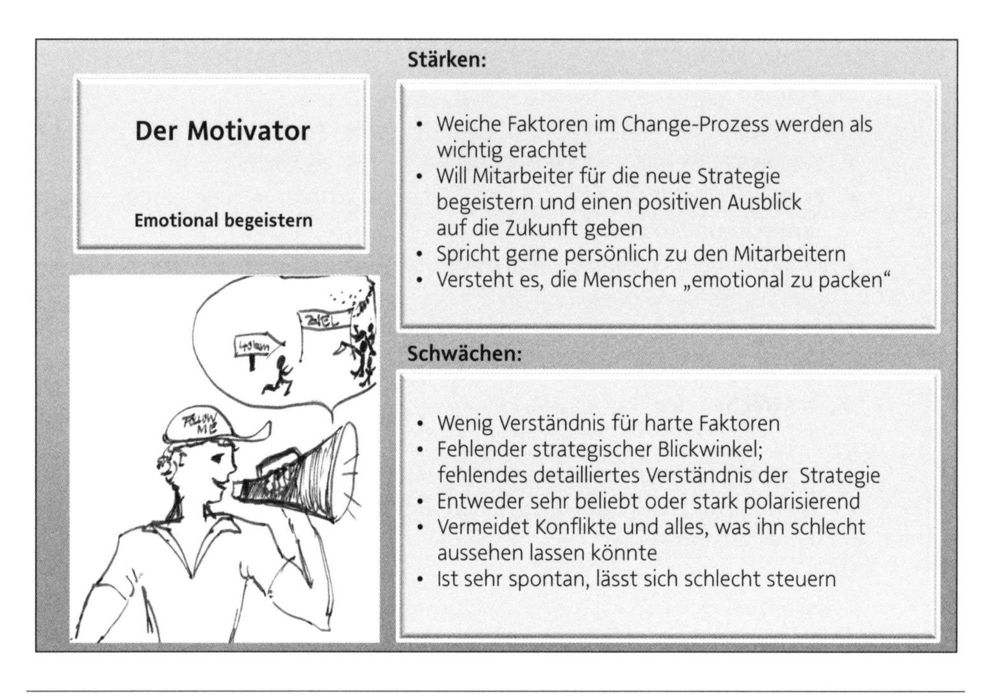


Abb. 21: Steckbrief Der Motivator

## 3. Der Planer

Die **Stärken** des Planers sind:

- Er hat eine schnelle und hohe Auffassungsgabe und ist ein hervorragender Analytiker.
- Er kennt jedes Detail einer Strategie und kann stichhaltig begründen, warum die Strategie notwendig ist.
- Als sachorientierter, sehr rationaler Mensch geht er logisch vor und hält sich strikt an die (Projekt-)Planung.
- Er liebt kniffelige Problemstellungen und möchte die beste Lösung finden; durch Rückschläge lässt er sich nicht von seinem Weg abbringen, sondern empfindet sie als Herausforderungen.
- Er trifft auch menschlich unpopuläre Entscheidungen und steht offen zu ihnen, wenn sie faktisch zur Verbesserung der Gesamtsituation beitragen.

Die **Schwächen** des Planers sind:

- Ihm fehlt das Verständnis für die Wichtigkeit und den Einfluss weicher Faktoren auf Veränderungsprozesse; in seine theoretischen Planungen bezieht er nur klar planbare (harte) Faktoren mit ein.
- Aufgrund seiner im Vergleich zu seinen kognitiven Fähigkeiten geringeren emotionalen Intelligenz fehlt ihm ein tief gehendes Verständnis für zwischenmenschliche Faktoren; er argumentiert stets nur rein faktenbasiert und verliert sich zuweilen im Detail.
- Für ihn ist ein (Projekt-)Plan dann erfolgreich umgesetzt, wenn er wie zuvor auf dem Reißbrett geplant funktioniert; alles soll wie im Vorfeld berechnet ablaufen.
- Er ist perfektionistisch, z. T. pedantisch und achtet mehr auf die Details als auf das große Ganze.

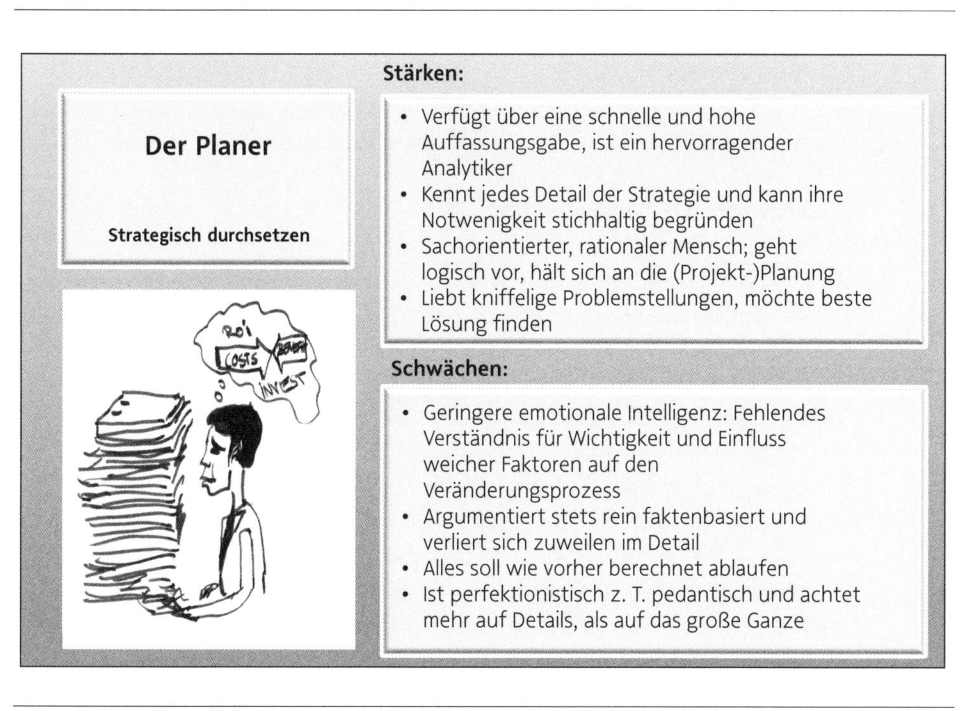


Abb. 22: Steckbrief Der Planer

## 4. Der Stratege

Die **Stärken** des Strategen sind:

- Er denkt auf der Basis fundierter Auswertungen sehr vorausschauend und will die erfolgreichste(n) Strategie(n) anwenden; der finanzielle Erfolg für das Unternehmen steht für ihn im Vordergrund.
- Er hat alle Strategiemöglichkeiten reflektiert, ggf. als Szenarien durchgespielt und die erfolgversprechendste(n) abgeleitet; er kann die Vorteile gegenüber der alten Strategie und die Notwenigkeit eines Strategiewechsels stichhaltig begründen.
- Als sachorientierter, sehr rationaler Mensch, geht er prinzipiell logisch vor und hält sich an den (Projekt-)Plan. Er nimmt aber auch im laufenden Prozess noch Anpassungen vor, wenn sie dabei helfen, ein optimales und gegenüber der Konkurrenz überlegenes Ergebnis zu erzielen.
- Er liebt den Wettbewerb und ist stets auf der Suche nach der erfolgversprechendsten, überlegensten Lösung für ein Problem. Konkurrenz und Wettbewerb spornen ihn an.
- Er trifft auch menschlich unpopuläre Entscheidungen und steht offen zu ihnen, wenn sie faktisch für die Zukunftsfähigkeit des Unternehmens notwendig sind.

Die **Schwächen** des Strategen sind:

- Ihm fehlt das Verständnis für die Wichtigkeit und den Einfluss weicher Faktoren auf den Veränderungsprozess und auf den zukünftigen Erfolg des Unternehmens. Beim Prüfen, welche Strategie die erfolgversprechendste ist, zieht er nur klar planbare (harte) Faktoren mit ins Kalkül.
- Seine größten Schwächen sind seine Selbstgefälligkeit verbunden mit seiner ausgeprägten Dominanz. Gute, erfolgversprechende Ideen anderer kann er nur schwer aufnehmen und weiterdenken. Er muss immer das Gefühl haben, dass er selbst die richtige Lösung gefunden hat. Auch konstruktive Kritik führt bei ihm nur zu Reaktanz, weil er sie als einen direkten Angriff auf sich und seine Position, die er vor allem anderen verteidigen will, versteht. Auf Personen mit hoher emotionaler Intelligenz schaut er herab, weil er ihre soziale Kompetenz als Schwäche oder mangelnde Durchsetzungsfähigkeit interpretiert.
- Seinen hohen wettbewerbsorientierten Anspruch überträgt er auch auf seine Mitarbeiter. Ein Veränderungsprozess kann ihm nicht schnell genug umgesetzt werden. Aufgrund seines Selbstbildes, dass nur er über die Weitsicht, die Intelligenz und den richtigen Anspruch verfügt, um das Unternehmen zum Erfolg zu führen, nimmt er an, dass er seine Mitarbeiter ständig zu schnellerer und besserer Leistung antreiben muss. Damit überfordert und frustriert er seine Mitarbeiter und kann ihr Potenzial und ihre zum Teil brillanten Ideen nicht ausschöpfen.

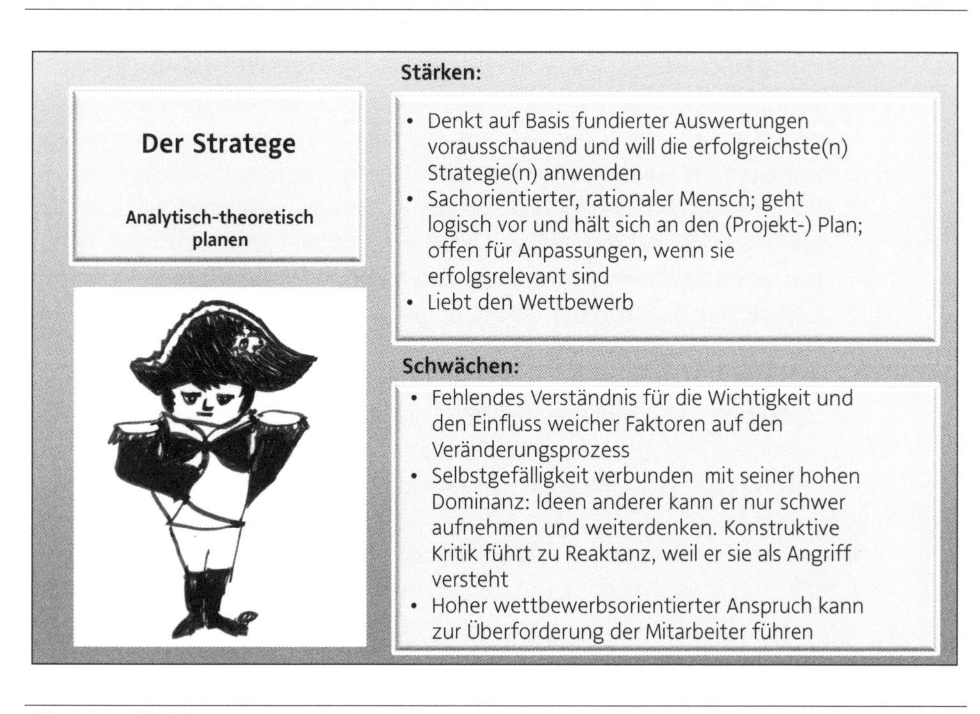


Abb. 23: Steckbrief Der Stratege

## 4.3 Die richtigen Counterparts finden

Die meisten Change-Prozesse gehen von der Führungsriege aus und werden als Projekte gemanagt. Im Rahmen des Projektmanagements ist es wesentlich, dass das Projektteam, das den Veränderungsprozess planen und managen soll, optimal zusammengestellt ist, d. h., dass es sich optimal hinsichtlich der individuellen Stärken und Schwächen ergänzt. Auch den verschiedenen Rollen und den damit verbundenen Aufgaben und Verantwortlichkeiten kommt bei der Auswahl und optimalen Zusammenstellung des Teams eine besondere Bedeutung zu. Typische Rollen, die es im Rahmen von Change-Projekten zu besetzten gilt, sind:

- **Der Sponsor**
  Der sogenannte Sponsor ist der Auftraggeber und Schirmherr des Veränderungsprojekts. Er sollte hierarchisch die am höchsten gestellte Person im Projektteam sein und folglich auch die größte Durchsetzungsmacht innehaben. Meistens ist der Projektauftraggeber ein Mitglied des obersten Managements, z. B. eine Mitglied des Vorstands.

- **Der Champion**
  Der Champion ist derjenige, der inhaltlich für das Veränderungsprojekt verantwortlich ist. Er ist ebenfalls hoch in der Hierarchie des Unternehmens angesiedelt, das allerdings in der Regel eine Hierarchiestufe unter dem Sponsor des Projekts (z. B. Geschäftsführer Vertrieb). Er sollte über die fachliche Durchsetzungsmacht und Entscheidungsbefugnis verfügen, um einen möglichst reibungslosen Projektablauf ohne weitere Abstimmungsschleifen sicherzustellen. Das bedeutet, dass er eigenständig über inhaltlich fachliche Entscheidungen im Rahmen des Veränderungsprojekts entscheiden können sollte. In der Regel ist der Champion ein Geschäftsführer aus dem Ressort, das vom Unternehmenswandel am meisten betroffen ist (wenn sich beispielsweise insbesondere die Vertriebsstruktur ändert, wäre der Champion sinnvollerweise der Geschäftsführer Vertrieb). Der Champion berichtet an den Sponsor des Projekts und verantwortet ihm gegenüber alle das Projekt betreffenden Entscheidungen.

In manchen Fällen werden die Rollen des Sponsors und des Champions auch von einer Person übernommen.

- **Der Projektleiter**
  Der Projektleiter plant und steuert das Projekt auf der Maßnahmenebene. Er
  - leitet notwendige Maßnahmen ab,
  - plant Maßnahmen in Absprache mit den wichtigsten Verantwortlichen (z. B. aus den Bereichen IT, Personal, Kommunikation und mit anderen für die Umsetzung wichtigen Personen),
  - setzt in Absprache mit dem Champion die wichtigsten Meilensteine,
  - legt Aufgaben und Verantwortlichkeiten im Rahmen des Projekts fest und wählt die Experten für das Projektteam aus,
  - erstellt den Projekt(ablauf)plan und koordiniert das Projekt.

- **Die inhaltlichen Experten/Projektteammitarbeiter**
  Die inhaltlichen Experten arbeiten als Projektteammitarbeiter dem Projektleiter zu. Sie übernehmen die inhaltliche Verantwortung für Teilprojekte, berichten Projektfortschritte und auftretende Probleme an den Projektleiter, geben Empfehlungen und stimmen sich mit dem Projektleiter bezüglich umzusetzender Maßnahmen in ihrem Verantwortungsbereich ab. Darüber hinaus stimmen die Projektteammitarbeiter (unter der Leitung des Projektleiters) ihre Maßnahmen und Schnittstellen untereinander ab und unterstützen sich gegenseitig.

Das gesamte Projektmanagement hängt stark davon ab, welche Rolle im Projekt (von der Grundtendenz her) welchem der dargestellten Managertypen (Stratege, Planer, Menschenversteher oder Motivator) zugeordnet werden kann. Im Sinne eines integrierten Prozesses, bei dem sowohl harte als auch weiche Faktoren gleichermaßen

Berücksichtigung finden sollen, ist im Rahmen eines effektiven Change Managements auf eine ausgewogene und passende Zusammenstellung der Projektverantwortlichen zu achten. Die Stärken und Schwächen der einzelnen Projektbeteiligten nehmen starken Einfluss auf das Projekt. Je mehr Macht ihnen im Rahmen des Projekts zukommt, desto stärker ist der Einfluss der Persönlichkeitstendenz auf den Prozess. Die dargestellten Rollen nehmen in ihrer Einflussmacht von oben nach unten ab (der Sponsor nimmt den größten Einfluss, gefolgt vom Champion und dem Projektleiter usw.).

Deshalb sollte zu Beginn eines Veränderungsprojekts bestmöglich insbesondere auf die sich sinnvoll ergänzende Besetzung der einflussreichsten Rollen geachtet werden. Wir sprechen in diesem Zusammenhang davon, dass Counterparts gebildet werden sollten.

**TIPP: Bilden Sie sinnvolle Paare, finden Sie Counterparts**

**Counterparts (Gegenstücke) ergänzen sich einerseits, weil sie unterschiedlich sind, haben aber andererseits auch immer eine gemeinsame Ebene, auf der sie sich ähnlich sind (z. B. Menschenversteher und Planer).**
**Haben zwei Typen gar keine Gemeinsamkeiten, werden sie nicht gut zusammenarbeiten können, weil sie zu gegensätzlich sind (z. B. Menschenversteher und Stratege).**
**Zwei extrovertierte Persönlichkeiten (z. B. Motivator und Stratege) sind sich hinsichtlich ihres Selbstbewusstseins zwar sehr ähnlich, wollen aber beide im Vordergrund stehen. Um Machtkämpfe zugunsten eines optimalen Prozesses zu vermeiden, sollte man eine solche Konstellation eher meiden.**

Die Rolle des Sponsors ergibt sich meistens automatisch aus dem festgestellten Veränderungsbedarf des Unternehmens. In der Regel übernimmt ein Mitglied des obersten Managements die Hauptverantwortung für den anstehenden Unternehmenswandel und seine Umsetzung. Damit ist die Rolle des Sponsors oft schon zu Beginn des Projekts gesetzt. Nun muss idealerweise dafür gesorgt werden, dass ein Champion gefunden wird, der den Sponsor hinsichtlich seiner Persönlichkeitstendenzen bestmöglich ergänzt. Das allerdings nur, wenn nicht auch der Champion bereits gesetzt ist, weil er aufgrund seiner Rolle als inhaltlich Verantwortlicher die einzig mögliche Wahl darstellt oder weil Sponsor und Champion ein und dieselbe Person sind. In diesem Fall würde man nach einem möglichst passenden Projektleiter suchen, der die bereits feststehende Konstellation Sponsor/Champion bestmöglich ergänzt.

Zur Vereinfachung werden wir anhand eines Beispiel vorstellen, wie Counterparts bei der Projektteambesetzung optimalerweise gebildet werden sollten, damit ein integriertes Projektmanagement sichergestellt werden kann: Dabei gehen wir davon aus, dass die Rolle des Sponsors bereits gesetzt ist und ein Champion als passender Counterpart hinsichtlich der Persönlichkeitstypologie gefunden werden soll. Darüber hinaus gehen wir davon aus, dass mehrere Champions aufgrund ihrer fachlichen Durchsetzungsmacht für das Projekt infrage kommen.[8]

**TIPP: Beachten Sie den Typus des Projektauftraggebers**

**Für die Qualität des Change-Prozesses ist es wichtig, dass ein integriertes Change Management erfolgt, also ein Projektmanagement, das harte wie weiche Faktoren gleichwertig und von Anfang an mit berücksichtigt. Der Projektauftraggeber (Sponsor) wird als Schirmherr einen wesentlichen Einfluss auf die Güte des Projekts haben. Insofern ist es wichtig, dass man sich bewusst macht, welchem Typus der Auftraggeber am ehesten entspricht. Jeder Typus hat Stärken und Schwächen, die genutzt bzw. austariert werden müssen, um ein optimales Change Management zu gewährleisten.**

Um den richtigen Counterpart für den Sponsor in der Rolle des Champions zu finden, gehen wir nach einer 7-stufigen Systematik vor (vgl. Abb. 24):

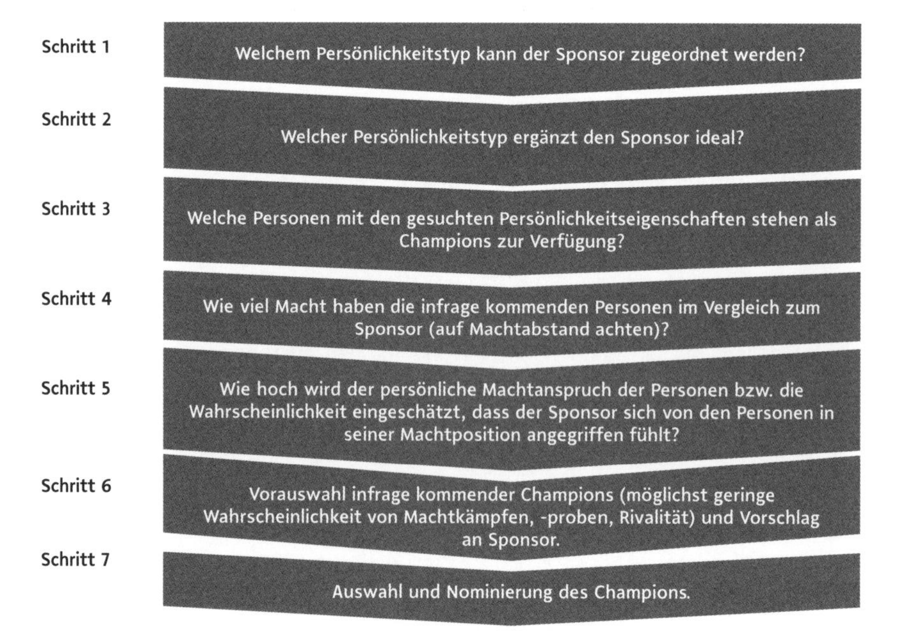


Abb. 24: Counterparts festlegen

[8] Das ist bei kleineren und mittelständischen Unternehmen eher nicht der Regelfall; für sie ist die Besetzung des Projektleiters als passender Counterpart zum Sponsor/Champion häufigere Fall. Die exemplarisch vorgestellte Systematik bleibt jedoch die gleiche.

### Schritt 1: Welchem Persönlichkeitstyp kann der Sponsor zugeordnet werden?

Damit der optimale Counterpart für den Sponsor gefunden werden kann, muss zunächst der Sponsor selbst hinsichtlich seiner Persönlichkeitseigenschaften eingeschätzt werden. Dabei sollten die wichtigsten beschreibenden Charaktereigenschaften des Vier-Typen-Modells bewertet werden. Normalerweise sollte hierfür ein aussagekräftiger Persönlichkeitstest herangezogen werden.[9] Für eine grobe Einschätzung reicht die folgende Beurteilungstabelle aus. Gehen Sie bei der Bewertung folgendermaßen vor:

- Beurteilen Sie jeweils die in einer waagerechten Reihe stehenden Eigenschaften, indem Sie den vier Begriffen jeweils eine Zahl zuordnen.
- Vergeben Sie zunächst vier Punkte für den Begriff in der Reihe, der am ehesten auf den Sponsor zutrifft.
- Vergeben Sie einen Punkt für die Beschreibung der Reihe, die am wenigsten zutrifft.
- Vergeben sie dann für die beiden verbleibenden Eigenschaften je zwei und drei Punkte.
- Bewerten Sie nach dieser Systematik alle dargestellten waagerechten Reihen.
- Zählen Sie zum Schluss die Zahlen je Spalte zusammen und tragen Sie sie in der jeweiligen Spalte unter „Summe“ ein.

| **Menschenversteher** | | **Motivator** | |
|---|---|---|---|
| sozial integrierend | | Anerkennung suchend | |
| einfühlsam | | emotional | |
| anpassungsfähig | | gesellig | |
| geduldig | | impulsiv | |
| berechenbar | | charismatisch | |
| empathisch | | eloquent | |
| ... | | ... | |
| **Summe** | | **Summe** | |

[9] Bei Interesse an einem ausführlichen Persönlichkeitstest auf der Basis des Vier-Typen-Modells kann mit den Autoren Kontakt aufgenommen werden.

| Planer | | Stratege | |
|---|---|---|---|
| vorausschauend planend | | vorausschauend planend | |
| analytisch | | analytisch | |
| in sich gekehrt | | in sich gekehrt | |
| besonnen | | besonnen | |
| unauffällig | | unauffällig | |
| genau | | genau | |
| ... | | ... | |
| **Summe** | | **Summe** | |

**Tab. 1: Persönlichkeitstendenz beurteilen**

Die Spalte mit der höchsten Punktzahl gibt die Grundtendenz nach dem Vier-Typen-Modell an. Je ausgewogener die Werte in den einzelnen Spalten bewertet wurden, desto weniger klar ist eine Zuordnung zu einem der vier Typen möglich.

Bitte bedenken Sie, dass es sich um eine stark vereinfachte Kurzanalyse handelt. Dennoch sollte das Ergebnis in den meisten Fällen eine eindeutige Schwerpunktzuordnung zu einem der vier Archetypen erlauben und Ihnen auf diese Weise helfen, den richtigen Counterpart zum Typus des Sponsors zu finden.

Bevor wir uns aber der Suche nach dem richtigen Counterpart widmen, sollten Sie beachten, wie Sie den Sponsor je nach seiner Tendenz hinsichtlich der Ausprägung im Vier-Typen-Modell an seinen Stärken orientiert am besten im Change-Prozess einsetzen:

### 1. Stärkenorientierter Einsatz des Menschenverstehers als Sponsor

Der Change-Prozess mit dem Menschenversteher als Sponsor gelingt am besten, wenn Sie seine Stärken folgendermaßen nutzen:

- Planen und besprechen Sie mit dem Menschenversteher, welche Instrumente zur Unterstützung bzw. zur Intervention der weichen Faktoren in den einzelnen Phasen des Veränderungsprojekts sinnvoll sind.
- Setzen Sie den Menschenversteher in der Mitarbeiterkommunikation für Informationsreden ein. Wenn er als Mitglied des Managements persönlich zu den Mitarbeitern spricht, hat das für die Mitarbeiter einen hohen Stellenwert. Es vermittelt Wertschätzung und hilft dabei, Zuversicht hinsichtlich eines guten Managements des Prozesses (und damit auch hinsichtlich einer erfolgreichen

Umsetzung der Veränderung) aufzubauen. Die Mitarbeiter bringen dem Menschenversteher wahrscheinlich ein hohes Maß an Vertrauen entgegen. Durch seine persönliche und gleichsam offene wie auch einfühlsame Kommunikation kann vermieden werden, dass zu Beginn des Prozesses versteckte Absichten vermutet werden und es zu obskuren Mutmaßungen und Gerüchten kommt, die Ängste weiter anfachen können.

**2. Stärkenorientierter Einsatz des Motivators als Sponsor**

Nutzen Sie die Stärken des Motivators, um den Prozess der Veränderung möglichst effektiv umzusetzen:

- Besprechen Sie als Projektleiter mit dem Motivator als Sponsor, welche Instrumente in den einzelnen Phasen des Veränderungsprojekts sinnvoll sind. Oft ist der Motivator ein guter Verkäufer oder Marketingexperte. Jedes Change-Projekt sollte durch sinnvolles Marketing unterstützt werden. Machen Sie sich diese Stärke des Motivators zunutze und überlegen Sie mit ihm gemeinsam, welche begleitenden Marketingmaßnahmen für den Prozess sinnvoll sind (s. hierzu auch Kapitel „Den Unternehmenswandel erfolgreich managen: der integrierte Prozessablauf"). Dieser Typus ist insbesondere für kreative, neue Konzepte offen.
- Setzen Sie den Motivator für die direkte Kommunikation mit den Mitarbeitern ein. Er vermag es insbesondere, mit Motivationsreden zu begeistern und einen positiven Ausblick auf die Zukunft zu geben. Wie bereits beschrieben wurde, hat es immer einen sehr positiven Effekt, wenn ein Mitglied des oberen Managements zu den Mitarbeitern spricht, sofern die entsprechende Person über gutes Ansehen verfügt und Botschaften weitergibt, die im Sinne des Projekts sind.
- Der Motivator kann sehr überzeugend sein, wenn er selbst von einer Sache überzeugt ist. Seine Überzeugung wirkt im wahrsten Sinne des Wortes „ansteckend". Für die Mitarbeiter ist es sehr wichtig, zu sehen, dass das Management (für das der Motivator bei einer Rede steht) von der neuen Strategie überzeugt ist. Darüber hinaus versteht es der Motivator, die Mitarbeiter zu mobilisieren, indem er an ihre Gefühle appelliert (im Sinne von: „Wir werden das nur schaffen, wenn wir alle gemeinsam auf ein Ziel hinarbeiten!", „Jeder macht den Unterschied!", „Ich weiß, was ihr leisten könnt: Ihr habt in der Vergangenheit schon oft bewiesen, dass ihr euch nicht unterkriegen lasst, sondern nach vorn schaut und es anpackt." etc.). Die Mitarbeiter nehmen dem Motivator solche Aussagen ab, weil sie bei ihm authentisch sind. Der Motivator meint, was er sagt, und die Mitarbeiter spüren das. Würde hingegen ein „strategisches Alphatier" solche Aussagen tätigen, würden ihm die Mitarbeiter diese Aussagen nicht glauben. Vielmehr würden sie (wohl zu Recht) vermuten, dass er das aus reiner

Berechnung sagt, um die Mitarbeiter emotional zu manipulieren. Mit den gleichen Aussagen würde man in diesem Fall das genaue Gegenteil erreichen: Die Mitarbeiter würden abblocken, skeptisch werden, das Vertrauen verlieren etc.

Die meisten Menschen verfügen über eine recht gute Menschenkenntnis. Insbesondere das Management steht „unter der ständigen Beobachtung" der Mitarbeiter. Agiert hier jemand anders, als es seinem Naturell entspricht, nehmen das die Mitarbeiter sofort wahr und bewerten es entsprechend.

**3. Stärkenorientierter Einsatz des Planers als Sponsor**

Die Stärken des Planers sollten im Sinne eines möglichst effektiven Change Managements folgendermaßen genutzt werden:

- Lassen Sie sich vom Planer die Notwendigkeit der neuen Strategie und ihre Umsetzung erläutern. Dieser Typus kann Ihnen alle notwendigen Informationen liefern, die Sie brauchen, um die neue Strategie und ihre Notwendigkeit (in aufbereiteter Form) an die Mitarbeiter zu kommunizieren.
- Nutzen Sie die Planungskompetenz des Planers: Er denkt logisch in Prozessschritten und kann dabei helfen, einen guten ersten Projektplan (wenn auch nur auf der Grundlage von harten Faktoren) zu entwerfen.
- Setzen Sie gezielt die exzellente Auffassungsgabe des Planers und seinen Anspruch, dass alles wie vorausgeplant funktionieren soll, ein: Wenn Sie dem Planer die Einflüsse psychologischer Faktoren und ihre Auswirkungen nachvollziehbar erklären können, wird er sich für ihre Berücksichtigung öffnen.

**4. Stärkenorientierter Einsatz des Strategen als Sponsor**

Der Stratege ist eine „harte Nuss", verfügt aber über besondere Stärken, die, wenn sie in die richtigen Bahnen gelenkt werden, den Veränderungsprozess sehr positiv beeinflussen können:

- Lassen Sie sich vom Strategen die Notwendigkeit der neuen Strategie erläutern und auch, wie sie umgesetzt werden soll. Dieser Typus kann Ihnen alle Vorteile der Strategie auch im Vergleich zu anderen Szenarien oder Wettbewerbsansätzen erläutern. Sie können das (in aufbereiteter Form) nutzen, um Ihren Mitarbeitern die neue Strategie und ihre Notwendigkeit nahezubringen. Als Nebeneffekt schmeicheln Sie ihm, wenn Sie ihm ein Forum bieten, über seine Strategie und seine Taktiken zu berichten, was ihn glücklich macht und bis zu einem gewissen Grad offen dafür, sich auch seinerseits für andere Ansichten zu öffnen.

- Nutzen Sie den Anspruch des Strategen, besser sein zu wollen als die Wettbewerber und auch seinen Plan anzupassen, wenn es aus seiner Sicht mehr Erfolg verspricht, um ihm das ungenutzte Potenzial der weichen Faktoren vor Augen zu führen:
- Schaffen Sie sich beispielsweise ein Forum, in dem Sie darstellen können, was Konkurrenzunternehmen oder die ganze Branche bislang noch falsch machen, indem sie die weichen Faktoren des Change unberücksichtigt lassen. Der Stratege wird erkennen, dass es zu einem Wettbewerbsvorteil führt, wenn man diese strategisch relevante Komponente berücksichtigt. Insbesondere dann, wenn Sie überzeugend und nachvollziehbar die Nachteile darstellen, die eine Nichtbeachtung der weichen Faktoren nach sich zieht. Sofern der Stratege nachvollziehen kann, dass es mit der Beachtung der weichen Einflussfaktoren einen strategisch ungenutzten Vorteil gibt, wird er den Auftrag erteilen, diese weichen Komponenten mit in die Projektplanung zu integrieren.

## Schritt 2: Welcher Persönlichkeitstyp ergänzt den Sponsor ideal?

### 1. Counterparts zum Menschenversteher

Es gilt, die Schwächen des Menschenverstehers in der Funktion des Sponsors entsprechend auszubalancieren. Wenn Sie die folgenden Punkte beachten, wird der Change-Prozess erfolgreicher ablaufen:

- Agiert der Menschenversteher als Sponsor des Projekts, sollte als ausgleichendes Element ein Champion oder ein zusätzlicher Experte gewonnen werden, der vom Typus her am besten dem des Planers entspricht. Es sollte also jemand benannt werden, dessen Sichtweise eher auf den harten Fakten basiert, um durch seinen Input letztlich ein integriertes Konzept zu erhalten.
- Der Stratege ist indes als Ergänzung zum Menschenversteher nicht geeignet, weil die beiden Typen komplett konträr sind. Außerdem blickt der Stratege oft auf den Typus des Menschenverstehers herab und akzeptiert ihn aufgrund seines persönlichen Machtanspruchs nicht in einer übergeordneten Rolle.
- Durch das hinzuziehen eines Planers als Counterpart zum Menschenversteher wird sichergestellt, dass das Change-Projekt und seine Umsetzung auch unter der Schirmherrschaft eines Menschenverstehers von den eher rational orientierten Personen der obersten Unternehmensführung und den darunterliegenden Ebenen wertgeschätzt wird.

### 2. Counterparts zum Motivator

Auch beim Motivator gilt es, die Schwächen in seiner Funktion als Sponsor zu beachten. Wenn Sie sich der folgenden Punkte bewusst sind, wird der Veränderungsprozess erfolgreicher ablaufen:

- Falls ein Motivator als Sponsor die Schirmherrschaft über das Projekt übernimmt, sollte als ausgleichendes Element ein Champion oder ein zusätzlicher Experte gewonnen werden, der vom Typus her sehr sachorientiert (rational) denkt. Am besten ein Planer. Hierdurch wird sichergestellt, dass durch dessen zusätzlichen Input ein integriertes Konzept entstehen kann, das die weichen Faktoren und das zielgerichtete Projektmanagement gleichwertig betont.
- Auch dem Motivator ist vor Augen zu führen, wie die Gewichtung der rationalen Faktoren dazu beiträgt, dass die Mitarbeiter die Strategie letztlich überzeugt und engagiert umsetzen, und dass er nicht ausschließlich auf seine charismatische Wirkung bauen sollte.
- Die Stärke des Motivators, dass er begeisterungsfähig ist, ist auch gleichzeitig seine Schwäche. Sie kann dazu führen, dass er sich begeistert auf eine Sache stürzt und andere wichtige Aspekte außer Acht lässt oder aus den Augen verliert. Auch bedenkt der Motivator die möglichen Auswirkungen seines Tuns selten im Vorhinein, weil er sehr spontan und aus dem Bauch heraus agiert. Als Projektleiter sollten Sie einem Sponsor dieses Typs immer wieder vor Augen führen, wo das Projekt aktuell steht und welche Schritte als nächstes anstehen. So helfen Sie dem Motivator dabei, den Weg zu erkennen und die nächsten Schritte zu bedenken. Tendiert er dazu, vor lauter Begeisterung über das Ziel hinauszuschießen, müssen Sie ihn rechtzeitig wieder einfangen und seinen Blick zurück auf das Wesentliche lenken.

### 3. Counterpart zum Planer

- Der Planer benötigt einen Counterpart, der über eine hohe soziale Intelligenz verfügt, gleichzeitig aber nicht zu extrovertiert ist. Der Menschenversteher ist deshalb als Counterpart für den Planer die erste Wahl.
- Ein eher gemäßigter Motivator könnte als Counterpart den Planer ebenfalls sinnvoll ergänzen, weil er es durch seine charismatische Art versteht, die Mitarbeiter emotional mitzureißen. Handelt es sich allerdings um einen Motivator mit sehr hoher extrovertierter Grundtendenz, werden die beiden nur schwer eine Ebene der gemeinsamen Zusammenarbeit finden.

#### 4. Counterpart zum Strategen

- Als Counterpart für den Strategen sollte ein Typus gewählt werden, der über eine hohe emotionale Intelligenz verfügt, aber auch über das Selbstbewusstsein, die Vorteile der Einbeziehung psychologischer Faktoren gegenüber dem Strategen zu betonen und ihn auf die Gefahren ihrer Nichtbeachtung hinzuweisen (Typus Motivator). Bei der Auswahl ist Fingerspitzengefühl gefragt: Eine eher introvertierte Persönlichkeit wie der Menschenversteher wird vom Strategen wahrscheinlich nicht für „voll" genommen; eine zu extrovertierte Persönlichkeit wie den Motivator könnte er als Konkurrenten ansehen und seine Vorschläge abblocken, um ihn in seine Schranken zu verweisen. Hier hat es sich bewährt ggf. gegengeschlechtliche Paare zu wählen. Ist der Sponsor ein männlicher Stratege, kann ein weiblicher Champion vom Typus Motivator ihn wahrscheinlich gut ergänzen. Der Stratege wird sich von einem gegengeschlechtlichen Counterpart nicht so stark in seiner Position gefährdet sehen, im Gegenteil, er fühlt sich durch die Anerkennung möglicherweise sogar geschmeichelt. Es kommt aber sehr auf den jeweiligen Fall und auch auf die genaue Machtposition an: Ein Stratege, der z. B. als Eigentümer das eigene Unternehmen leitet, fühlt sich in seiner Machtposition weniger schnell angegriffen, als ein Stratege innerhalb eines Konzerns.

### Schritt 3: Welche Personen mit den gewünschten Eigenschaften stehen als Champions zur Verfügung?

Nachdem der Grundtyp des Sponsors eingeschätzt und der dazu passende Persönlichkeitstyp des Champions festgelegt wurde, sollte eruiert werden, wer im Unternehmen neben den Persönlichkeitseigenschaften auch über die fachliche Durchsetzungsmacht und das notwendige Wissen verfügt, um die Rolle des Champions zu übernehmen. Gibt es mehrere Personen, die fachlich infrage kämen, können sie gebeten werden, eine Selbsteinschätzung anhand des Vier-Typen-Modells vorzunehmen. Wenn die Kandidaten einwilligen, können auch andere Personen von den möglichen Champions benannt werden, die den Einschätzungsbogen nochmals als Fremdbeurteilung ausfüllen. So erhalten Sie eine weitere objektivierte Einschätzung der Persönlichkeitseigenschaften und Grundausprägungen.

Anhand der Ergebnisse kann man bei mehreren möglichen Kandidaten eine erste Rangfolge hinsichtlich der Passung zum Sponsor bilden.

### Schritt 4: Wie viel Macht haben die infrage kommenden Champions im Vergleich zum Sponsor (auf Machtanspruch achten)?

Wie schon erörtert wurde, ist es wichtig, dass sich die Personen, die einen maßgeblichen Einfluss auf den Veränderungsprozess nehmen (Sponsor und Champion), sinnvoll ergänzen, damit sichergestellt werden kann, dass ein integriertes Veränderungsmanagement (unter Berücksichtigung harter wie weicher Faktoren) stattfindet.

Neben der Dimension der Persönlichkeit spielt dabei auch die politische Dimension eine wesentliche Rolle. Wir sollten nämlich auch beachten, ob die Personen zusammenarbeiten können, ohne dass die Zusammenarbeit in einen Machtkampf ausartet.

**TIPP: Beachten Sie auch die politische Dimension**

**Nachdem man sich die Persönlichkeitstypologien bewusst gemacht hat und weiß, welche Counterparts passen könnten, sollte man immer auch die politische Dimension mitbetrachten. Sie hat einen nicht zu unterschätzenden Einfluss darauf, ob Counterparts wirklich fruchtbar im Sinne des Veränderungsprozesses miteinander arbeiten und sich ergänzen können oder nicht.**

Was verstehen wir unter der politischen Dimension? Politik kann definiert werden als ein „soziales Handeln, das auf Entscheidungen und Steuerungsmechanismen ausgerichtet ist, die allgemein verbindlich sind und das Zusammenleben von Menschen regeln."[10] Auch in Unternehmen werden solche allgemeinen Grundsätze und Steuerungsmechanismen im Rahmen der Unternehmenspolitik festgelegt. Die Unternehmenspolitik basiert auf der Vision und auf der Strategie des Unternehmens und ist von den Interessen der verschiedenen Stakeholder beeinflusst (z. B. Interessen von Anteilseignern/Gesellschaftern, Mitarbeitern und Kunden).

Zwischen der offiziellen Unternehmenspolitik und der tatsächlich gelebten Unternehmenspolitik bestehen allerdings meistens wesentliche Unterschiede. Für das Projektmanagement sind im Rahmen von Veränderungsprozessen insbesondere die Kenntnis der **tatsächlichen Macht- und Entscheidungsverhältnisse** und die Kenntnis der bestehenden Netzwerkstrukturen wichtig. Auch wie sich die Machtverhältnisse im Rahmen von Veränderungsprozessen verändern könnten und wer zu Recht oder zu Unrecht einen Macht- und Einflussverlust befürchtet, sollte im Rahmen der Analyse (1. Phase des Veränderungsprozesses des 7-Phasen-Modells,

[10] Schimmelfennig, F.: Internationale Politik. Paderborn 2010, S. 19–21.

vgl. Kapitel „Keine Veränderung über Nacht: Die emotionalen Phasen des Change“) betrachtet werden.

Wie bewerte ich nun die tatsächliche Macht, die eine Person innehat? Diese Frage ist nicht einfach zu beantworten, denn es gibt sichtbare Bewertungskriterien für Macht, aber auch Kriterien, die nicht sofort und für jeden sichtbar, und damit nur schwer zu bewerten sind. Um zu verdeutlichen, welche Bewertungskriterien für Macht gut sichtbar sind und welche eher unter der Oberfläche liegen, lässt sich das bekannte Eisbergmodell anwenden:

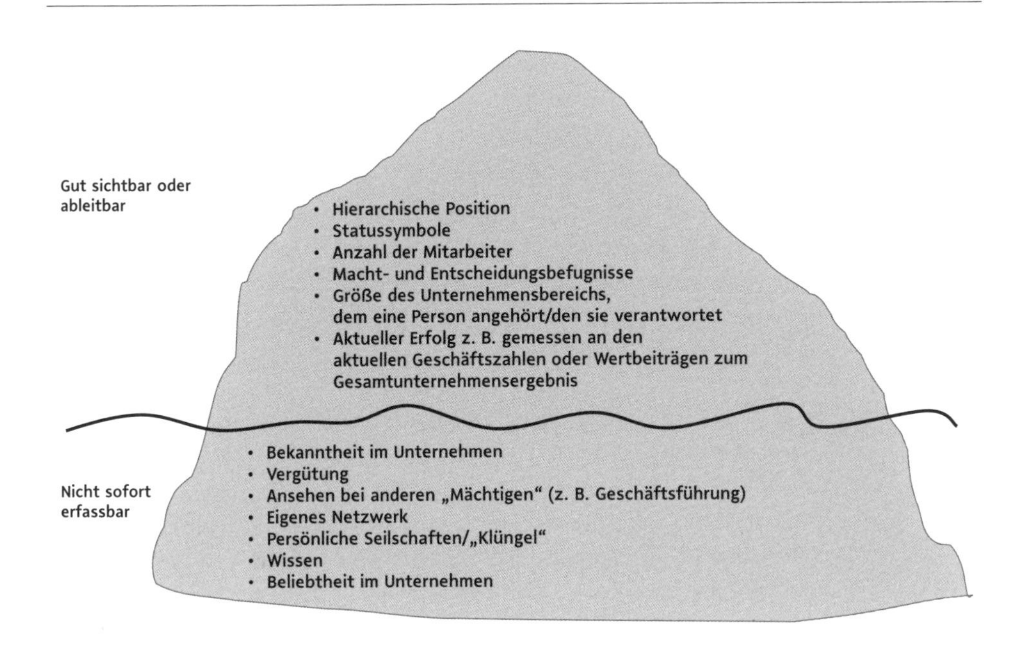


Abb. 25: Eisbergmodell: Anhaltspunkte für Macht

Ein gut sichtbares Bewertungskriterium für die tatsächliche Macht im Unternehmen ist zunächst einmal die hierarchische Position. Bei kleinen und mittelständischen Unternehmen (KMU) sind hierarchische Positionen meistens sehr gute und einfach nachvollziehbare Kriterien für tatsächliche Macht. Doch in Großkonzernen oder Unternehmensverbünden ist das nicht ohne Weiteres der Fall. Je nach Größe und Einfluss des Unternehmensbereichs, dem eine Person angehört oder den eine Person verantwortet, können große Machtunterschiede bestehen, auch wenn alle Personen einer hierarchischen Ebene die gleiche Bezeichnung haben. Zuweilen haben z. B. Personen mit gleicher hierarchischer Bezeichnung (z. B. Managing Director) in Unternehmenszentralen einen höheren machtpolitischen Status als ihre Kollegen in den dezentralen Unternehmensbereichen.

Menschen suchen Strukturen und Anhaltspunkte, die ihnen zeigen, wie mächtig andere sind, um eine offene Auseinandersetzung im Streit um Machtpositionen zu vermeiden.

! **ACHTUNG:**

**Je unübersichtlicher ein Unternehmen (Konzern) in seinen Machtstrukturen ist, desto wichtiger werden Symbole der Macht im gegenseitigen Umgang.**

Mitarbeiter, die aus kleinen oder mittelständischen Unternehmen kommen, sind oft erstaunt, wenn sie erstmals in Großkonzernen arbeiten. Aufgrund der Unübersichtlichkeit der Machtstrukturen in größeren Unternehmen scheinen Kollegen besonders darauf bedacht zu sein, so viele sichtbare Anhaltspunkte wie möglich zu bieten (Statussymbole wie z. B. firmeneigene Smartphones, Tablets), um anderen ihre Machtposition deutlich zu machen.

Bekommt man ab einer bestimmten Position beispielsweise spezielle Smartphones zur Verfügung gestellt, werden sie offen zur Schau getragen. Je seltener ein Statussymbol vergeben wird, desto begehrter ist es. Während gestern vielleicht noch Blackberrys die begehrten Zeichen der Macht waren, sind es heute möglicherweise Touchpads einer bestimmten Firma.

Interessant ist, dass sich Männer und Frauen bzgl. der Darstellung ihrer Macht oft unterscheiden: Frauen legen meistens weniger Wert auf die sichtbaren und offensichtlichen Zeichen der Macht und Statussymbole. Das mag daran liegen, dass sie ihre Macht meistens aus den eher verborgenen, sozial beeinflussten Faktoren der Macht beziehen (z. B. aus Netzwerken, Seilschaften, ihrem Wissen, ihrer Beliebtheit, ihrer Bekanntheit etc.). Männer hingegen legen in der Regel viel Wert auf die sichtbaren und offiziellen Symbole der Macht (hohe Positionen, Titel, Statussymbole, Vergütung etc.). Es ist allerdings zu beobachten, dass sich diese Grenzen mehr und mehr auflösen.

Das führt dazu, dass die tatsächliche Macht von Frauen in Unternehmen und der Einfluss, den die weichen Faktoren der Macht haben, regelmäßig unterschätzt werden. Das folgende Beispiel zeigt, wie viel Macht und Einfluss soziale Netzwerke haben:

▶ **BEISPIEL: Die Macht sozialer Netzwerke**

**Im Rahmen eines Veränderungsprozesses wird der Personalbereich neu ausgerichtet. Geschäftsführer Personal, Hermann S., ist auf der Suche nach einem Leiter für den neu zu schaffenden Bereich Change Management und Organisationsentwicklung. Er selbst hat im Stapel mit den Bewerbungen einen kla-**

ren Favoriten ausgemacht und für ein Gespräch einladen lassen. Der Kandidat Sven G. hat für Beratungsfirmen im Ausland und für ein bekanntes Konkurrenzunternehmen gearbeitet, kann beste Zeugnisse und einen MBA-Abschluss vorweisen. Heute führt Hermann S. das Gespräch mit Sven G. zusammen mit der zuständigen Personalreferentin Anja M.

Sven G. kommt im Unternehmen an und geht in der Lobby an einem kleinen Grüppchen sich unterhaltender Sekretärinnen vorbei. Die Damen grüßen, doch Sven G. nimmt sie gar nicht wahr und wendet sich grußlos dem Empfang zu.

„Wer war denn das?“, fragt eine der Frauen in die Runde.

„Ich glaube das ist ein Kandidat für die neue Position des Leiters Change Management und Organisationsentwicklung. Rita hat gesagt, dass ihr Chef ihn heute zum Vorstellungsgespräch geladen hat.“

„Was für ein arroganter Schnösel!“

„Ja, allerdings“. Die Frauen sind sich einig und gehen zurück in ihre Büros.

Sven G. geht zum Empfang. Die Empfangsdame telefoniert noch. Er ist spät dran und spricht sie deshalb einfach an: „Mein Name ist Sven G. Ich habe einen Termin mit Geschäftsführer Hermann S.“

„Einen Augenblick bitte“, entgegnet die Frau am Telefon etwas genervt. Sven G. trommelt mit den Fingern auf dem Pult, atmet tief und hörbar aus und schaut auf die Uhr.

„Ich komme zu spät“, sagt er vorwurfsvoll.

Drei Minuten später wird er von der Personalreferentin Anja M. freundlich begrüßt und abgeholt.

Das Vorstellungsgespräch zwischen Sven G. und Geschäftsführer Hermann S. verläuft ganz gut, wenn nicht die kritischen Nachfragen von Personalreferentin Anja M. wären. Auf ihre Fragen antwortet Sven G. immer nur kurz, um sich dann wieder Hermann S. zuzuwenden.

Sie verabschieden sich und Rita K., die Assistentin von Hermann S., bringt den Kandidaten noch bis in die Lobby und verabschiedet sich dort. Die Empfangssekretärin sagt zu ihr: „Mein Gott, Rita, das war ja vielleicht ein arroganter Schnösel. Hoffentlich fängt der hier nicht an.“

Sven G. fährt beschwingt nach Hause. Nach einer Woche bekommt er, für ihn völlig überraschend, eine schriftliche Absage. Auf Rückfragen hin stellt man ihn leider nicht zu Hermann S. durch. Seine Assistentin blockt alles ab. Die Personalreferentin gibt nur als kurze Antwort: „Wir haben uns für einen Kandidaten entschieden, der besser zu uns passt.“

Den wahren Grund wird Sven G. wohl nie erfahren: Nach dem Gespräch fragte Hermann S. die Personalreferentin nach ihrem Eindruck und sie riet ab – „keine Sozialkompetenz“. Hermann S. war einigermaßen erstaunt und teilte das seiner Assistentin mit. Seine Assistentin bestätigte das Urteil von Anja M. „Das ist ein ganz arroganter Schnösel. Einer, der nur nach oben lächelt und nach unten tritt." Am Mittagstisch wird Hermann S. vom Geschäftsführer Vertrieb und Marketing, Klaus P., angesprochen: „Na, das muss ja ein ganz schön hochnäsiger Kerl gewesen sein, der sich da heute bei euch vorgestellt hat, wie mir meine Assistentin erzählt hat." Leiterin Recht, Sabine S., die daneben sitzt bestätigt: „Oh, ja, das habe ich auch schon gehört. Der grüßt wohl nur, wenn es sich lohnt."

Bei der Bewertung und Unterscheidung der tatsächlichen Machtpositionen von Personen, sollten so viele Anhaltspunkte wie möglich mit einbezogen werden. Nur so wird eine möglichst realistische Einschätzung und ein Abgleich zwischen verschiedenen Personen möglich.

| **Checkliste: Machtposition bewerten** | | |
|---|---|---|
| | **ja** | **nein** |
| Welcher Hierarchieebene ist die Person zuzuordnen? | ☐ | ☐ |
| Welche Funktionsbezeichnung hat die Person? | ☐ | ☐ |
| Über welche Macht und Entscheidungsbefugnisse verfügt die Person? | ☐ | ☐ |
| Wie viele Mitarbeiter werden verantwortet? | ☐ | ☐ |
| Wie hoch ist die Vergütung bzw. in welchem Gehaltsrahmen bewegt sich die Person und welche weiteren Leistungen (und Statussymbole wie die Art des Dienstwagens, des Smartphones etc.) sind damit verbunden? | ☐ | ☐ |
| Wie hoch ist der aktuelle Beitrag zum Unternehmenserfolg? Wie groß und bedeutend ist der Geschäftsbereich, dem die Person angehört (im Vergleich zu den anderen Geschäftsbereichen)? | ☐ | ☐ |
| Wie bekannt und beliebt ist die Person im Unternehmen? | ☐ | ☐ |
| Wie hoch ist die Anerkennung der Person bei anderen einflussreichen Personen im Unternehmen (Vorstand, Unternehmensleitung etc.)? | ☐ | ☐ |
| Inwieweit verfügt die Person über Spezialwissen, exklusives Expertenwissen? Wie wichtig ist ihr Wissen für das Unternehmen bzw. wie exklusiv ist ihr Wissen? | ☐ | ☐ |
| Wie gut und groß ist das persönliche Netzwerk der Person allgemein? Wie gut pflegt sie Kontakte? | ☐ | ☐ |
| Inwiefern verfügt die Person über ein spezielles Netzwerk im Unternehmen, in dem sich die Personen gegenseitig protegieren (Seilschaften, Freundschaften, Klüngel)? Wie einflussreich sind diese Verbindungen? | ☐ | ☐ |

### Schritt 5: Wie hoch wird der persönliche Machtanspruch der Personen bzw. die Wahrscheinlichkeit eingeschätzt, dass der Sponsor sich von den Personen in seiner Machtposition angegriffen fühlt?

Für die Vorhersage, ob sich ein anderer in seiner Machtposition angegriffen fühlt, kommt es oftmals nicht nur auf die tatsächliche Macht an, die jemand innehat. Vielmehr ist es auch bedeutsam, ob man die eigene Machtposition akzeptiert und weiß, was in der eigenen Machtposition erlaubt ist und was nicht. Weiß man das nicht oder missachtet man diese politischen (oftmals ungeschriebenen) Regeln, zieht man den Unmut Höhergestellter auf sich und provoziert eine Machtreaktion.

**BEISPIEL: Anmaßung von Statussymbolen**

Olaf F. ist ein aufstrebender Absolvent einer renommierten Eliteuniversität und nun in dem Konzern angestellt, in dem er schon seine Diplomarbeit geschrieben und als Werkstudent gearbeitet hat. Er ist Assistent eines Geschäftsführers, von dem er protegiert wird.

Recht plötzlich weht ihm ein scharfer Wind entgegen, denn sein Auftreten führt zu einigem Unmut unter den anderen Geschäftsführern. Der Geschäftsführer, für den Olaf F. arbeitet, bittet ihn zu einem Gespräch und informiert ihn, dass einige Änderungen von ihm erwartet werden:

- Er könne weiter einen Anzug tragen, solle aber darauf verzichten, eine Weste anzuziehen.
- Außerdem solle er in Zukunft auf das Tragen von Manschettenknöpfen verzichten.
- Das Smartphone, das ihm zur Verfügung gestellt wurde, würde seiner hierarchischen Funktion nicht entsprechen. Auch wenn es das alte, schon ausgediente Vorgängermodell sei, habe er als Geschäftsführer nicht daran gedacht, dass die Weitergabe an einen Assistenten nicht üblich sei. Er müsse es leider zurückverlangen.

Olaf F. versteht nicht, warum er sich insbesondere anders kleiden solle, schließlich gäbe es doch keine vorgeschriebene Geschäftskleidung. „Das stimmt", gibt sein Geschäftsführer zu, doch sei sein Aufzug von den anderen Geschäftsführen als anmaßend empfunden worden. Sich so kleiden zu dürfen, müsse man sich erst einmal verdienen. Er könne ihm natürlich nicht verbieten, sich weiter so anzuziehen, würde ihm jedoch nahelegen, seine Empfehlungen zu beachten, wenn er im Unternehmen etwas erreichen wolle. Im Übrigen würde er ihm empfehlen, in nächster Zeit möglichst „kleine Brötchen zu backen", als Zeichen dafür, dass er willens sei, sich in seine Position einzufügen und nicht weiter den Unmut der Geschäftsführer auf sich zu ziehen.

Es ist wichtig zu unterscheiden, ob eine Person unbewusst oder mit Absicht gegen die oftmals ungeschriebenen Gesetzte von Macht und Hierarchien verstößt. Verstößt eine Person unbewusst gegen die Regeln, verfügt sie vermutlich über eine geringere soziale Kompetenz. Verstößt eine Person bewusst gegen die Regeln, spricht das für ein starkes Dominanzverhalten der Person. Das heißt: Die Person hat einen hohen Machtanspruch und begehrt gegen Höhergestellte auf, fordert sie heraus, weil sie eine höhere Machtposition anstrebt.

Bei der Zusammenstellung von sich ergänzenden Counterparts im Rahmen des Change-Prozesses ist es deshalb notwendig, zunächst einmal zu bewerten, wie hoch der persönliche Machtanspruch ist und wie sich dieser persönliche Machtanspruch zur tatsächlichen Machtposition verhält. So kann man im Vorfeld gut einschätzen, wie gut die Counterparts bezogen auf die politische Dimension miteinander kooperieren werden.

Füllen Sie die folgende Checkliste aus, um einzuschätzen, wie hoch der persönliche Machtanspruch und die Dominanz einer Person ausgeprägt sind. Je mehr Felder mit „Ja" beantwortet werden, desto höher sind der Machtanspruch und die Dominanz einer Person.

**Checkliste: Machtanspruch und Dominanz**

| | ja | nein |
|---|---|---|
| Ist schwer zu führen. | ☐ | ☐ |
| Hat eigene Vorstellungen, wie etwas sein soll, und lässt sich keine Vorgaben machen. | ☐ | ☐ |
| Fragt nicht nach Unterstützung, Hilfe oder Rat; will alles selbst ausprobieren und durchführen. | ☐ | ☐ |
| Verfügt über ein hohes Selbstbewusstsein; ist sehr von sich und seinen Fähigkeiten überzeugt. | ☐ | ☐ |
| Ist kaum kritikfähig — auch konstruktive Kritik wird als persönlicher Angriff bzw. als Herabsetzung der eigenen Person interpretiert. | ☐ | ☐ |
| Möchte bewundert werden. | ☐ | ☐ |
| Verfügt über eine stark ausgeprägte Wettbewerbsorientierung. | ☐ | ☐ |
| Hat einen hohen Anspruch an sich selbst und an andere (höher, schneller, weiter). | ☐ | ☐ |
| Stellt seine Erfolge gerne nach außen hin dar. | ☐ | ☐ |
| Will immer mehr, als er augenblicklich hat; ist nie zufrieden. | ☐ | ☐ |

| Checkliste: Machtanspruch und Dominanz | | |
|---|---|---|
| | ja | nein |
| Ist sehr auf das eigene Ansehen bedacht; lässt nicht zu, dass etwas negativ auf ihn/sie zurückfällt. | ☐ | ☐ |
| Legt viel Wert auf sichtbare Statussymbole. | ☐ | ☐ |
| Hat klare und sehr ambitionierte Karrierevorstellungen. | ☐ | ☐ |
| Will immer und auf allen Gebieten der Beste sein. | ☐ | ☐ |
| Bekämpft mögliche Konkurrenten mit Vehemenz. | ☐ | ☐ |
| Ist nicht dazu in der Lage, sich in ein Team von Gleichgestellten einzuordnen; beansprucht sofort die Führungsposition. | ☐ | ☐ |
| Wird von Kollegen oder Höhergestellten, als anmaßend und arrogant beschrieben. | ☐ | ☐ |
| Ordnet sich nur Personen unter, die in der Hierarchie deutlich über ihm stehen und über eine hohe Dominanz verfügen. | ☐ | ☐ |
| (Miss)versteht die wertschätzende und zuvorkommende Art anderer als mangelnde Durchsetzungsfähigkeit bzw. als Schwäche. | ☐ | ☐ |

### Schritt 6: Vorauswahl infrage kommender Champions (möglichst geringe Wahrscheinlichkeit von Machtkämpfen, -proben, Rivalität)

Nachdem auch der Machtanspruch und das Dominanzverhalten bewertet wurden, zeigt sich, bei welchen potenziellen Konstellationen eine eher hohe und bei welchen eine eher geringe Wahrscheinlichkeit für Machtproben und Rivalität zwischen Champion und Sponsor besteht. Als Champions sollten nur Personen ins Auge gefasst werden, bei denen die Gefahr, dass es zu einem Machtgerangel kommt, gering ist.

### Schritt 7: Auswahl und Nominierung des Champions

Nachdem alle vorherigen Schritte durchlaufen wurden, erhält man eine Auswahl an geeigneten Champions. Der unter den angegebenen Gesichtspunkten ausgewählte Champion kann dem Sponsor zur Nominierung vorgeschlagen werden. Der Sponsor entscheidet letztlich, ob der Champion auch tatsächlich für die Position eingesetzt wird oder ob doch eine andere Person, der infrage kommenden Vorauswahl, zum Zuge kommt.

Leider ist es nicht immer möglich, einen solchen Einfluss auf die Besetzung von Rollen in Transformationsprojekten zu nehmen. Im Idealfall verfügt einer der Projektverantwortlichen, zumindest der Projektleiter, über eine Persönlichkeit, die sich nicht in den dargestellten Extremausprägungen der vier Typen wiederfindet, sondern weiche wie harte Faktoren gleichsam berücksichtigt. In diesem Fall kann der Projektleiter Einfluss nehmen und eine Übergewichtung durch einseitige Nominierungen teilweise wieder ausgleichen.

# 5 Irrtümer und Wahrheiten über Motivation

Die Mitarbeitermotivation kann wie ein Beschleuniger im Veränderungsprozess wirken. Mitarbeiterunzufriedenheit hingegen bremst den Prozess. Ein Unternehmen, das einen hohen rationalen und einen hohen emotionalen Unternehmensquotienten aufweist, kann die Motivation seiner Mitarbeiter im Rahmen eines Veränderungsprozesses beeinflussen und entscheidend steigern. Deshalb kommt der Mitarbeitermotivation im Change Management eine entscheidende Bedeutung zu. Nur ein Unternehmen, das versteht, was die Motivation seiner Mitarbeiter beeinflusst, und sein Wissen entsprechend einsetzt, kann eine Hochleistungsorganisation werden. Gemeint ist damit eine Hochleistungsorganisation, deren Mitarbeiter gerne auf ein gemeinsames Ziel hinarbeiten und dieses Ziel scheinbar mit Leichtigkeit erreichen. Im Gegensatz dazu stehen Unternehmen, die versuchen, ihre Mitarbeiter durch Druck, Konkurrenzdenken und externe Anreize zu Hochleistungen anzutreiben, und immer öfter feststellen müssen, dass ihre Mitarbeiter das Unternehmen verlassen, durch die Arbeitsbedingungen erkranken oder die hoch gesteckten Erwartungen auf Dauer nicht erfüllen. Diesen Unternehmen ist oft nicht bewusst, wie viel die Motivation der Mitarbeiter bewirken kann bzw. welche Auswirkungen Unzufriedenheit hat. Auch herrschen viele Irrtümer über Motivation vor, die dazu führen, dass motivationale Einflussfaktoren aktuell in Veränderungsprozessen zu wenig oder falsch eingesetzt werden.

In diesem Kapitel betrachten wir deshalb zunächst, was Motivation eigentlich ist. Was motiviert Menschen? Und: Motiviert alle Menschen das Gleiche? Kann ich die Mitarbeitermotivation überhaupt beeinflussen, und wenn ja, wie? Dieses Kapitel dient als Basis, um darauf aufbauend zu betrachten, was die Mitarbeitermotivation in Transformationsprojekten beeinflusst und was man tun kann, um steuernd Einfluss auf die Mitarbeitermotivation zu nehmen.

## 5.1 Irrtum Nr. 1: Manche Menschen sind motiviert, andere nicht

Dass einige Menschen schlicht und einfach motiviert sind und andere nicht, ist eine Vorstellung, die sich bis heute in den Köpfen festgesetzt hat. Aber Motivation ist keine Wesensart, die man besitzt oder nicht besitzt. Vielmehr ist Motivation eine Variable, eine zu einem bestimmten Zeitpunkt bestehende Bereitschaft zu handeln.

Im Begriff „Motivation“ ist das Wort „Motiv“ enthalten.

**DEFINITION: Motive**

**Motive sind Gründe, die eine Person dazu bewegen, etwas tun zu wollen.**

Letztlich geht es beim Motivationsprozess darum, Bedürfnisse, die nicht oder nur unzureichend befriedigt werden, durch zielgerichtetes Verhalten (wieder) zu befriedigen. Dieses Grundbedürfnis — nicht befriedigte Bedürfnisse so zu beeinflussen, dass sie befriedigt werden — besitzen alle Menschen, denn es ist die Grundlage des Überlebens (zumindest bezogen auf Grundbedürfnisse wie Essen, Trinken, Schlafen etc.).

Nun werden Sie vielleicht einwenden, dass es durchaus Menschen gibt, die nur ungern versuchen, selbst beeinflussend einzugreifen, während andere Menschen einen starken Drang verspüren, unbefriedigende Situationen umgehend so zu verändern, dass ihre Bedürfnisse befriedigt werden. Diese Beobachtung ist natürlich richtig. Die Psychologie unterscheidet zwischen allgemeiner und spezifischer Motivation.

### Allgemeine Motivation und spezifische Motivation

**DEFINITION: Allgemeine Motivation**

**Als allgemeine Motivation wird der grundsätzliche Wille eines jeden Menschen bezeichnet, etwas gestalten und bewirken zu wollen.**

Dieser Wille ist in jedem Menschen unterschiedlich stark ausgeprägt. Wie stark er tatsächlich ist, kann aber nur schwer beurteilt werden. Um einschätzen zu können, wie motiviert eine Person tatsächlich auf ein Ziel hinarbeiten kann und will, sollte man sich anschauen, welche spezifische Motivation jemand für eine Sache aufzubringen bereit ist, die ihr persönlich am Herzen liegt.

**DEFINITION: Spezifische Motivation**[1]

Die spezifische Motivation ist der Grund dafür, dass ein Mensch sich für ein bestimmtes Ziel engagiert. Sie entspringt der subjektiven Bedeutung, die das Ziel für die Person hat, und entscheidet darüber, wie viel Ausdauer und Energie die Person zur Zielereichung aufwendet.

**BEISPIEL: Allgemeine und spezifische Motivation**

Vorgesetzter Frank F. hat noch nie erlebt, dass sein Mitarbeiter Sascha M. sich besonders und über die normale Arbeitszeit hinaus engagiert hätte. „Der ist doch immer total unmotiviert und lustlos", ist seine persönliche Einschätzung des Mitarbeiters. „Eine Schlaftablette halt, bloß nie die Extrameile gehen. Manche Menschen sind halt so."

Im Rahmen eines groß angelegten Veränderungsprozesses werden für ein Projekt noch Projektmitarbeiter gesucht, die sich bei der Verbesserung eines Produkts engagieren wollen. Sascha M. meldet sich überraschenderweise freiwillig für das Projekt. Frank F. ist in mehrfacher Hinsicht überrascht. Er erkennt seinen Mitarbeiter gar nicht wieder. Der sitzt bereits um sieben Uhr an seinem Schreibtisch, grübelt über Produktskizzen und bleibt bis tief in die Nacht. Seine Sachbearbeiteraufgaben erledigt er nebenbei im Schnelltempo.

Das Projekt ist ein voller Erfolg, das Produkt wurde in seinen Produkteigenschaften wesentlich verbessert. Der Leiter des Bereichs Forschung und Entwicklung spricht Frank F. an, ob er sich vorstellen könne, Sascha M. in seinen Bereich wechseln zu lassen. Selten habe er einen so talentierten und engagierten Mitarbeiter erlebt und das, obwohl Herr M. in dem Bereich gar keine Ausbildung hätte. In der ehemaligen DDR hätte man wohl andere Pläne mit ihm gehabt, obwohl das Herz von Sascha M. doch schon immer für das Ingenieurwesen geschlagen habe und er in seiner Freizeit die beeindruckendsten Sachen entwickelt hätte. Ungläubig stimmt Frank F. zu. Fünf Jahre später hat Sascha M. ein duales Studium neben seiner Arbeit absolviert und arbeitet mit höchstem Engagement in der Abteilung Forschung und Entwicklung. Der jetzige Leiter möchte Sascha M. in zwei Jahren, wenn er in Rente geht, als seinen Nachfolger einsetzen.

„Wer hätte das jemals für möglich gehalten", denkt sich Frank F. Doch von nun an schaut er sich seine Mitarbeiter mit anderen Augen an: „Jeder brennt für irgendetwas!", ist nun sein klarer Standpunkt.

1 Vgl. Niermeyer, R.: Motivation. Instrumente zur Führung und Verführung. München 2001, S. 12.

Hätte es das Projekt nicht gegeben, wäre Frank F. wohl noch heute der Meinung, dass sein Mitarbeiter über eine niedrige allgemeine Motivation verfügt. Nun, da er weiß, wie hoch die spezifische Motivation seines ehemaligen Mitarbeiters ist, muss er sein früheres Urteil revidieren. Das Bedürfnis, ein guter Sachbearbeiter zu sein, war bei Sascha M. extrem niedrig ausgeprägt. Er engagierte sich eben nur so viel, dass sein Grundbedürfnis nach Sicherheit (Jobsicherheit, geregeltes, zufriedenstellendes Einkommen) und dadurch seine physiologischen Grundbedürfnisse (genug zu essen, Wohnung etc.) befriedigt waren.

Für die Möglichkeit, Produkte zu entwickeln und neu zu gestalten, war er indes dazu bereit, sich über die Maßen und mit hoher Ausdauer zu engagieren.

## 5.2 Irrtum Nr. 2: Wer Demotivatoren abschafft, motiviert

Der Glaube, man brauche nur die Sachen zu erkennen und abzuschaffen, die einen demotivieren, und sofort sei man über die Maßen motiviert und voller Elan, ist ein weitverbreiteter Irrtum.

### 5.2.1 Mangelbedürfnisse und Wachstumsbedürfnisse

Tatsächlich ist es so, dass es bestimmte Grundbedürfnisse gibt, die wir befriedigen müssen, um nicht unglücklich zu sein. Diese Grundbedürfnisse nennt man auch **Mangelbedürfnisse**.

**DEFINITION: Mangelbedürfnisse**

**Mangelbedürfnisse sind Grundbedürfnisse, die wir auf jeden Fall befriedigen müssen. Sind sie nicht oder nicht vollständig befriedigt, ist der Mensch unzufrieden und unglücklich. Der Mensch wird aktiv, um den Mangel zu beseitigen. Sobald diese Grundbedürfnisse befriedigt sind, ist der Mensch nicht mehr unzufrieden. Er ist aber auch noch nicht besonders glücklich, er ist nur nicht mehr unglücklich.**

Sind alle Mangelbedürfnisse befriedigt, strebt der Mensch nach Mehr, den sogenannten Wachstumsbedürfnissen.

**DEFINITION: Wachstumsbedürfnisse**

Im Gegensatz zu den Mangelbedürfnissen sind Wachstumsbedürfnisse, Bedürfnisse höherer Ordnung. Es sind Bedürfnisse, die uns stetig antreiben und die eigentlich nie gänzlich erfüllt werden (können), wie z. B. das Bedürfnis nach Anerkennung und das Bedürfnis nach Selbstverwirklichung. Wir sind sehr darum bemüht und wenden viel Energie auf, um Anerkennung zu erlangen und uns selbst verwirklichen zu können. Je besser uns das subjektiv gelingt, desto glücklicher und zufriedener sind wir.

### 5.2.2 Die Bedürfnispyramide von Maslow

Der Psychologe Abraham Maslow (1908–1970) war ein Mitbegründer der humanistischen Psychologie, die den Menschen nicht als ein triebhaftes Wesen sah, sondern als ein Wesen, das nach höheren Bedürfnissen wie Selbstverwirklichung strebt. Der Bedürfnispyramide von Maslow zufolge gibt es verschiedene Bedürfnisstufen. Man strebt zunächst immer die Befriedigung der niedrigsten Stufe an. Erst wenn die Bedürfnisse der ersten Stufe, die biologischen Grundbedürfnisse, nahezu erfüllt sind, ist der Mangel soweit behoben, dass wir uns der nächst höheren Stufe zuwenden und so weiter. Die Bedürfnispyramide ist nicht so streng zu sehen, dass immer eine Stufe vollkommen erfüllt sein muss, damit man sich der Erfüllung der nächsten Stufe widmet. Es reicht durchaus, wenn sie zu einem Großteil erfüllt ist. Die Bedürfnispyramide soll durch ihre Stufen bewusst machen, dass man nur schwer einen Großteil seiner Zeit den Wachstumsbedürfnissen widmen kann, wenn Grundsätzliches noch nicht erfüllt ist. Wenn wir also nichts zu essen und zu trinken haben, werden wir uns aus reinem Überlebenswillen zunächst weniger mit etwas anderem beschäftigen, bis der Mangel beseitigt ist. Wissen wir aber, dass unser Job genügend einbringt, dass wir genug zu essen, zu trinken und ein Dach über dem Kopf haben, können wir parallel darüber nachdenken bzw. darauf hinarbeiten, uns eine Aufgabe zu suchen, die uns dabei hilft, uns selbst ein wenig mehr zu verwirklichen.

Die Maslow'sche Bedürfnispyramide zeigt uns auch, dass der Mensch grundsätzlich bestrebt ist, seine Bedürfnisse in der Logik ihrer Wichtigkeit von unten nach oben hin zu erfüllen, bis er am Gipfel, der Selbstverwirklichung, angelangt ist.

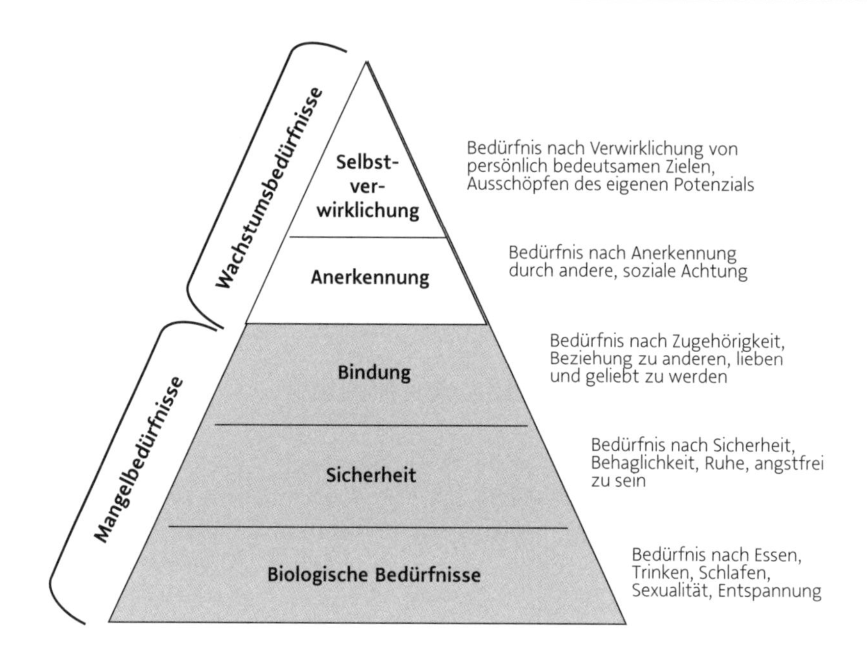


Abb. 26: Bedürfnispyramide nach Maslow

Die unterste Stufe hat die höchste Wichtigkeit. Ohne sie zu erfüllen, können wir nicht existieren. Auf dieser Stufe gilt es zunächst erst einmal, **biologische Grundbedürfnisse** zu befriedigen:

- Wenn wir Hunger haben, möchten wir essen.
- Wenn wir Durst haben, wollen wir trinken.
- Wenn wir müde sind, möchten wir schlafen.
- Wenn wir sexuell erregt sind, möchten wir unsere Sexualität ausleben.
- Wenn wir uns geistig und körperlich verausgabt haben, brauchen wir Ruhe.

Bereits auf der zweiten Stufe hat Maslow das **Grundbedürfnis nach Sicherheit** angesiedelt. Hier sollen Bedürfnisse gestillt werden wie z. B. das Bedürfnis,

- keine Angst haben zu müssen,
- sicher im Voraus planen zu können,
- einen sicheren Arbeitsplatz, ein sicheres Einkommen zu haben,
- ein sicheres Zuhause zu haben,
- einen Rückzugsort zu haben, an dem man sich entspannen kann.

Auf der dritten Stufe ist nach Maslow das **Grundbedürfnis nach Bindung** angesiedelt. Hier sollen Bedürfnisse gestillt werden wie z. B. das Bedürfnis

- einer sicheren, vertrauensvollen Erstbindung (z. B. zu den Eltern),
- zu lieben und geliebt zu werden,
- zu einer Gruppe zu gehören,
- Beziehungen zu anderen einzugehen, Freundschaften zu schließen.

Sind auch diese Bedürfnisse erfüllt, kann man mehr Zeit darauf verwenden, nach Wachstumsbedürfnissen zu streben.

Zunächst auf der Stufe der **Anerkennung**. Hier streben wir an, dass

- wir aufgrund unserer Persönlichkeit von anderen anerkannt und geschätzt werden,
- unser Wissen geschätzt wird,
- unsere Mühe und Leistung und unsere Arbeit anerkannt wird (z. B. als wichtiger Wertbeitrag für unser Unternehmen).

Zuletzt folgt die Spitze der Pyramide, die Selbstverwirklichung und die mit ihr verbundenen Bedürfnissen nach

- der Verwirklichung von für uns persönlich bedeutsamen Zielen,
- der Ausschöpfung unseres geistigen und schöpferischen Potenzials,
- der Erreichung ideeller Werte,
- der Erlangung von Erkenntnissen.

Zusammengefasst bedeutet das: Es ist wichtig, dass zunächst wichtige Grundbedürfnisse erfüllt werden. Die Erfüllung dieser Bedürfnisse führt aber nicht zu hoher Motivation – sie verhindert nur, dass wir unzufrieden sind. Denn die Erfüllung der Grundbedürfnisse erachten wir als selbstverständlich. Es muss die Erfüllung anderer, höher angeordneter Bedürfnisse hinzukommen, damit wir glücklich sind. Dennoch ist es wichtig, zunächst die Grundbedürfnisse zu erfüllen, weil wir uns sonst weniger den Bedürfnissen widmen können, die uns wirklich glücklich machen.

Die Bedürfnispyramide von Maslow ist allerdings ein stark vereinfachendes Schema. Als solches sollte man es nach heutigem Stand der Wissenschaft auch betrachten. Denn ob die Stufen z. B. tatsächlich in genau dieser Reihenfolge gesetzt werden können, ist zumindest fraglich. Außerdem ist Maslows Schema in anderen Kulturkreisen, in denen die Bedürfnisse der Gemeinschaft vor die Bedürfnisse des Einzelnen gestellt werden, so nicht zutreffend. So wird die Maslow'sche Bedürfnispyramide heute auch meistens nur als ein Modell für ein Grundlagenverständnis eingesetzt.

Neuere, mehrdimensionale Modelle untersuchen die Zusammenhänge und Einflussfaktoren genauer. Das wird sehr gut anhand der Zwei-Faktoren-Theorie nach Herzberg deutlich, die einen praktischeren Unternehmensbezug aufweist.

### 5.2.3 Zwei-Faktoren-Theorie nach Herzberg

Der amerikanische Psychologe Frederick Herzberg untersuchte, welche Faktoren in Unternehmen zur Unzufriedenheit (sogenannte Hygienefaktoren bzw. Dissatisfiers) und welche zur Zufriedenheit (sogenannte Motivatoren bzw. Satisfiers) beitragen. Deshalb ist die Theorie von Herzberg im Deutschen auch unter dem Namen Motivator-Hygiene-Theorie bekannt. Um herauszufinden, welche Faktoren in Unternehmen dazu führen, dass Mitarbeiter unzufrieden sind, und welche dazu führen, dass sie motiviert sind, wendete er die sogenannte Critical Incident Technique (zu Deutsch: Technik der kritischen Ereignisse) an. In einer empirischen Untersuchung (Pittsburgh-Studie) forderte er 200 Techniker und Buchhalter dazu auf, über angenehme und unangenehme Arbeitssituationen zu berichten. Interessanterweise stellte er fest, dass nur selten die gleichen Faktoren im Zusammenhang mit guten *und* schlechten Erlebnissen genannt wurden. Es gab immer ein Übergewicht: Entweder wirkten sich die Faktoren sehr positiv aus, kamen also als Motivatoren zum Tragen, oder aber sie lösten insbesondere Unzufriedenheit aus und wirkten als Demotivatoren.

Das ließ für Herzberg nur einen Schluss zu: Demotivatoren verursachen im schlechtesten Fall Unzufriedenheit und im besten Fall — dann nämlich, wenn diese Grundbedürfnisse alle erfüllt sind — einem neutralen Zustand (= keine Unzufriedenheit vorhanden).

Gleichzeitig gibt es mit den Motivatoren (Satisfiers) nach Herzberg Faktoren, die, wenn sie unerfüllt sind, dazu führen, dass Mitarbeiter nicht bzw. nur leicht glücklich sind, während es hohe Zufriedenheit und Motivation bei den Mitarbeitern erzeugt, wenn diese positiven Anreize geschaffen werden.

Faktoren, die zu Unzufriedenheit führen (Demotivatoren, Dissatisfiers), wenn sie nicht angemessen erfüllt sind, sind nach den Untersuchungen von Herzberg insbesondere

- Unternehmens- und Personalpolitik,
- Anleitung/Führung,
- Verhältnis zu Vorgesetzten,
- Arbeitsbedingungen (Arbeitssicherheit, angemessene Ausstattung mit Arbeitsmitteln, Arbeitsplatzbedingungen),

- kollegiales Verhältnis,
- Sicherheit des Arbeitsplatzes,
- Einfluss auf das Privatleben.

Faktoren, die zu mehr Zufriedenheit führen, also Mitarbeiter motivieren können (Motivatoren, Satisfiers), sind vor allem

- Verantwortungsübernahme,
- angemessene Karriere- und Entwicklungsmöglichkeiten,
- Wertschätzung und Anerkennung,
- Arbeitserfolg und erbrachte Leistung,
- die Arbeit selbst (interessante Aufgaben, Inhalte).

In der folgenden Abbildung sieht man wie sich die genannten Faktoren auswirken (demotivierend bis motivierend). Die dargestellten Ergebnisse entstammen einer Studie Herzbergs mit finnischen Technikern und Buchhaltern (1965).[2]

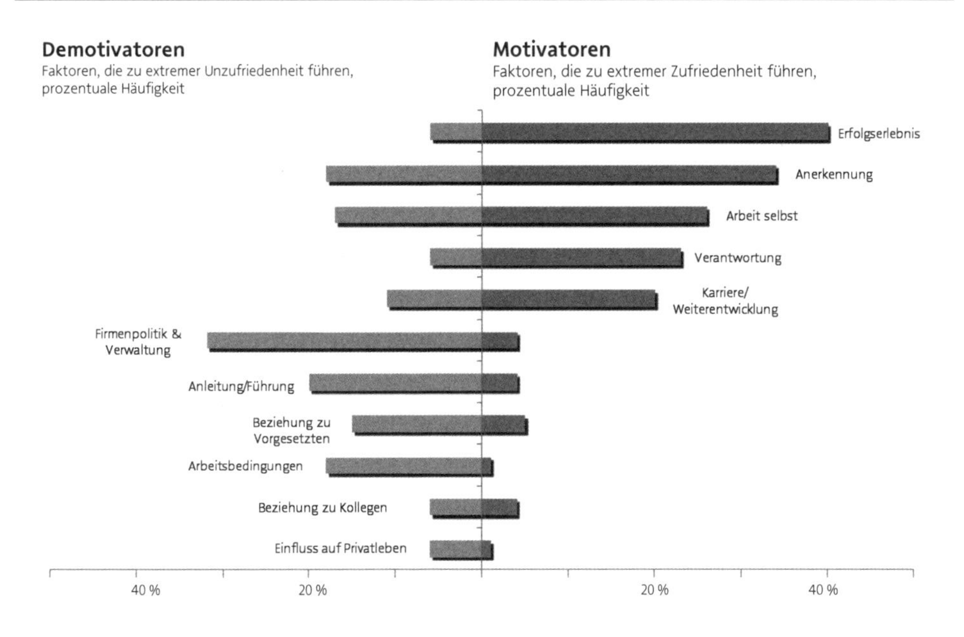


**Abb. 27: Zwei-Faktoren-Theorie**

2 Herzberg, F.: The motivation to work among finnish supervisors. In: Personnel Psychology 18 (4/1965), pp. 393–402.

In der Abbildung sind die Faktoren in der prozentualen Häufigkeit ihrer Nennungen als Demotivatoren oder Motivatoren aufgeführt. Wie man sieht, ergeben sich zwar leichte Überschneidungen, was heißt, dass Faktoren, die insbesondere motivieren, in einigen Fällen auch bei Geschichten über demotivierende Ereignisse genannt wurden, aber man kann immer eine deutliche Tendenz entweder zur Seite der Demotivation oder zur Seite der Motivation erkennen.

Auch empirisch ist bewiesen (s. Semmer und Udris 2007), dass Faktoren, die von Herzberg als Motivatoren eingestuft wurden, zu Unzufriedenheit führen können, wenn sie fehlen, und dass als Demotivatoren eingestufte Faktoren zur Motivation beitragen können, wenn sie beseitigt werden.[3] Zur Vereinfachung werden wir uns im Weiteren aber insbesondere anschauen, wie man diese Faktoren von der Tendenz her im Veränderungsprozess bestmöglich zur Mitarbeitermotivation einsetzen kann.

### 5.2.4 Bedeutung für den Veränderungsprozess

Was bedeuten die Erkenntnisse von Maslow und Herzberg für das Management von Transformationsprozessen?

Sie helfen uns zunächst einmal, darauf zu achten, dass bestimmte Grundfaktoren (Dissatisfiers) immer zufriedenstellend berücksichtigt sein sollten. Wenn die Faktoren entschärft werden, die zumeist als Demotivatoren wirken, wird sichergestellt, dass der Veränderungsprozess nicht durch die Unzufriedenheit der Mitarbeiter und den mit ihr in Zusammenhang stehenden Widerständen und Verharrungstendenzen in den einzelnen Phasen verlangsamt wird.

Auf der anderen Seite können wir den Veränderungsprozess noch effektiver gestalten und seinen Ablauf optimieren, indem wir die von Herzberg genannten Motivatoren in den einzelnen Phasen als „Beschleuniger" nutzen.

**TIPP: Hemmschuhe beseitigen und Beschleuniger nutzen!**

- **Entschärfen Sie Demotivatoren, um Hemmschuhe zu beseitigen, die den Prozess verlangsamen könnten.**
- **Nutzen Sie Motivatoren, um den Veränderungsprozess zu beschleunigen.**

3 Siehe Myers, D. G.: Psychologie. Heidelberg 2005, S. 889.

Man kann davon ausgehen, dass die von Herzberg genannten Demotivatoren als Mangelbedürfnisse (vgl. Bedürfnispyramide von Maslow) wirken. Obwohl sie also nicht motivierend wirken (sondern nur dafür sorgen, dass die Mitarbeiter nicht unglücklich sind), müssen sie zunächst einmal grundsätzlich erfüllt sein, damit die Motivatoren sich als solche auswirken können.

Verfolgt Ihr Unternehmen eine Unternehmenspolitik, die von den Mitarbeitern als unsozial und nicht wertschätzend wahrgenommen wird, und wird der eigene Arbeitsplatz als sehr unsicher wahrgenommen (Hire-and-fire-Mentalität), dann sind maßgebliche Grundbedürfnisse nicht erfüllt.

Ein ausgeklügeltes Karriere- und Entwicklungsprogramm wird in diesem Fall keinerlei positive Wirkung entfalten, denn die Mitarbeiter können nicht davon ausgehen, dass sie überhaupt von diesem Programm profitieren werden. Auch persönliche Anerkennung und Wertschätzung durch den direkten Vorgesetzten, können nicht aufwiegen, dass die Grundstimmung miserabel ist und sich negativ beispielsweise auf den Verbesserungsprozess auswirkt, weil sich die Mitarbeiter vom Unternehmen nicht wertgeschätzt und anerkannt fühlen. Wer sich als Mitarbeiter als leicht ersetzbare Planungsmasse fühlt, lässt sich durch andere Faktoren nicht motivieren.

**TIPP: Erst um die Grundbedürfnisse kümmern**

**Beachten Sie zunächst die grundlegenden Bedürfnisse Ihrer Mitarbeiter, also die Faktoren, die sonst zur Unzufriedenheit beitragen. Nur wenn die Basis stimmt, kann man den Veränderungsprozess mithilfe der Motivatoren beschleunigen. Oder anders gesagt: Sind die Mitarbeiter unzufrieden, helfen die besten Motivatoren nichts …**

## 5.2.5 Hemmschuhe beseitigen und einen Boden schaffen, auf dem Motivatoren wirken können

### Unternehmens- und Personalpolitik

Achten Sie auf eine sozial verträgliche, gerechte und transparente Unternehmens- und Personalpolitik. Sie ist die Basis für alles Weitere. Hierzu gehört auch der offene, ehrliche und wertschätzende Umgang mit den Verlierern der Veränderung.

Insbesondere die Trennungspolitik ist nicht zu unterschätzen, denn sie hat unter Umständen auch Auswirkungen auf andere Demotivatoren wie z. B. die wahrgenommene Arbeitsplatzsicherheit der Mitarbeiter. Die Mitarbeiter müssen sicher sein, dass mögliche Arbeitsplatzverluste sehr früh kommuniziert werden. Wie wir bereits in den vorigen Kapiteln dieses Buches beschrieben haben, haben Ängste vielerlei negative Auswirkungen auf den Veränderungsprozess. Je mehr Ängste aufkommen, desto größer sind die Widerstände und die Verharrungstendenzen. Es ist deshalb sowohl im Interesse des Unternehmens als auch im Interesse der Mitarbeiter, dass die komplette Belegschaft möglichst schnell Bescheid weiß, wer die Verlierer der Veränderung sind und wie mit ihnen verfahren werden soll.

Wichtig ist auch, dass die Behandlung der Verlierer des Transformationsprozesses als fair wahrgenommen wird. Der Mensch ist ein soziales Wesen, das solidarisch denkt und zumeist auch handelt. Solidarisch zu sein, hat sich für die Spezies Mensch als erfolgreiche Überlebensstrategie erwiesen. Diese Strategie ist deshalb so erfolgreich, weil sie jedem Mitglied einer Gruppe mehr Sicherheit bietet, als es ohne Solidarität der Fall wäre. Oder anders gesagt: Jeder weiß, dass es ihn morgen auch selbst treffen könnte und insofern wird unfaires Verhalten verurteilt und, wenn möglich, entsprechend geahndet. Die Furcht vor Abstrafung führt dazu, dass man versucht, immer möglichst fair zu handeln. Dies nutzt letztlich jedem.

Handelt ein Unternehmen unsozial, fühlen die nicht direkt betroffenen Mitarbeiter mit den Verlierern mit und wissen, dass es sie bei der nächsten Veränderung genauso treffen könnte. Entsprechend sind auch die Nichtverlierer unzufrieden und strafen das Verhalten im Rahmen ihrer Möglichkeiten ab. Neben offener Opposition wird insbesondere auch im Stillen und verborgenen opponiert.

Handeln, das als unfair eingestuft wird, wird fast immer entsprechend vergolten: „tit for tat" („wie Du mir, so ich Dir") ist eine Vergeltungsstrategie, die aus der Spieltheorie bekannt ist. Sie ist aber auch eine Grundregel des menschlichen Handelns (Equity-Theorie). Oftmals tritt hierbei eine Spirale der Verschlechterung inkraft. Die Voraussetzung für ein faires Grundsystem ist auch hier eine entsprechende soziale Intelligenz bzw. ein hoher emotionaler Unternehmensquotient und insbesondere die Fähigkeit zum Belohnungsaufschub.

!

**ACHTUNG: Unfaires Handeln wird immer vergolten, wenn dazu die Möglichkeit besteht**

**Faires Handeln hat wahrscheinlich ein faires Verhalten zur Folge. Unfaires Handeln (und dadurch enttäuschtes Vertrauen) wird mit Vergeltung bestraft. Das kann sich zu einer Spirale der Vergeltung und des Vertrauensverlusts entwickeln. Je länger die Vergeltungen anhalten und je mehr Vertrauen dadurch verloren geht, desto schwieriger ist es, aus dieser Spirale wieder auszusteigen. Es gibt dann keine Gewinner mehr, sondern nur noch Verlierer.**

Überlegen Sie sich bei jeder personalpolitischen Entscheidung im Zusammenhang mit Transformationsprozessen nicht nur, was sich rein aufgrund vorgefertigter Hochrechnungen „rechnet", sondern versuchen Sie auch in Ihre Überlegungen mit einzubeziehen, zu wie viel Demotivation das bei Ihren Mitarbeitern führen kann. Gleichsam sollten Sie sich vor Augen führen, wie die Demotivation daraufhin zur Verzögerung des Prozesses beiträgt und wie hoch die dadurch verursachten Sekundärkosten sein könnten (weil z. B. die Projektumsetzungspläne nicht wie berechnet eingehalten und erst verspätet umgestellt werden können).

Die nach ersten Kalkulationen auf der Basis harter Faktoren berechnete betriebswirtschaftlich sinnvollste Lösung muss nach solchen Überlegungen oft revidiert werden, weil die Folgekosten aufgrund der einflussnehmenden weichen Faktoren auf lange Sicht gesehen zu hoch wären.

## Anleitung/Führung, Verhältnis zu Vorgesetzten

Insbesondere eine gute Mitarbeiterführung kann wesentlich dazu beitragen, dass es zu möglichst wenig Demotivation kommt. Der direkte Vorgesetzte muss den Mitarbeitern gerade in Zeiten des Wandels einen positiven Ausblick geben. Dabei sollte er nichts beschönigen und auch nicht verschweigen, dass es einige Hürden zu überwinden gilt, bis man ans ersehnte Ziel gelangt. Der Mitarbeiter sollte aber immer das gute Gefühl haben, dass der Vorgesetzte hinter dem Veränderungsprozess steht und von dessen Richtigkeit sowie von der Erreichbarkeit der Ziele überzeugt ist.

Es ist darüber hinaus von Bedeutung, dem Mitarbeiter Sicherheit zu geben, indem man betont, was an Bewährtem erhalten bleibt und welche bereits vorhandenen Stärken genutzt werden können, um das Ziel zu erreichen.

Der Umgang zwischen einer Führungskraft und ihren Mitarbeitern sollte immer von Wertschätzung und Vertrauen geprägt sein. Gerade in Zeiten des Umbruchs, in denen die Emotionen oftmals hochkochen, weil die Mitarbeiter Angst verspüren, hat die Führungskraft die Aufgabe, ausgleichend zu wirken und verständnisvoll zu sein. Ängste haben unterschiedliche Ausprägungen. Die Führungskraft muss das erkennen und richtig deuten, damit sie angemessen reagieren kann. Es ist von großer Wichtigkeit, dass die Führungskräfte für die Herausforderungen geschult werden, die ihnen die Führung in Veränderungsprozessen abverlangt (vgl. Kapitel „Den Unternehmenswandel erfolgreich managen: der integrierte Prozessablauf").

Vertrauensvoller Umgang bedeutet aber auch, dass eine Führungskraft zugeben kann, dass sie nicht auf jedes Problem eine Antwort hat bzw. haben kann. Es ist einem Transformationsprozess immanent, dass aufgrund seiner Neuartigkeit neue Techniken und Verhaltensweisen erst abgeleitet und dann in der Praxis auf ihre Tauglichkeit hin überprüft werden müssen. Es ist von Bedeutung, dass die Führungskraft auch die Erwartungen richtig setzt, die die Mitarbeiter an sie haben können. Die Führungskraft gibt nicht die Antwort auf jede Frage, sie unterstützt die Mitarbeiter dabei, die besten Antworten zu finden (vgl. hierzu auch Kapitel „Erfolgsfaktoren und Fallstricke der Führung im Wandel"). Der Vorgesetzte übernimmt damit im Rahmen des Veränderungsprozesses insbesondere die Rolle des Coachs seiner Mitarbeiter.

Darüber hinaus ist die Vorbildrolle des Vorgesetzten ein wichtiges Erfolgskriterium im Veränderungsprozess: Je mehr die Vorgesetzten hinter der intendierten Veränderung stehen und je glaubwürdiger und direkter sie das kommunizieren, desto mehr Sicherheit erlangen die Mitarbeiter.

### Arbeitsbedingungen (Arbeitssicherheit, angemessene Ausstattung mit Arbeitsmitteln, Arbeitsplatzbedingungen)

Gute Arbeitsbedingungen gehören ebenfalls zu den Voraussetzungen, die erfüllt sein müssen, damit die Mitarbeiter nicht unzufrieden sind. Das umfasst z. B. die Arbeitssicherheit, eine angemessene Ausstattung mit Arbeitsmitteln und andere Arbeitsbedingungen wie beispielsweise eine angenehme Arbeitsumgebung. Natürlich ist es schon im Sinne des Unternehmens, dass die Arbeitsbedingungen möglichst optimal sind, damit die Mitarbeiter eine bestmögliche Arbeitsleistung erbringen können.

Immer noch zu wenig beachtet wird bei den Arbeitsbedingungen allgemein, dass sie auch direkte Auswirkungen auf andere Faktoren haben können, die Unzufriedenheit verhindern. Beispielsweise sollte bei der Planung neuer Geschäftsräume darauf geachtet werden, dass sie zum einen Faktoren berücksichtigen, die sich allgemein fördernd auf die Stimmung der Mitarbeiter auswirken (Licht, angenehme Raumtemperatur, geräuscharm), und zum anderen auch die räumlichen Möglichkeiten bieten, dass die Mitarbeiter sich untereinander austauschen können oder kurze Wege zum Vorgesetzten haben. Gemeinschaftsräume, gemeinsame gut ausgestattete Arbeitsräume etc. tragen insofern ebenfalls dazu bei, dass keine Unzufriedenheit entsteht.

Im Rahmen von Transformationsprozessen sollte darauf geachtet werden, dass die Arbeitsbedingungen die neuen Aufgaben und Prozesse optimal unterstützen. Oft steht das auch im Zusammenhang mit der Informationstechnologie. Computer und die intuitive Bedienbarkeit neuer Softwaresysteme können einen wesentlichen Einfluss darauf haben, dass es in der Umsetzung zu weniger Unzufriedenheit kommt. Insbesondere sollte darauf geachtet werden, dass sich neue IT und Software nach einer Umstellung in der Praxis bewähren müssen. Sehr enge Feedbackschleifen mit den Endnutzern helfen, aufkommender Unzufriedenheit schnell entgegenzuwirken.

## Angemessene Information und Kommunikation

Information und Kommunikation sind Grundbedürfnisse, die fast in jedem Unternehmen im Zusammenhang mit Unzufriedenheit genannt werden. In unserer jahrelangen Praxis durften wir es bis heute nie erleben, dass Mitarbeiter mit der Information und Kommunikation im Unternehmen wirklich zufrieden waren. In jeder Umfrage zur Mitarbeiterzufriedenheit finden sich in der Auswertung fast immer im Top-10-Ranking der Faktoren, die es zu verbessern gilt, die Information und die Kommunikation.

Entweder wird zu viel (E-Mail-Flut) oder zu wenig (über die Sachen, die die Mitarbeiter wirklich bewegen) oder aber subjektiv zu spät über wichtige, die Mitarbeiter betreffende Veränderungen berichtet.

An Information und Kommunikation werden sehr hohe Anforderungen gestellt und diese Anforderungen steigen noch im Rahmen von Veränderungsinitiativen. Denn viele Dinge, die bislang bekannt und bewährt waren, sind es plötzlich nicht mehr. Die Mitarbeiter müssen sich neu orientieren und benötigen hierfür die richtigen Informationen zum richtigen Zeitpunkt. Kommunikation und Information sind Schlüsselkomponenten für ein erfolgreiches Change Management. Dabei kommt es ganz wesentlich darauf an, dass entsprechend der verschiedenen Phasen des Veränderungsprozesses, die Informationen gegeben werden, die zur optimalen Unterstützung des Ablaufs notwendig sind. Wir werden im Rahmen von Kapitel „Den Unternehmenswandel erfolgreich managen: der integrierte Prozessablauf" anhand eines optimalen Change-Prozesses zeigen, wie die Kommunikation den Prozess sinnvoll unterstützen sollte.

Der Hauptfehler, der in den meisten Transformationsprozessen bzgl. der Information und der Kommunikation gemacht wird, ist, dass es kein bei der Projektplanung integriertes Informations- und Kommunikationskonzept gibt. Oftmals wird der Kommunikationsprozess separat (beispielsweise durch den Bereich der internen Kommunikation) geplant und gesteuert, während der restliche Prozess von einem entsprechenden Change Team geleitet wird. Auch wenn meistens durchaus Abstimmungen zwischen den Kommunikationsbeauftragten und dem Projektteam stattfinden, entstehen aufgrund der nicht integrierten Planung zum Teil bedeutende Fehler. Die häufigsten Fehler sind:

1. Den verantwortlichen Leitern des Kommunikationsprozesses ist nicht klar, in welcher Phase sie welche Schwerpunkte setzen müssen, um den Prozess optimal zu unterstützen. Change-Wissen, insbesondere bzgl. der weichen Faktoren, ist oft nur in Teilen vorhanden.
2. Es wird häufig nur auf einseitige Kommunikation geachtet. Das bedeutet, dass oft nur an die Mitarbeiter kommuniziert, aber auf Austauschplattformen verzichtet wird, auf denen die Mitarbeiter im Rahmen des Prozesses Erfolgsfaktoren, -geschichten, Lösungsmöglichkeiten etc. austauschen können. Ebenso fehlen häufig die für einen effektiven Kommunikationsprozess wesentlichen Rückkopplungsschleifen (z. B. nicht nur Kommunikation, welche Hürden aus Unternehmenssicht bestehen, sondern auch Informationen der Mitarbeiter, wo es tatsächlich hakt, oder Vorschläge der Mitarbeiter, wie den Problemen im Veränderungsprozess bestmöglich begegnet werden kann).
3. Es wird undifferenziert kommuniziert und es wird oft nicht klar abgeleitet und definiert, welche Ziele das eingesetzte Kommunikationsmittel erfüllen soll. Oft wird einseitig darauf geachtet, welche Inhalte vermittelt werden sollen (im Sinne von Fakten), ohne jedoch die eigentlichen Anforderungen zu berücksichtigen, die im jeweiligen Projektschritt den Prozess sinnvoll unterstützen würden. Oder es werden auf der anderen Seite reine Imagekampagnen gestartet, die zum Teil viel Geld kosten, aber im Sinne des Prozesses nur einen sehr eingeschränkten Nutzen bringen oder sogar einen gegenteiligen Effekt haben können, weil den aktuellen Bedürfnissen der Mitarbeiter nach Information nicht nachgekommen wird. Bisweilen haben die Mitarbeiter sogar das Gefühl, ihnen solle etwas „schmackhaft" gemacht werden, ohne dass sie den Sinn und die Notwendigkeit dahinter verstehen. Manch guter Film löst sogar Missmut aus, weil er als reiner Manipulationsversuch angesehen wird.
4. Oft haben die Verantwortlichen den Kontakt zur Basis verloren und beschäftigen sich mit unwichtigen oder sogar den Prozess behindernden Details, statt sich bewusst zu machen, worauf es im Kern ankommt.

**BEISPIEL: Begrifflichkeiten**

In unseren Projekten haben wir immer wieder erlebt, dass sich die Auseinandersetzung um die richtige begleitende Kommunikation des Veränderungsprozesses in erster Linie um die Suche und das Finden der optimalen Begrifflichkeiten und Logos drehte.

Immer wieder wurde beispielsweise der Fehler gemacht, dass ehemals als Arbeitsbegriffe benutzte Bezeichnungen durch werbewirksamere, neue Bezeichnungen ersetzt werden sollten. Allerdings kursierten die Arbeitsbegriffe bereits im Unternehmen; insbesondere im obersten Management. Das angeordnete „Löschen" der bisherigen Arbeitsbegriffe und das Etablieren neuer Begriffe, die als werbewirksamer angesehen wurden, fand deshalb bei den Beteiligten keine Akzeptanz. Die Arbeitsbegriffe waren in den Köpfen der Entscheider bereits verankert und mit dem Veränderungsprozess fest verbunden. Die neuen, „werbewirksamen" Begriffe fanden in der Kommunikation untereinander keine Anwendung.

Fazit: Will man werbewirksame Begriffe setzen, muss das von Anfang an geschehen. Das bedeutet: schon bei der Ableitung der Strategie durch das (Top-) Management. Zu einem späteren Zeitpunkt ist das Einsetzen neuer Begriffe nicht mehr zielführend und sollte deshalb unterbleiben.

5. Die unterschiedlichen Kommunikationsmittel sind nicht aufeinander abgestimmt und beachten nicht motivationsfördernde Grundbedingungen. Zu oft wird die Kommunikation in Veränderungsprozessen wie klassische PR oder aber wie Werbe-/Imagekampagnen gehandhabt. Wie wir im Weiteren noch sehen werden, ist es wesentlich für die Motivation in Veränderungsprozessen, dass die Mitarbeiter aktiv bei der Umgestaltung und Umsetzung beteiligt werden. Das sollte bei der Abstimmung und dem Mix der auszuwählenden Kommunikations- und Erarbeitungsmittel entsprechend berücksichtigt werden. Kommunikationsmittel klassischer Werbung können deshalb nur ergänzend wirksam sein. In erster Linie kommt es im Rahmen des Change Managements darauf an, dass die Mitarbeiter auch aktiv an der Information und Kommunikation beteiligt werden und sich Inhalte – entsprechend begleitet – selbst erarbeiten.

*Sag es mir, und ich vergesse es.*
*Zeige es mir, und ich erinnere mich.*
*Lass es mich tun, und ich behalte es.*

*Konfuzius (551–479 v. Chr.)*

**TIPP: Halten Sie es mit Konfuzius – geben Sie Informations- und Kommunikationsmethoden den Verzug, die die Mitarbeiter aktiv beteiligen**

Methoden, die den Change-Prozess aktiv unterstützen sind z. B.

- Workshops,
- Großgruppenkonzepte wie z. B. Open-Space-Methoden, Marktplatz u. Ä.,
- Austauschplattformen (z. B. im Intranet),
- durch Mitarbeiter selbst gedrehte Imagefilme,
- Unternehmenstheater
- etc.

## Sicherheit des Arbeitsplatzes

Sicherheit ist auch bei Maslow eines der Grundbedürfnisse, die vorrangig befriedigt werden müssen. Nach Maslow beschäftigen sich die Mitarbeiter erst mit anderen Aspekten bzw. kann Motivation erst einsetzen, wenn für die Mitarbeiter z. B. bezüglich ihres Arbeitsplatzes Sicherheit besteht.

Es ist deshalb für den Veränderungsprozess von wesentlicher Bedeutung, dass die Mitarbeiter schnell die Sicherheit erlangen, dass der anstehende Wandel nicht ihre Arbeitsplätze bedroht. Sollte es im Rahmen des Veränderungsprozesses auch Betroffene geben, die entweder wesentlich neue Arbeitsinhalte erhalten oder deren bisherige Arbeitsplätze wegfallen, müssen sie schnell darüber informiert werden, welche persönlichen Auswirkungen das für sie haben wird.

## Einfluss auf das Privatleben

Zu viel Arbeit und Stress nehmen letztlich auch Einfluss auf das Privatleben. Wie in den einführenden Kapiteln über die Megatrends bereits beschrieben wurde, hat die Zahl der Fehlzeiten aufgrund psychischer Erkrankungen in den letzten Jahren dramatisch zugenommen. Einen wesentlichen Einfluss darauf hat wahrscheinlich die zunehmende Arbeitsplatzunsicherheit, und mit ihr einhergehend, die Angst, durch Krankheit oder einfach nur dadurch, dass man nicht ständig Höchstleistungen erbringen kann, seinen Job zu verlieren. Als weitere Einflussfaktoren kann man die zunehmende Komplexität der Arbeitswelt nennen sowie die Herausforderung, dass man sich immer schneller immer neuen Anforderungen stellen und ständig seine Kompetenzen verbessern muss.

Hinzu kommt, dass die klassische Rollenverteilung zwischen Mann und Frau, wie sie im letzten Jahrhundert noch bestand, immer weiter auf dem Rückzug ist. Immer häufiger sind auch bei Familien mit Kindern beide Elternteile berufstätig. Die vorhandenen Kinderbetreuungsmöglichkeiten scheinen mit dieser Entwicklung und dem Betreuungsbedarf jedoch nicht Schritt gehalten zu haben. Die Unterbringung der Kinder und ein gesundes Verhältnis zwischen Arbeit und Beruf werden dadurch für alle Beteiligten zunehmend schwieriger.

Familienfreundlichkeit wird also in zunehmendem Maße zu einem Faktor, mit dem Unternehmen ein Grundbedürfnis ihrer Mitarbeiter erfüllen können. Unternehmen können damit auch dazu beitragen, dass ihre Mitarbeiter weniger gestresst sind, sich besser einbringen und durch die Anerkennung im beruflichen Kontext mit mehr Motivation ihrer Arbeit nachgehen können.

Im Rahmen von Veränderungsprozessen ist insbesondere darauf zu achten, dass

- Veränderungsprojekte nicht mit zu kurzer Projektdauer geplant werden (meist hervorgerufen durch die Nichtbeachtung weicher Faktoren wie den emotionalen Phasen des Veränderungsprozesses, was im Umsetzungsprozess dann zu außerplanmäßigen Verzögerungen führt),
- nicht zu viele Veränderungsprojekte zeitlich zu kurz hintereinander stattfinden,
- auf Zeiten großer Anstrengung und Stress (wie es Veränderungsprojekte ihrer Natur nach immer sind) unbedingt Zeiten der Entspannung und Regeneration folgen; Unternehmen haben ihren Mitarbeitern gegenüber nicht nur eine Fürsorgepflicht, sie müssen neben ihrer Verantwortung auch erkennen, dass sich Mitarbeiter, die auf Dauer leistungsfähig sein und bleiben sollen, zwingend regenerieren müssen.

**BEISPIEL: So reagieren wir auf Stress**

Der Organismus erkennt, dass er unter Hochspannung arbeiten muss, und schüttet Stresshormone aus. So erhöht der Körper auf natürliche Art und Weise seine normale Leistungsfähigkeit und kann in diesem Ausnahmezustand Spitzenleistungen erbringen.
Doch auch der Mensch hat seine Leistungsgrenzen. Ist er dauerhaft im Ausnahmezustand, setzen Erschöpfungszustände ein (Burn-out, Depressionen, andere psychische Störungen und/oder körperliche Symptome und Erkrankungen). Eine dauerhafte Überlastung führt zu sinkender Produktivität und Arbeitsfähigkeit. Es besteht zusätzlich die Gefahr, dass eine Regeneration nicht mehr vollständig möglich ist, wenn man zu lange ohne die benötigten Regenerationsphasen auskommen muss. Darüber hinaus benötigt der Körper tendenziell länger, sich zu erholen, wenn seine Höchstbelastungsgrenzen häufig bzw. dauerhaft überschritten werden.

Wie sehr die attestierten psychischen Erkrankungen (z. B. die Burn-out-Problematik) in den letzten Jahren zugenommen haben, zeigt die folgende Abbildung:

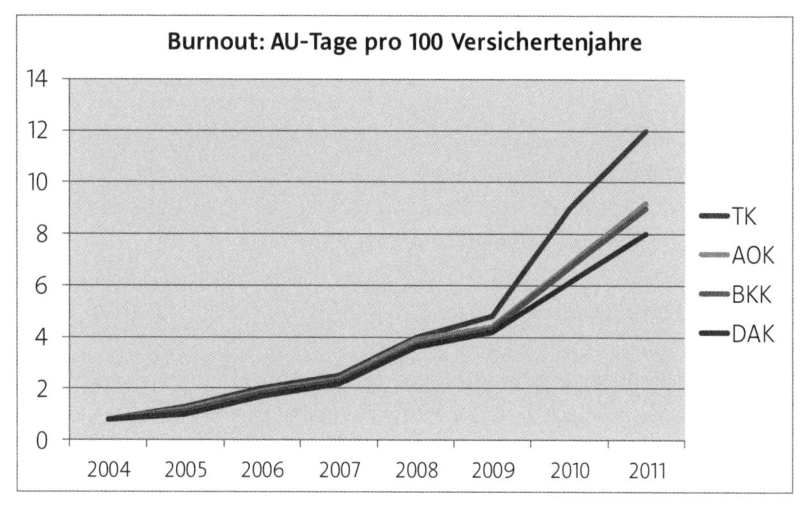


Quelle: BPtK-Studie zur Arbeitsunfähigkeit, 2012

Abb. 28: Zunahme der Burn-out-Problematik

Die Bundespsychotherapeutenkammer (BPtK) hat in ihrer Studie zu „Psychischen Erkrankungen und Burn-out" ausgewertet, wie sich der Umfang der Arbeitsunfähigkeitsbescheinigungen aufgrund von Burn-out laut Angaben verschiedener Krankenkassen in den Jahren 2004 bis 2011 entwickelt hat. Die Anzahl der Arbeitsunfähigkeiten (AU) pro hundert Versichertenjahren ist demnach von 2004 bis 2011 um das Vierzehnfache angestiegen.[4]

**TIPP: Klare Regeln zur Regeneration schaffen**

**Zurzeit ist in den meisten Unternehmen nur einseitig geregelt, was der Mitarbeiter zu leisten hat und was bei einer Minderleistung passiert. Kommen hierzu noch Arbeitsplatzunsicherheit und das persönliche Bedürfnis nach Anerkennung und Selbstverwirklichung im beruflichen Kontext sowie die sich verschärfenden allgemeinen Rahmenbedingungen hinzu, ist eine Überlastung fast vorprogrammiert.**

**Achten Sie deshalb darauf, dass Sie in Ihrem Unternehmen klare Regeln festschreiben (und auch einhalten!), die eine ständige Überlastung Ihrer Mitarbeiter verhindern helfen und für notwendige Regenerationsphasen sorgen.**

[4] Siehe BPtK (Hrsg.): Zunahme psychischer Erkrankungen und Burn-out. Berlin 2012, S. 5.

| Checkliste: Dauerstress vermeiden — Regeneration ermöglichen | | |
|---|---|---|
| | ja | nein |
| Schulen Sie Ihre Führungskräfte zum Thema Stress und Regeneration? Machen Sie deutlich, dass eine Überbelastung der Mitarbeiter nicht erwünscht ist? | ☐ | ☐ |
| Stellen Sie Ihren Mitarbeitern und Führungskräften Informationsmaterial zu den Themen „Stress", „Burn-out" etc. zur Verfügung (s. auch die Literaturempfehlungen auf Arbeitshilfen online)? | ☐ | ☐ |
| Geben Sie klare Richtlinien vor, was sein darf und was nicht, und wie mit Überbeanspruchung umgegangen werden soll? Beispiele hierfür sind:<br>▪ Richtlinie, wie viele E-Mails pro Tag höchstens empfangen und beantwortet werden (können). Bei Überschreitung: Führungskraft muss hinsichtlich Prozessoptimierung und Kommunikationsregeln aktiv werden.<br>▪ Richtlinie, wie viele Unterbrechungen pro Tag von der eigentlichen Hauptaufgabe abhalten dürfen. Bei Überschreitung: Prüfung bzgl. Prozessoptimierung (z. B. anderes Einrichten des Arbeitsplatzes, bei ausgewählten Personen bestimmte Telefonzeiten einführen etc.).<br>▪ Richtlinie zum Abbau von Überstunden, die durch Umstrukturierungen und Veränderungsprozesse verursacht wurden (auch bei Führungskräften wo sie ggf. gar nicht erfasst werden, weil sie normalerweise nicht abgegolten werden).<br>▪ Urlaubsrichtlinie: keine dienstlichen Telefonate, keine Dienst-E-Mails während der Urlaubszeit, ggf. durch eine entsprechende „Sperrung" des Abrufs während der Urlaubszeiten sicherzustellen; darauf achten, dass die Urlaubstage auch vollständig in Anspruch genommen werden. | ☐ | ☐ |
| Sammeln Sie konkrete Vorschläge der Belegschaft, wie Stress verringert werden kann? Prämieren Sie öffentlich vor dem Rest der Belegschaft den Vorschlag, der zur größten Stressreduzierung beigetragen hat? | ☐ | ☐ |
| Haben Sie über Home-Office-Regelungen zur besseren Vereinbarkeit von Beruf und Familie nachgedacht? | ☐ | ☐ |

### 5.2.6 Nutzen Sie Motivatoren, um den Veränderungsprozess optimal zu beschleunigen

Nachdem wir uns den Faktoren gewidmet haben, die für die Mitarbeiter ein Grundbedürfnis darstellen und den Veränderungsprozess bei ihrer Nichterfüllung verlangsamen können, widmen wir uns nun den „Beschleunigern". Entgegen der landläufigen Meinung braucht es keinen Animateur, um Mitarbeiter zu motivieren.

Vorbei ist die Zeit, in der einzelne Motivationsgurus Hallen füllten, ihr Publikum mit Motivationsparolen unterhielten und ihnen Motivationsmantras mit auf den Weg gaben, die letztlich außer einem kurzfristigen Hochgefühl keine nachhaltige Wirkung hinterließen — am allerwenigsten Motivation.

Was man als Mitarbeiter wirklich braucht, ist im Prinzip viel einfacher, denn es braucht kein Mantra, keine Selbstgeißelung, um sich zu motivieren. Vielmehr ist man motiviert, wenn die Rahmenbedingungen stimmen.

Die Grundvoraussetzungen, die gegeben sein müssen, damit Motivation überhaupt entstehen kann, haben wir bereits genauer betrachtet. Nun widmen wir uns den Faktoren, die uns Flügel verleihen.

## Arbeitserfolg und erbrachte Leistung

Mehr als alles andere scheint uns Leistung und Arbeitserfolg zu motivieren. Welche Erfolge und Leistungen es sind, die uns besonders motivieren, ist ganz individuell und hängt von den eigenen Zielen ab und von unseren persönlichen Neigungen. Wenn wir die Ziele, die wir uns gesteckt haben, erreichen, kommt ein Hochgefühl in uns auf, von dem wir immer mehr haben wollen. Neurowissenschaftler wie Gerhard Roth können heutzutage sehr genau beschreiben, wie die einzelnen Bereiche des Gehirns zusammenspielen und welche Belohnungsstoffe und -neuronen unsere Handlungen beeinflussen.[5]

Da gibt es sogenannte Belohnungsneuronen, die besonders stark aktiv sind, wenn wir eine Belohnung erwarten. Je wahrscheinlicher eine Belohnung wird, desto weniger feuern diese Neuronen.[6] Belohnungen, die also ziemlich sicher eintreten, werden von uns nicht mehr als so erstrebenswert empfunden. Darüber hinaus scheint es auch eine Rolle zu spielen, inwieweit die Erwartung des Erfolges dem tatsächlichen Erfolg entspricht. Je nachdem, ob wir bekommen, was wir erwartet haben oder nicht, entstehen unterschiedliche Gefühle. Wurde ein Erfolg erwartet und bleibt aus, sind wir enttäuscht. Kam es überraschenderweise zu einem Erfolg, sind wir glücklich.[7]

Im Rahmen von Veränderungsprozessen ist dieser Faktor ein ganz wesentlicher. Zu Beginn des Prozesses (vgl. 7-Phasen-Modell in Kapitel „Keine Veränderung über

[5] Siehe Roth, G.: Persönlichkeit, Entscheidung und Verhalten. Stuttgart 2011.

[6] Siehe Roth, G.: Persönlichkeit, Entscheidung und Verhalten. Stuttgart 2011, Pos. 2190 f.

[7] Siehe Roth, G.: Persönlichkeit, Entscheidung und Verhalten. Stuttgart 2011, Pos. 2195–2208.

Nacht: Die emotionalen Phasen des Change“) muss die Motivation abnehmen, weil die bisherigen Erfolge und Leistungen nun nicht mehr ausreichen, eine Belohnung erwarten zu können. Deswegen ist es zunächst wichtig, dass die Mitarbeiter erkennen, dass die Neuausrichtung sie letztlich zu einer besseren Leistung und zu mehr Erfolg führen wird.

**TIPP: Erfolge in Aussicht stellen**

**Geben Sie einen positiven Ausblick auf die Zukunft. Die Mitarbeiter sollen zu Beginn des Prozesses vor allem verinnerlichen, dass der Wandel es ihnen ermöglichen wird, in Zukunft bessere Leistungen zu erzielen, also erfolgreicher zu sein.**
**Achtung: Es muss deutlich werden, dass die Strukturen/Prozesse des Unternehmens neu ausgerichtet werden müssen, damit es die Mitarbeiter leichter haben, gute Leistungen zu erbringen, und damit das Unternehmen erfolgreicher sein kann. Keinesfalls darf der Eindruck entstehen, die Mitarbeiter hätten in der Vergangenheit schlecht gearbeitet und schlechte Leistungen erbracht. Das würde im Gegenteil zu großer Demotivation und Widerstand führen.**
**Die Rahmenbedingungen werden vom Management vorgegeben und die Mitarbeiter können letztlich nur so gut sein, wie die Strategie und die Rahmenbedingungen es ihnen ermöglichen.**

Im Rahmen der Umsetzung wird es zunehmend wichtiger, Erfolge sichtbar zu machen, weil es auch immer wieder zu Rückschlägen kommt, die meist mehr wahrgenommen werden als die Erfolge. Um hier kein falsches Empfinden aufkommen zu lassen, was die Motivation abnehmen ließe, ist es wichtig, dass auch die Erfolge deutlich wahrgenommen werden. Auf diese Weise wird der Blick für Erfolge geschärft. Insbesondere, wenn man gleichzeitig deutlich macht, dass diese Erfolge nicht leicht zu erzielen waren. Wie weiter oben bereits beschrieben wurde, sollten Sie im Sinne der Motivation die Schwierigkeiten nicht aussparen, die dem Erfolg vorausgegangen sind. Der wahrgenommene Erfolg erzeugt letztlich mehr positive Gefühle, wenn die Leistung schwer zu erzielen war.

**TIPP: Erfolge sichtbar machen**

**Berichten Sie im Rahmen der Umsetzung über Erfolge und auch davon, wie Sie die Hürden auf dem Weg dorthin überwunden haben und erfolgreich mit Rückschlägen umgegangen sind. Das hilft den Mitarbeitern, ihre Leistung richtig einzuschätzen und lässt sie hoch motiviert an der Erzielung neuer Erfolge arbeiten.**

## Wertschätzung und Anerkennung

Befragt man hundert Unternehmen, werden hundert bestätigen, dass Wertschätzung und Anerkennung für Mitarbeiter unabdingbarere Erfolgsfaktoren sind. Befragt man aber die Mitarbeiter in diesen Unternehmen, wie viele von ihnen würden wohl bestätigen, dass diese Überzeugung im Alltag gelebt wird?

Was ist der Unterschied zwischen Wertschätzung und Anerkennung? Wertschätzung ist eine Grundeinstellung. Sie besagt, dass der andere als Mensch und Person *wertgeschätzt* wird, er also auch ohne etwas zu tun, einfach um seiner Selbst willen geachtet und respektiert wird. Wertschätzung liegt nur vor, wenn man sich selbst nicht als wertvoller als andere erachtet. Wer wertschätzend agieren will, muss Personen in ihrer Andersartigkeit akzeptieren und sich darüber bewusst sein, dass sie alle unterschiedliche Motive haben. Wenn man sich wertschätzend verhält, bedeutet das auch, dass man

- Personen nicht herabsetzend behandelt,
- anderen immer (zunächst) freundlich und offen begegnet,
- versucht, ihre Sichtweise und ihre Beweggründe zu ergründen, und nicht von sich auf andere schließt,
- sich nicht nur um das eigene Wohl, sondern auch um das Wohl der anderen sorgt,
- bei Problemen versucht, eine für alle annehmbare Lösung zu finden.

Anerkennung ist im Gegensatz zur Wertschätzung eine positive Wertung der Leistung einer anderen Person, die man aktiv zum Ausdruck bringt.

## Welche Wirkung Bonusprogramme entfalten

Oft versuchen Arbeitgeber, die Leistungsbereitschaft ihrer Mitarbeiter über Incentives (Bonusprogramme) aller Art zu steigern und ihnen damit ihre Wertschätzung zu zeigen. Da gibt es Seminare auf Mallorca, Tagungen in noblen Hotels. Allerdings heben solche „Goodies" die Motivation und Zufriedenheit der Arbeitnehmer nicht unbedingt. Vielmehr führen sie dazu, dass die Mitarbeiter ihre Ansprüche ständig nach oben schrauben – weil sie verwöhnt und übersättigt sind und weil echte Erfolgserlebnisse fehlen.

Den Schlüssel zur Leistungssteigerung bildet dagegen ein ganz anderer, viel schlichterer und unaufwendigerer Punkt: Es geht darum, dem Mitarbeiter Anerkennung zu zollen.

**BEISPIEL: Versteckter Wunsch nach Anerkennung**

Wenn Ihre Mitarbeiter klagen: „Das bekomme ich gar nicht bezahlt!" oder „Ich leiste viel mehr als früher. Wir sollten uns mal über eine Gehaltserhöhung unterhalten." Dann ist das häufig gar keine Forderung nach mehr Gehalt, sondern nach mehr Anerkennung. Häufiger als angenommen versuchen Arbeitnehmer, mangelnde persönliche Anerkennung und Wertschätzung durch die Forderung nach einer höheren Vergütung zu kompensieren. Nach dem Motto: „Vielleicht schätzt mein Vorgesetzter meine Arbeit mehr, wenn ich ihm vorrechne, was ich alles leiste, und er sie teurer bezahlen muss." Beim Vorgesetzten hingegen herrscht oft die Meinung vor „Ich bezahle den Mitarbeiter doch überdurchschnittlich, dann müsste er auch überdurchschnittlich motiviert sein."
Für die persönliche Anerkennung seiner Arbeit ist der Mitarbeiter (von sich aus) dazu bereit, mehr zu leisten, und er ist danach auch viel befriedigter, als wenn er für Mehrarbeit bezahlt würde.

## Wieso persönliche Anerkennung einen hohen Effekt hat

Anerkennung bedeutet, dass die Anstrengung und die Initiative, die ein Mitarbeiter einbringt, und die Erfolge, die daraus erwachsen, vom Arbeitgeber in Form von persönlicher Bestätigung oder Weiterentwicklung im Unternehmen honoriert werden. Dem Mitarbeiter Anerkennung zu zollen, ist auf verschiedenen — verbalen und nonverbalen — Wegen möglich, etwa:

- Durch ein kurzes Lob zwischendurch oder ein längeres Gespräch, in dem die gute Leistung ausdrücklich hervorgehoben wird,
- durch die Würdigung der Leistung des Einzelnen oder des gesamten Teams im Beisein von Dritten (z. B. eines Vertreters der nächst höheren Hierarchiestufe bei einer Konferenz),
- durch kurze anerkennende Gesten (z. B. ein bestätigendes Nicken, wenn der Mitarbeiter im Meeting einen guten Vorschlag eingebracht hat),
- indem er in Entscheidungen und ihre Umsetzung einbezogen wird,
- indem seine Meinung Gewicht erhält und er mehr Verantwortung übertragen bekommt,
- durch eine Beförderung oder durch die Teilnahme an einer begehrten Fortbildung etc.

In der Konsequenz binden solche Gesten einen Mitarbeiter viel nachhaltiger als permanentes (Über-)Motiviertwerden. Anerkennung bewirkt zwei Dinge im Mitarbeiter:

1. Sein Selbstwirksamkeitsempfinden steigt, d. h., er gewinnt die Überzeugung, selbst etwas bewirken zu können.
2. Aufgaben oder Situationen, die durch Kollegen und den Vorgesetzten positiv bewertet werden, erzeugen in der Konsequenz eine optimistische und selbstbewusste Einstellung gegenüber neuen Herausforderungen.

Erfolg und ehrliche Anerkennung wirken motivierend und tragen positiv zur eigenen Entwicklung bei.

## Regeln für das Lob

Die Verantwortung für die Anerkennung der Leistung des Mitarbeiters liegt vollständig beim Vorgesetzten. Auch wenn er womöglich keinen großen Einfluss auf deren Vergütung hat, obliegt es ihm ganz direkt, Lob und Wertschätzung auszudrücken. Das ist keine Folge der Unternehmenskultur oder des allgemeinen Klimas, sondern entspringt unmittelbar dem Umfeld, das die Führungskraft maßgeblich mitgestaltet.

Damit die Anerkennung ihre volle Wirkung entfalten kann, sollten bei ihrer Anwendung einige Regeln beachtet werden.

- Lob bezieht sich immer auf positiv wahrgenommenes Verhalten oder auf Leistung in ganz konkreten Situationen.
- Grundlage ist ein beobachtetes Verhalten.
- Das gelobte Verhalten darf nicht banal oder selbstverständlich sein, sonst drückt das Lob keine wirkliche Anerkennung aus. Außerdem nutzt es sich ab, wenn es inflationär gebraucht wird, weil es seine auszeichnende Wirkung verliert.
- Im Vordergrund stehen Eigenschaften und Stärken, die am Mitarbeiter geschätzt werden und die es weiter auszubauen gilt.

Übrigens ist Anerkennung nur glaubwürdig und zielführend im Zusammenspiel mit konstruktiver Kritik. Arbeitnehmer wissen, dass sie Fehler machen und dass diese Fehler auch wahrgenommen werden. Allerdings ist es für eine gute Fehlerkultur wichtig, dass sich Mitarbeiter dennoch trauen, neue Wege zu gehen, Fehler zu riskieren. Auch dürfen sie nicht gravierende Konsequenzen befürchten oder dass sie vor anderen als schlechtes Beispiel dargestellt werden (sogenanntes „Blame-Game" zu Deutsch „Bloßstellen"). Deshalb ist ein Chef, der ausschließlich lobt, unglaubwürdig und einer, der nur kritisiert, demotivierend. Anerkennung zeigt sich dadurch, dass sie die Arbeit und Leistung *an-erkennen*: das heißt, die Arbeit mit ihren guten und verbesserbaren Ausprägungen wahrnehmen und eine besonders gute Leistung und ein besonders gutes Vorgehen loben und bei Verbesserungsmöglichkeiten ein entsprechendes Feedback geben.

Wichtig ist aber: Die Anerkennung sollte in der Summe leicht überwiegen.

**TIPP: Aufstellen einer Lob- und Kritikbilanz**

**Erstellen Sie sich einfach mal eine Lob- und Kritikbilanz und schreiben Sie für ein paar Tage an jedem Ende eines Arbeitstages auf, wie oft Sie heute gelobt und wie oft Sie Kritik geübt haben.**
**Nach ein paar Tagen können Sie Bilanz ziehen.**
**Haben Sie ein zu hohes Kritikkonto? Dann schärfen Sie Ihren Blick für die herausragenden Leistungen, die die Personen um sie herum erbringen, und drücken Sie Ihre Anerkennung dafür aus.**
**Ist Ihr Lobkonto zu hoch? Da gehören Sie wohl zu den wenigen Ausnahmen. Dennoch sollten auch Sie Ihren Blick für die verbesserungswürdigen Dinge schärfen und hierzu konstruktives Feedback geben. Dann erhält auch Ihr Lob mehr Gewicht und wirkt anerkennend.**

Lob ist also ein wesentlicher Wegweiser, der dem Mitarbeiter zeigt, wie seine Leistung gesehen wird. Aber Anerkennung allein reicht nicht aus, um von einer qualitativ hoch entwickelten Feedbackkultur sprechen zu können. Praktisch jedes Gespräch, das eine Führungskraft mit ihrem Mitarbeiter oder Kollegen untereinander führen, enthält Feedback: Ritualisierte Mitarbeitergespräche, in denen eine offizielle Rückmeldung erfolgt, gehören ebenso dazu wie unvorbereitete Situationen, die dazu Gelegenheit geben. Gerade situatives Feedback empfinden Mitarbeiter als besonders authentisch — weil es spontan und unvorbereitet geschieht. Auch Kritik, die wohlwollend, konkret, lösungsorientiert und verhaltensbezogen geäußert wird, kann die Loyalität des Mitarbeiters stärken.

## Regeln für das Feedback

Sie sollten die folgenden Feedbackregeln beachten, damit Ihre Rückmeldungen motivierend, authentisch und konstruktiv vom Mitarbeiter angenommen werden. Das gilt sowohl für alle spontanen Situationen als auch für ritualisierte Gesprächsanlässe wie z. B. Beurteilungssysteme, Zielvereinbarungen, Mitarbeitergespräche:

- Beschreiben Sie Ihre persönliche Sichtweise und machen Sie deutlich, dass Sie Ihre Wahrnehmung einer oder mehrerer beobachteter Situationen ist und keine unumstößliche Tatsache.
- Werten Sie nicht die Person, sondern das Verhalten in konkreten Situationen.
- Beziehen Sie sich auf konkrete Situationen, in denen Sie das Verhalten beobachtet haben und beschreiben Sie diese Situation zur besseren Nachvollziehbarkeit für den Feedbacknehmer.
- Vermeiden Sie Verallgemeinerungen (keine Wortwahl wie „man“, „manchmal“, „es kann vorkommen, dass“).
- Sprechen Sie in einem partnerschaftlichen Ton und verhalten Sie sich wertschätzend.
- Artikulieren Sie Wünsche, Informationen und Kritik als Ich-Botschaften und argumentieren Sie aus Ihrer eigenen Perspektive heraus.
- Geben Sie keine Lösungen vor, sondern regen Sie dazu an, dass der Feedbacknehmer eigene Lösungen vorschlägt
- Fragen Sie sich bei allem, was Sie sagen, was Ihnen selbst in dieser Art und Weise helfen würde.
- Bedanken Sie sich für die Möglichkeit, Feedback geben zu dürfen, und beenden Sie Ihr Feedback in jedem Falle positiv und wertschätzend.

## Spontane Rückmeldung nutzen

Situatives Feedback in der täglichen Interaktion ist gerade in Veränderungsprozessen ein wesentliches Instrument, um Motivation zu ermöglichen. Hier kann ganz gezielt auf das Verhalten und die Leistung des Mitarbeiters in der konkreten Situation eingegangen und positives wie auch kritisches Feedback differenziert gegeben werden. Gerade diese situative, spontane Rückmeldung erzielt eine hohe Motivation, weil ein eben gezeigtes Verhalten oder eine konkrete Leistung direkt verstärkt oder aber gleich korrigiert werden kann. Der Mitarbeiter merkt so, dass seine Arbeit und seine Leistung anerkannt werden, und er wird mit hoher Motivation daran arbeiten, neue Verhaltensweisen, Prozesse und Verfahren umzusetzen.

**FRAGEN zur Reflexion: Anerkennung zollen und Wertschätzung vermitteln**

Begegnen Sie Menschen immer zunächst freundlich und offen?
Versuchen Sie insbesondere in Konfliktsituationen immer zunächst die Sichtweise der beteiligten Parteien zu eruieren und ihre Beweggründe zu verstehen?
Behandeln Sie alle Personen, egal welchen Status sie haben, zunächst einmal mit (dem gleichen) Respekt?
Wann ist Ihnen zuletzt bei einem Mitarbeiter ein Verhalten aufgefallen, das anerkennungswürdig war? Wie haben Sie darauf reagiert?
Welche Form der Anerkennung haben Sie dafür gewählt?
Welche anderen Formen der Anerkennung hätten Sie noch wählen können?
Gibt es Situationen, in denen Sie Leistungen besonders gern würdigen?
Haben Sie feststellen können, dass Sie in bestimmten Situationen ungern Anerkennung aussprechen (z. B. vor Dritten im Meeting)?
Stehen bei Ihnen anerkennendes und kritisches Feedback, das Sie an Mitarbeiter weitergeben, in einem angemessenen Verhältnis?
Geben Sie immer zeitnahes Feedback?
Vermitteln Sie auch in Stress- und Konfliktsituationen durchgehend eine wertschätzende Grundhaltung?
Äußert sich bei Ihnen Anerkennung eher verbal oder nutzen Sie vermehrt andere Formen der Anerkennung (Statussymbole, Incentives etc.)?

## Die Arbeit selbst (interessante Aufgaben, Inhalt)

Hat ein Mitarbeiter einen interessanten Job mit interessanten Aufgaben, die seinen persönlichen Bedürfnissen entsprechen, ist er sehr motiviert. Ist die Arbeit darüber hinaus noch fordernd, aber nicht überfordernd und hat der Mitarbeiter die richtigen Fertigkeiten und Fähigkeiten, um den Job gut auszuführen, wächst die Motivation weiter.

Leider sieht die Realität in den Unternehmen anders aus. Laut der OECD-Studie „Better Skills, Better Jobs, Better Lifes – A Strategic Approach to Skills Policies" fühlt sich in Deutschland jeder Vierte bei seiner Arbeit unterfordert, in der Schweiz sogar jeder Dritte. In anderen Ländern wie Großbritannien, Spanien, Schweden und den Niederlanden fällt das Resümee sogar noch schlechter aus.[8]

Wie die folgende Abbildung zeigt, ist es für die Motivation wichtig, dass eine Aufgabe herausfordernd, aber nicht überfordernd ist.

[8] Siehe Meinert, S.: Wenn der Job unterfordert, in: Financial Times Deutschland vom 13.06.2012.

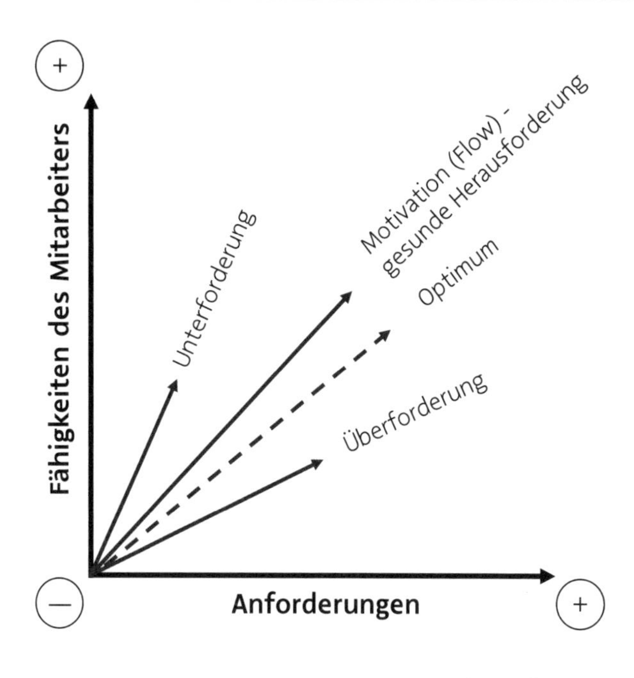


Abb. 29: Herausfordernde Arbeit

Eine Aufgabe muss den Fähigkeiten des Mitarbeiters entsprechen und ihn immer leicht fordern, sodass er seine Fähigkeiten ausbauen kann. Ist das gewährleistet kommt es zum sogenannten Flow-Erlebnis: Man verspürt in diesem Zustand eine starke Motivation und ein Glücksgefühl. Man „brennt" regelrecht für die Aufgabe und ist mit Freude dabei. Flow beschreibt dabei das Gefühl, von einer Welle getragen und mit hoher Geschwindigkeit, aber ohne selbst viel Kraft aufzubringen, vorwärts getragen zu werden. Auch wenn man die Anstrengung in diesem Zustand nicht spürt, ist sie natürlich vorhanden, aber aufgrund des Glücksgefühls nehmen wir die Anstrengung an sich nicht wahr, sondern nur, dass uns dieser Zustand beflügelt und weiter nach vorne bringt.

Dieser Zustand hält jedoch nur so lange an, wie man nicht in eine leichte Unterforderung oder aber Überforderung abdriftet. Ab einem bestimmten Punkt (in der Abbildung mit „Optimum" bezeichnet) ist die Forderung zu stark und man fühlt sich überfordert. Plötzlich verspürt man Stress, das wohlige Gefühl des Flows und die mit ihm verbundene Motivation verschwinden schlagartig. Fühlt man sich im Gegensatz dazu unterfordert, ist man ebenfalls unzufrieden.

Es lässt sich also feststellen, dass der Mensch immer bestrebt ist, ein wenig mehr zu leisten, als er bereits kann.

Für das Management von Unternehmen im Wandel ist es deshalb wichtig, gute Instrumente zu haben, die Auskunft darüber geben, ob die Mitarbeiter richtig gefordert sind, ohne überfordert zu werden. Schafft man es, Anforderungen und Fähigkeiten in einem guten Verhältnis zu halten, sodass es zum Flow kommt, kann der Veränderungsprozess beschleunigt werden, weil die Motivation der Mitarbeiter den Prozess wie auf einer Welle vorantreibt.

Voraussetzung hierfür ist, dass die Mitarbeiter die entsprechenden Fähigkeiten haben, um den möglicherweise geänderten Anforderungen in ihrer täglichen Arbeit gerecht werden zu können. Ein Erfolgsfaktor in der Planung und Umsetzung von Veränderungsprozessen ist deshalb die gründliche Analyse des sich ergebenden Weiterbildungsbedarfs, sodass die Mitarbeiter „just in time" über die Fähigkeiten verfügen, die sie zur optimalen Erfüllung ihrer Aufgaben benötigen. Da in der Praxis auch während des laufenden Prozesses immer wieder Anpassungen notwendig sind, muss in wiederkehrenden Abständen geprüft werden, ob der zuvor analysierte Weiterbildungsbedarf noch immer den aktuellen Erfordernissen entspricht. Hier muss im Bedarfsfall noch einmal nachjustiert werden. Der Personalbereich eines Unternehmens muss deshalb von Anfang an an der Planung und Umsetzung des Change-Prozesses beteiligt sein. Nur so kann sichergestellt werden, dass der benötigte Weiterbildungsbedarf und die Zeit, die dafür benötigt wird, exakt auf die Umsetzung angepasst sind.

**TIPP: Den Flow als Beschleuniger nutzen**

Nutzen Sie den Flow-Effekt als Beschleuniger im Veränderungsprozess. Erfolgsfaktoren hierfür sind:

- Eine aktive Beteiligung des Personalbereichs in die Analyse, Planung und Umsetzung des Change-Projekts,
- eine Analyse des sich ergebenden Weiterbildungsbedarfs,
- eine Planung und Abstimmung des Prozesses in Bezug auf den Weiterbildungsbedarf und seine Umsetzung zum Zeitpunkt der Implementierung der neuen Prozesse und der angepassten Aufgaben,
- Follow-up Checks: Untersuchungen, ob die Analyse und Planung noch den aktuellen Erfordernissen entspricht und entsprechende Anpassungen im Bedarfsfall.

## Verantwortung

Dass die Übernahme von Verantwortung ein wesentlicher Faktor ist, um Motivation zu erzeugen, mag so manchen zunächst irritieren. Ist es denn nicht so, dass Verantwortung auch erdrücken kann? Hört man nicht immer wieder von sogenannten Managerkrankheiten und gehen diese nicht mit der Verantwortungsübernahme einher?

Natürlich kann Verantwortung überfordernd wirken, wenn Mitarbeitern mehr Verantwortung übertragen wird, als sie zu tragen bereit sind, weil sie der Meinung sind, dieser Verantwortung nicht gerecht werden zu können. Man kann sich hierfür ein ähnliches Schema vorstellen, wie wir es gerade bei der Motivation durch herausfordernde Arbeit kennengelernt haben.

Grundsätzlich ist es aber tatsächlich so, dass wir besonders motiviert sind, etwas zu tun, wenn wir das Gefühl haben, etwas beeinflussen zu können. Hat man als Mitarbeiter hingegen das Gefühl, dass man kaum einen oder gar keinen Einfluss hat, kommt ein Gefühl der Ohnmacht auf. Dieses Ohnmachtsgefühl erzeugt letztlich mehr Stress als wenn man (zu) viel Verantwortung aufgebürdet bekommt.

**BEISPIEL: Je höher die Verantwortung, desto niedriger der Stress**

**Zwei Studien von Sherman et al.[9] kommen zu dem Ergebnis, dass Manager weniger Stress empfinden, je höher die hierarchische Position ist, die sie inne haben. Das gilt sowohl für den subjektiv empfundenen Stress als auch für den tatsächlich gemessenen Stresspegel (Cortisolspiegel im Blut).**
**Das Forscherteam führt das Ergebnis darauf zurück, dass man scheinbar weniger Stress empfindet, je mehr Kontrolle man selbst ausüben kann, oder anders gesagt, je mehr Verantwortung man trägt.**

Erklären lässt sich das mit dem Konzept des Psychologen Albert Bandura, der in den 1970er Jahren das Prinzip der Selbstwirksamkeitserwartung entwickelte. Selbstwirksamkeit meint dabei, dass wir besonders motiviert sind, etwas zu tun, wenn wir davon überzeugt sind, dass wir das Ergebnis auch selbst beeinflussen können.

Auch das Prinzip der Kontrollüberzeugung, das von Rotter 1966 eingeführt wurde, geht in die gleiche Richtung: Rotter ging davon aus, dass es für ein Individuum ganz erheblich sei, ob ein bestimmtes Ergebnis vom Individuum als durch es selbst beeinflussbar (internal) oder als durch äußere Bedingungen beeinflusst (external) angesehen wird. Interessanterweise ist es für die Motivation des Individuums

9 Siehe Lehnen-Beyel, I.: Manager sind weniger gestresst als ihre Angestellten, in: Hamburger Abendblatt vom 24.09.2012.

letztlich egal, ob das Ergebnis tatsächlich beeinflussbar ist, wichtig ist nur, dass die Person *glaubt*, das Ergebnis beeinflussen zu können.

Der Unterschied der beiden Ansätze ist letztlich nicht groß:

- Die Selbstwirksamkeitserwartung besagt, dass eine Person davon ausgeht, dass sie ein Ergebnis als **Subjekt direkt persönlich** beeinflussen kann.
- Das Konzept der Kontrollüberzeugung hingegen besagt, dass die Person annimmt, dass sie in irgendeiner Art und Weise Einfluss auf das Ergebnis nehmen kann (direkt selbst oder indirekt, indem sie andere beauftragt, es zu tun, oder indem sie die Rahmenbedingungen so ändert, dass das Ergebnis beeinflusst wird).

Im Kern geht es aber um das Gleiche: Haben wir das Gefühl, etwas bewirken zu können, engagieren wir uns. Haben wir dieses Gefühl nicht, setzen wir uns auch nicht ein.

Wenn wir also davon ausgehen, dass die Übertragung von Verantwortung motiviert, dann ist es eigentlich etwas anderes, das die Motivation auslöst, nämlich das Gefühl selbst Einfluss nehmen zu können, um beispielsweise ein gutes Ergebnis zu erzielen, was dann direkt doppelt motivierend wirken würde.

Wenn wir die Entscheidung treffen, uns zu engagieren oder nicht, gehen wir nach einem einfachen Ablauf, wie er in der nächsten Abbildung dargestellt ist, vor:

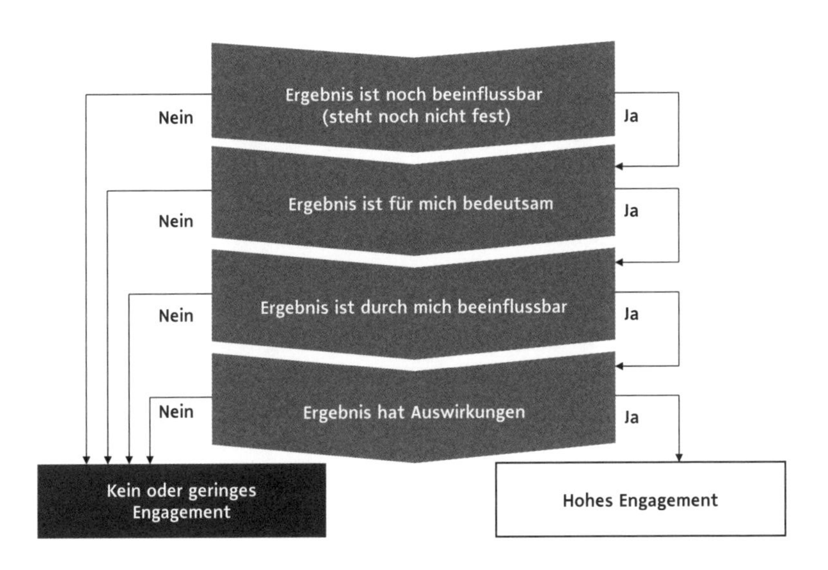


Abb. 30: Engagement-Entscheidungsprozess

Das Beispiel eines Entscheidungsvorgangs zeigt, dass im Rahmen des Managements von Change-Projekten einige Erfolgsfaktoren zu beachten sind, die wesentlich dazu beitragen, dass Veränderungen mit hohem Energieeinsatz umgesetzt werden.

Erfolgsfaktoren sind insbesondere, dass die Mitarbeiter aktiv in den Veränderungsprozess involviert werden. Entsprechend der Konzepte der Selbstwirksamkeit bzw. der Kontrollüberzeugung sollten die Mitarbeiter dabei nicht nur Aufgaben übertragen bekommen, sondern Verantwortung im Sinne eines Entscheidungsspielraums. Insbesondere sollte sich dieser Entscheidungsspielraum auf all jene Faktoren erstrecken, die die Mitarbeiter in ihrer persönlichen Arbeit betreffen und wesentlich dazu beitragen, dass sie ihre Arbeit in Zukunft noch erfolgreicher ausführen können.

**BEISPIEL: Fehlende Selbstwirksamkeit in Veränderungsprojekten**

Burkhart K. arbeitet im Vertrieb eines Unternehmens, das vor einem groß angelegten Veränderungsprozess steht. Der Kunde soll durch eine neue Software die Möglichkeit bekommen, bis zu festgelegten Zeitpunkten im Produktionsprozess selbst großen Einfluss auf die zu bestellenden Produkte zu nehmen. Über eine Internetseite soll der Kunde den Weg seiner Bestellungen verfolgen können und sehen, bis wann er noch Anpassungen vornehmen kann.
Mehr Informationen hat Burkhart K. noch nicht erhalten. „Mal wieder ein am Reißbrett geplantes Projekt", sagt Burkhart K. zu einem Kollegen, der ergänzt: „Ja, und wir dürfen es dann wieder ausbaden. Würde mich mal interessieren, wie das funktionieren soll, wo wir so viele Stammkunden haben, die nach wie vor alle Bestellungen über Fax schicken und sich weigern, allein schon über E-Mail zu bestellen – als wenn die jetzt übers Internet gehen würden." Burkhart K. erwidert: „Ja, keine Ahnung wie das gehen soll. Aber da haben wir sowieso keinen Einfluss mehr drauf, das ist alles schon in Stein gemeißelt, wie ich gehört habe." „Na prima", entgegnet sein Kollege, „aber ich werde sicherlich nicht wieder Überstunden schieben, um die Kuh vom Eis zu holen. Sollen die doch sehen, wie weit sie mit solchen Konzepten kommen." Burkhart K. stimmt zu: „Ja, da hast du Recht. Ich werde auch nicht das Eisen für die aus dem Feuer holen. Hätten uns ja mal vorher fragen können. Aber uns wird das hinterher sowieso wieder angelastet, wenn dann die Zahlen nicht so sind, wie sie sein sollen."

Wie anhand des Beispiels deutlich wird, unterstützen Mitarbeiter keine Veränderungsprojekte tatkräftig, auf die sie nicht selbst Einfluss nehmen konnten, insbesondere, wenn sich das Ergebnis später auf ihre Leistung niederschlägt.

**TIPP: Verantwortung übertragen für eine engagierte Umsetzung**

Beteiligen Sie die Mitarbeiter an Entscheidungen, die einen maßgeblichen Einfluss auf ihre tägliche Arbeit und ihre Leistung haben. Mitarbeiterbeteiligung heißt dabei, dass Sie den Mitarbeitern keine ausführenden Aufgaben übertragen, sondern Verantwortung im Sinne eines Entscheidungsspielraums. Nutzen Sie die Expertise Ihrer Mitarbeiter und geben Sie ihnen die Möglichkeit, Konzepte zu überprüfen und an ihre Erfordernisse anzupassen. Hierbei muss natürlich sichergestellt werden, dass die Mitarbeiter zunächst auch verstanden haben, wie die neue Strategie aussieht und warum sie notwendig ist, um langfristig erfolgreich sein zu können. Nur dann kann auch sichergestellt werden, dass die Mitarbeiter ihrer Verantwortung gerecht werden können.
Stellen Sie das jedoch sicher, haben Sie Mitarbeiter, die die neue Strategie tatkräftig, überzeugt und unter hohem Energieeinsatz vorantreiben.

Vertrauen Sie darauf, dass Ihre Mitarbeiter insbesondere in der heute immer komplexer werdenden Welt, die von Ihnen angestoßenen und vorgedachten Lösungen selbst am besten weiterdenken und zu einem erfolgversprechenden Ergebnis hin entwickeln können. In einer immer komplexer werdenden Welt mit sich immer schneller ergebenden neuen Anforderungen können reine Top-down-Ansätze von Veränderungsprojekten nicht mehr überzeugen. Sie sind zu langsam und die Schwarmintelligenz bleibt ungenutzt. Wenn alle die neue Strategie kennen und auf ein Ziel hinarbeiten, ist es am effektivsten Ihren Mitarbeitern sehr viel mehr Verantwortung in Veränderungsprozessen zu übertragen, als das in klassischen Change-Projekten der Fall ist. Geeignet ist eine Mischung aus einem Top-down-Ansatz mit dem Multi-Core-Ansatz (vgl. auch Kapitel „Grundlegende Begriffe des Change Managements“). Es ist sinnvoll, Veränderungsprojekte top-down zu initiieren, zu planen und in wesentlichen Aspekten auch zu steuern. Ab einem bestimmten Zeitpunkt sollte dann allerdings der Multi-Core-Ansatz integriert werden.

Beim Multi-Core-Ansatz werden Veränderungen an einigen Stellen auf verschiedenen Ebenen zugleich initiiert, die sich auf benachbarte Bereiche auswirken und diese Bereiche sozusagen infizieren. So erfasst Empowerment nach und nach die gesamte Organisation.

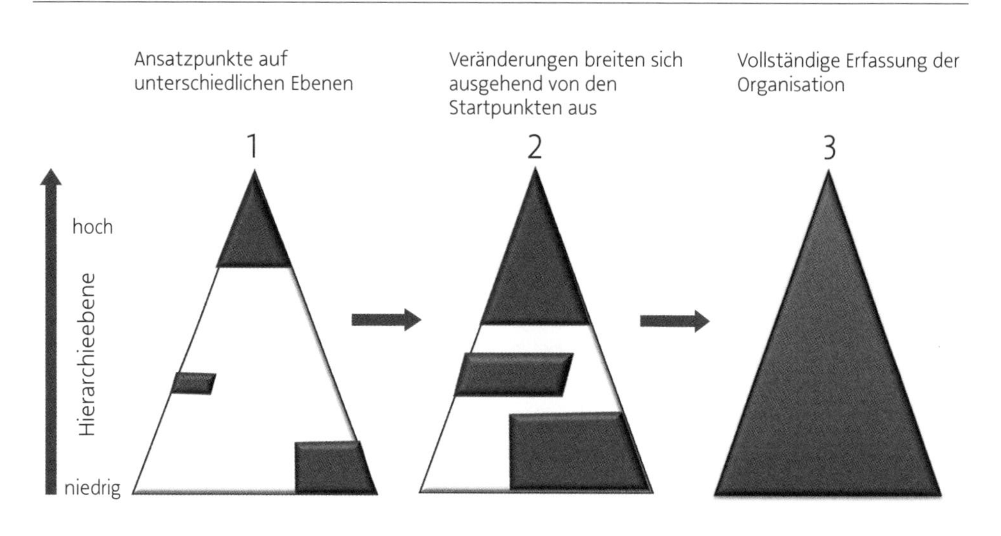


**Abb. 31: Der Multi-Core-Ansatz zur Organisationsentwicklung**

## Angemessene Karriere- und Entwicklungsmöglichkeiten

Wie wir gesehen haben, strebt der Mensch immer nach ein wenig mehr als er hat oder bereits kann. Weiterentwicklung und Aufstieg im Sinne von höherem Status und mehr Übernahme von Verantwortung sind weitere Motivatoren, die letztlich im Motivator der angemessenen Karriere- und Entwicklungsmöglichkeiten münden.

Karrieremodelle beschreiben spezifisch, welchen Verlauf die Entwicklung von Mitarbeitern in einem Unternehmen nehmen kann, und zwar sowohl in hierarchischer Hinsicht als auch im Sinne der Kompetenzentwicklung. Sie beschreiben Entscheidungsoptionen und enthalten eine beiderseitige Verpflichtung, als Unternehmen und Mitarbeiter einen längeren Weg gemeinsam zu gehen.

Mitarbeiter haben in verschiedenen Karriereabschnitten unterschiedliche Erwartungen und Bedürfnisse, die es zu berücksichtigen gilt. Karriere ist heute nicht mehr gleichzusetzen mit hierarchischem Aufstieg. Zum einen stellen Mitarbeiter höhere Ansprüche an die fachliche Entfaltung, an Gestaltungsmöglichkeiten und Verantwortungsübernahme als an den Status, der sich lediglich aus der Besetzung eines bestimmten Kästchens in einem Organigramm ableitet. Andererseits bestehen in den Unternehmen immer weniger hierarchiegestufte Aufstiegsmöglichkeiten, schließlich werden zunehmend flache Hierarchien eingeführt.

Für Berufseinsteiger bedeutet Karriere denn auch mehr eine kontinuierliche Übernahme von Verantwortung für größere und komplexere Projekte verbunden mit mehr fachlichem und inhaltlichem Einfluss. Zukunftsfähige Karrieremodelle sollten diesem Umstand ebenso Rechnung tragen wie der realistischen Einschätzung, dass die Verschlankung der Organisation zu immer weniger hierarchischen Führungspositionen im klassischen Sinne führen wird.

- Mitarbeiter am Anfang ihrer Karriere
  Am Beginn der persönlichen beruflichen Laufbahn stehen eher Bedürfnisse wie Entwicklung und Entfaltung, persönlicher Zugewinn und Anerkennung in verschiedener Form (z. B. durch Bezahlung, persönliche Anerkennung und Statussymbole) im Mittelpunkt des Interesses. Die jüngeren Mitarbeiter machen sich nur wenig Sorge über die Sicherheit ihrer Zukunft. Auch die organisatorische Einbindung durch hierarchischen Status und fachliche Autonomie ist für sie noch relativ unbedeutend.
- Mitarbeiter der Karrieremitte
  In der Karrieremitte wächst zum einen häufig der Wunsch nach Veränderung, der Mitarbeiter ist ja bereits eine Weile in ein und demselben Unternehmen tätig. Zum anderen gewinnt zugleich auch die Sicherung der eigenen Zukunft an Gewicht. Wer eine gewisse Wegstrecke im Berufsleben hinter sich gebracht hat, der hat weniger Zeit, um noch Karriere zu machen. Manch einem wird in der Mitte des Berufslebens bewusst, dass die verbliebenen Möglichkeiten begrenzt sind.
  Andere Lebensbereiche, z. B. die Familie oder die Freizeitgestaltung zum eigenen Wohlergehen, rücken in den Vordergrund. Die Mitarbeiter haben zu diesem Zeitpunkt ein recht deutliches Bild von den eigenen Stärken und Schwächen entwickelt und suchen nun nach Aufgaben, die ihrem Profil entsprechen. Dagegen ist der Wille, sich noch einmal weitgehend zu ändern, gering — auch aus der Einsicht heraus, dass bestimmte Persönlichkeitseigenschaften im Laufe der Zeit immer weniger modifiziert werden können.

## 5.3 Irrtum Nr. 3: Man kann alles erreichen, wenn man nur will

Bezogen auf den Erfolg im Leben wird immer wieder betont, dass man alles erreichen kann, wenn man nur will. Diese Sichtweise greift jedoch zu kurz. Der reine Wille, etwas erreichen zu wollen, versetzt Berge nur im Sprichwort. Sicher ist er ein wesentlicher Aspekt, der zu mehr Leistung führt, dennoch ist für Erfolg mehr notwendig als nur der reine Leistungswille.

Damit man erfolgreich sein kann, muss zum grundsätzlichen Leistungswillen auch die Leistungsfähigkeit und die Leistungsmöglichkeit (im Sinne von Rahmenbedingungen, die Leistung erst ermöglichen) hinzukommen. Nur so kann Leistung entstehen. Reinhard K. Sprenger hat diese drei Komponenten eingängig als „Wollen", „Können" und „Dürfen" bezeichnet.

Bezogen auf den zu erzielenden Erfolg muss im Rahmen von Change-Projekten noch eine vierte Komponente hinzutreten, die des Leistungsverständnisses.

Die folgende Abbildung veranschaulicht den Zusammenhang:

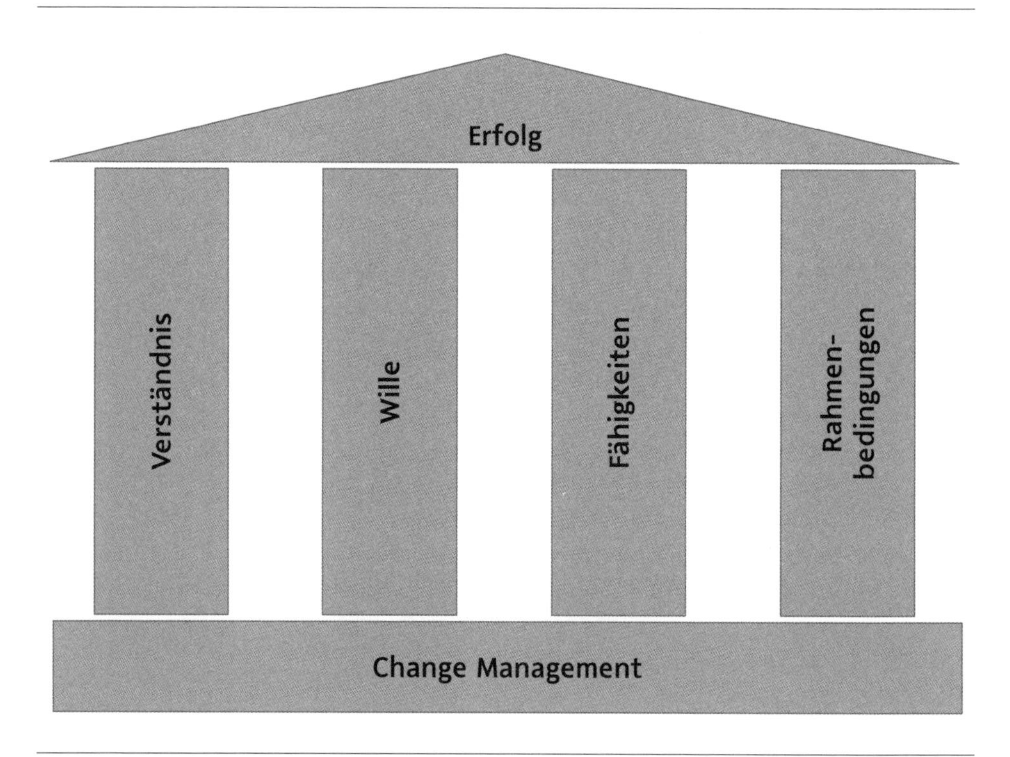


Abb. 32: Die vier Grundpfeiler des Erfolgs

## Verständnis

Der erste Grundpfeiler des Erfolgs ist — insbesondere in Veränderungsprozessen — das Verständnis dafür, was zu tun ist und warum die Notwendigkeit besteht, es zu tun. Nur wer versteht, wo die Reise hingeht und was bewirkt werden soll, versteht auch, worauf man seine Energie konzentrieren sollte. Nichts ist schlimmer, als Energie, die am Ziel vorbeischießt. In diesem Zusammenhang wird auch immer wieder von der „unguided missile" gesprochen, was symbolisch ausdrückt, wie zerstörerisch orientierungsloser Aktionismus sein kann.

### Wille

Leistungswille steckt in jedem von uns. Wie bereits beschrieben wurde, nehmen verschiedene Aspekte Einfluss darauf, wie motiviert man an der Umsetzung eines Ergebnisses arbeitet. Insbesondere im Berufsleben kommt es darauf an, dass die Arbeit herausfordert, aber nicht überfordert und dass man das Ergebnis selbst beeinflussen kann.

### Fähigkeit

Man benötigt auch die richtigen Fähigkeiten, um bestimmte Ziele erreichen zu können. Wer eine gute Führungskraft sein will, benötigt Führungs-, Sozial- und Methodenkompetenzen. Für Fachaufgaben wird fachspezifisches Wissen benötigt, das man zunächst erwerben muss, um beispielsweise als Ingenieur erfolgreich Produkte entwickeln zu können. Manchmal benötigt man, um erfolgreich sein zu können, auch ein bestimmtes Talent. Um als Sportler bei Olympia teilnehmen und dort auch erfolgreich sein zu können, bedarf es mehr als nur den reinen Willen und das Wissen, was man erreichen möchte. Die meisten von uns können zeitlebens trainieren, ohne jemals die erforderlichen Fähigkeiten zu erwerben, die notwendig sind, um an den Olympischen Spielen teilnehmen zu können.

Fähigkeiten sind also nur zum Teil trainier- und entwickelbar.

### Möglichkeit

Erfolg ist aber nur möglich, wenn auch die vierte Säule des Erfolgs vorhanden ist: die Möglichkeit, Ziele aufgrund der Gegebenheiten und Rahmenbedingungen überhaupt erreichen zu können.

Hochbegabte, Personen also, die aufgrund ihrer herausragenden intellektuellen Fähigkeiten, meistens einhergehend mit hoher sozialer Intelligenz und hoher Eigenmotivation, sehr erfolgreich sein müssten, sind es oft nicht. Sie scheitern oft schon während ihrer Schullaufbahn und Ausbildung und später auch während ihrer Karriere oder bleiben weit hinter ihrem eigentlichen Erfolgspotenzial zurück, weil die Rahmenbedingungen nicht zulassen, dass sie sich entsprechend ihres Potenzials entwickeln und einbringen können.

**BEISPIEL: Spitzenleistungen ermöglichen**

Spitzenleistungen sind erst möglich, wenn alle vier Grundbedingungen für den Erfolg erfüllt sind.
Ein weltbekannter Violinenkünstler wird man nur, wenn man weiß, was zum Erfolg führt. Schon als kleines Kind begreift eine solche Person, dass nur viel Übung sie an ihr Ziel bringen kann. Sie versteht, dass sie auf ihre Finger aufpassen muss und verzichtet deshalb auf gefährliche Sportarten wie z. B. darauf, in der Freizeit Skateboard zu fahren. Sie versteht auch, dass sie ein gutes Gehör braucht, um auch kleinste Nuancen hören zu können, und verzichtet als Jugendlicher auf Discobesuche und den Besuch von Rockkonzerten ohne Hörschutz.
Natürlich muss eine solche Person über eine sehr hohe Willenskraft verfügen. Denn während andere Kinder draußen spielen und sich mit Freunden treffen, spielt sie über Jahre jeden Tag einige Stunden Violine. Viele Partys wird diese Person verpassen oder bewusst nicht besuchen, weil am nächsten Tag Konzerte und weitere Übungen anstehen. Dieses Pensum muss die Person auch als Jugendlicher und Erwachsener durchhalten und noch intensivieren. Dafür benötigt sie eine hohe persönliche Motivation und den Willen, ein weltbekannter Violinenspieler zu werden.
Dennoch wird diese Person niemals Weltruhm erlangen, wenn sie nicht auch über bestimmte Fähigkeiten und Talente verfügt. Sie verfügt schon von klein auf über hohe musikalische Fähigkeiten, ein exzellentes Gehör und eine ausgeprägt gute Feinmotorik. Diese Fähigkeiten muss die Person in den folgenden Jahren noch weiter verfeinern und durch tägliches Üben professionalisieren.
Doch auch die Rahmenbedingungen, die Erfolg ermöglichen, müssen gegeben sein, damit diese Person später zu Weltruhm gelangen kann: Sie muss Eltern haben, die die Fähigkeiten ihres Kindes schon früh entdecken und fördern. Die Eltern müssen dem Kind das entsprechende Equipment zur Verfügung stellen — passende Violinen und die zu den Fähigkeiten und Fertigkeiten passenden Lehrer. Sie müssen ihr Kind zu zahlreichen Konzerten und Wettbewerben fahren. Die Person muss einen Ausbildungsplatz an einem renommierten Ausbildungsinstitut erlangen, den richtigen Manager aussuchen und die richtigen Kontakte pflegen, um später auch Auftritte zu bekommen und Geld in diesem Bereich verdienen zu können.

Damit Change-Projekte erfolgreich verlaufen, müssen die vier Grundpfeiler für den Erfolg entsprechend berücksichtigt werden.

**TIPP: Vier Grundpfeiler für den Erfolg in Veränderungsprozessen**

**Verständnis**

Damit die Mitarbeiter in Veränderungsprozessen die neue Strategie auch tatsächlich richtig umsetzen können und wollen, müssen sie zunächst verstehen,

- warum eine Veränderung notwendig ist,
- was die neue Strategie genau beinhaltet und auf welches Ziel (Vision) hingearbeitet werden soll,
- was die Neuerung konkret für sie persönlich und ihre tägliche Arbeit bedeutet und
- wie sie selbst dazu beitragen können, dass die neue Strategie funktioniert.

**Wille**

Als Unternehmen können Sie viel dazu beitragen, dass die Mitarbeiter die neue Strategie auch mit viel Engagement umsetzen wollen.

- Stellen Sie sicher, dass Ihre Mitarbeiter die Veränderung auch emotional als notwendig akzeptieren (zu den Voraussetzungen hierfür s. Verständnis) und unterstützen.
- Stellen Sie sicher, dass die Grundbedürfnisse (Hygienefaktoren) gegeben sind, um eine Verlangsamung des Prozesses zu vermeiden (s. Kapitel „Zwei-Faktoren-Theorie nach Herzberg")
- und die Motivatoren bestmöglich erfüllt werden, damit sie die Motivation der Mitarbeiter als „Beschleuniger" positiv beeinflussen können (s. Kapitel „Bedeutung für den Veränderungsprozess").

**Fähigkeiten**

Stellen Sie sicher, dass Ihre Mitarbeiter zur richtigen Zeit über die notwendigen Fähigkeiten verfügen, indem Sie

- den Weiterbildungsbedarf analysieren und ständig an die wechselnden Erfordernisse anpassen,
- Ihre Mitarbeiter so schulen, dass sie über die notwendigen Kompetenzen verfügen, um den neuen Anforderungen bestmöglich gerecht werden zu können.

**Möglichkeiten**

Auch die Rahmenbedingungen für die Veränderungen sollten geschaffen werden:

- Arbeitsmittel und Arbeitsplätze sollten den Erfordernissen entsprechen,
- Prozesse sollten entsprechend angepasst werden,
- unterstützende Personalinstrumente sollten an die neuen Erfordernisse angepasst werden und die Veränderung sinnvoll unterstützen.

# 6 Psychologisches Change Management

Im letzten Kapitel haben wir betrachtet, was Motivation eigentlich ist und wie man die Mitarbeitermotivation beeinflussen kann. Wir haben auch gesehen, dass es neben den Faktoren, die die Motivation beeinflussen, noch mehr Grundpfeiler gibt, die vorhanden sein müssen, damit Mitarbeiter Veränderungen nicht nur motiviert, sondern auch erfolgreich mittragen und umsetzen. Diese Faktoren werden wir nun vertiefen: In diesem Kapitel geht es um weitere psychologische Faktoren, die Change-Projekte beeinflussen.

Wir werden insbesondere betrachten, welche klassischen Irrtümer und Wahrheiten bezüglich des Change Managements existieren, und Erfolgsfaktoren ableiten. Diese Betrachtung soll zum einen helfen, zu verstehen, warum Veränderungsprozesse manchmal stocken, nicht so zügig wie geplant ablaufen oder sogar scheitern. Zum anderen möchten wir Ihnen helfen, klassische Fehler zu vermeiden.

Danach werden wir noch einen Schritt weiter gehen, indem wir Ihnen psychologische Erkenntnisse vorstellen und darstellen, welche Möglichkeiten sie für eine Optimierung des Managements von Veränderungsprozessen bieten.

## 6.1 Irrtümer und Wahrheiten über Change Management

In unserer täglichen Praxis in der Umsetzung von Veränderungsprojekten treffen wir immer wieder auf die gleichen Irrtümer über Change Management. Diese Irrtümer sind zumeist dem Umstand geschuldet, dass die weichen Faktoren, die einen wesentlichen Einfluss nehmen, den Verantwortlichen nicht bekannt sind. Wie wir in Kapitel „Warum Strategen oft keine guten Change Manager sind" besprochen haben, sind die Verantwortlichen in Change-Prozessen meist sehr rational veranlagte Persönlichkeiten.

In diesem Kapitel werden wir deshalb insbesondere psychologische Einflussfaktoren betrachten und erläutern wie man sie optimal berücksichtigt.

### 6.1.1 Irrtum Nr. 1: Die Fakten sprechen für sich – und motivieren Mitarbeiter für die Veränderung

Wie wir in Kapitel „Keine Veränderung über Nacht: Die emotionalen Phasen des Change" bereits erläutert haben, ist es richtig, dass der Mensch stets danach strebt, sich weiterzuentwickeln und zu verbessern. Im Kern jedoch versucht er Bewährtes solange beizubehalten, wie es zum Erfolg führt. Der Mensch ändert sich erst, wenn er zu der Überzeugung gelangt, dass sich die Veränderung auch lohnt. Doch genau hier ist der Knackpunkt: Der Mensch handelt nicht einfach rational. Natürlich müssen die Fakten überzeugend für eine Veränderung sprechen, damit er sich ändert, aber bevor sich der Mensch rational mit den Fakten auseinandersetzen und sie akzeptieren kann, durchläuft er verschiedene Phasen (vgl. Kapitel „Warum Strategen oft keine guten Change Manager sind"), die zunächst sehr emotional beeinflusst sind.

Zur Erinnerung an den typischen Ablauf eines Veränderungsprozesses fasst die folgende Abbildung noch einmal die verschiedenen Phasen zusammen:

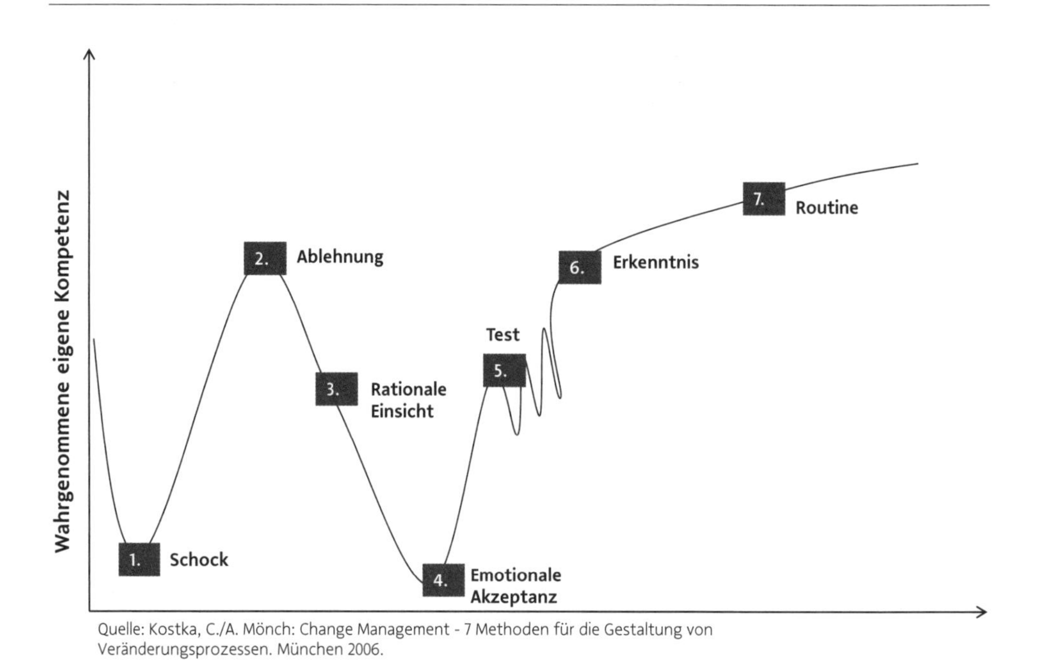


Abb. 33: Phasen in Veränderungsprozessen

Wie wir sehen werden, ist es ein Irrtum, zu glauben, man müsse die Mitarbeiter in den ersten vier Phasen eines Veränderungsprozesses nur mit den notwendigen Fakten versorgen, damit sie die Veränderung sowohl rational als auch emotional akzeptieren. Will man erreichen, dass die Mitarbeiter die Veränderung möglichst schnell akzeptieren und motiviert und engagiert umsetzen, muss man sehr viel mehr unternehmen: Die Einflussmöglichkeiten basieren dabei gerade nicht, wie erwartet, im Wesentlichen auf rationalen, sondern auf emotionalen Faktoren. Rationale Faktoren können insbesondere zu Beginn eines Veränderungsprozesses kognitiv gar nicht verarbeitet werden, weil die Mitarbeiter zunächst dadurch blockiert sind, dass sie die Veränderung emotional verarbeiten. Bevor sich der Mensch mit dem Für und Wider einer Veränderung faktisch bewertend auseinandersetzen kann, muss er zwingend zunächst andere emotional geladene und beeinflusste Schritte gemacht haben. Damit diese Schritte bestmöglich und schnellstmöglich gemacht werden können, bedarf es zunächst des Verständnisses, welche weichen Faktoren in den ersten Phasen wirken. Des Weiteren ist es wichtig, zu verstehen, wie man das Durchschreiten der Phasen mit Maßnahmen aktiv beschleunigen kann bzw. welche Fallstricke man vermeiden sollte, um den Prozess nicht unnötig zu behindern.

## Bedrohung und Angst in der Schockphase

Emotionen spielen insbesondere zu Beginn eines Veränderungsprojekts eine ganz entscheidende Rolle. Angst und Unsicherheit sind dabei Emotionen, denen in Veränderungsprozessen eine wesentliche Bedeutung zukommt. Angst ist eine Grundemotion, die bei einer wahrgenommenen Bedrohung automatisch eintritt. Bei Tieren löst Bedrohung zwei gegenteilige Reaktionen aus: Flucht oder Kampf. Kann sich das Lebewesen nicht entscheiden, bleibt es passiv und erstarrt oder es resigniert und gibt auf.

In der ersten Phase des Veränderungsprozesses kommt es deshalb immer erst einmal zu einem Schock, der aus der Überraschung resultiert, dass mit einer Veränderung gerechnet werden muss. Angst ist die natürliche Emotion die auf diesen Schock folgt.

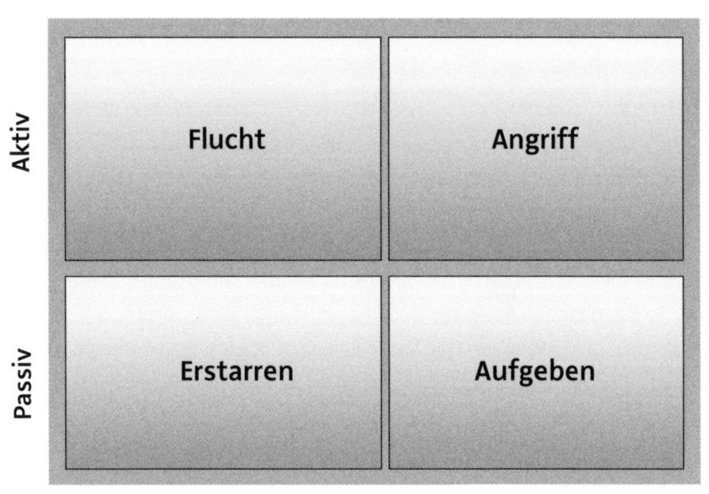


Quelle: Doppler, K./Ch. Lauenburg: Change Management. Den Unternehmenswandel gestalten. Frankfurt/New York 2002

Abb. 34: Reaktionen auf eine Bedrohung (in der Tierwelt)

Es versteht sich von selbst, dass man in einer Situation, die von Angst geprägt ist, für rationale Erläuterungen nur wenig empfänglich ist. Dennoch wird immer wieder der Fehler gemacht, bei der Verkündung einer Neuausrichtung direkt auch anhand von Fakten zu erläutern, warum die Veränderung notwendig ist. Für das Top-Management steht danach meistens fest, „dass die Leute alle verstehen, dass wir uns ändern müssen. Sie kennen jetzt die Fakten." Tatsache ist allerdings, dass die Mitarbeiter zu einem solchen Zeitpunkt gar nicht für solche rationalen Erklärungen offen sind, sie wahrscheinlich noch nicht einmal wahrnehmen und sich schon gar nicht auf einer Entscheidungsbasis damit auseinandersetzen können (vgl. Abb. 34 oben und Kapitel „Keine Veränderung über Nacht: Die emotionalen Phasen des Change"). Während die Top-Manager sich schon Wochen oder Monate mit der Situation beschäftigt, Szenarien gegeneinander abgewogen und letztlich selbst eine neue Strategie entwickelt haben (die sie aufgrund dessen natürlich auch gut akzeptieren können), ist die Situation für die Mitarbeiter neu und schockierend.

Das Erste und Einzige, das bei den Mitarbeitern ankommt, ist: „Alles wird anders!" und die Reaktion, die darauf folgt, ist der Schock, gefolgt von der bangen Frage: Was bedeutet das für mich? Natürlich kann diese Frage zu diesem Zeitpunkt noch gar nicht beantwortet werden, selbst dann nicht, wenn man es wollte. Was die Zukunft für die Mitarbeiter bereithält, ist also ungewiss. Die Emotion, die darauf folgt, kann man am besten mit Angst beschreiben, denn die Mitarbeiter sehen sich einer Situation gegenüber, die ihnen die Sicherheit nimmt, die sie bislang hatten. Wahrscheinlich kommen sogar viele verschiedene Ängste auf:

- Angst zu versagen,
- Angst vor Statusverlust,
- Angst um den Arbeitsplatz,
- Angst vor finanziellen Einbußen,
- Angst, den neuen Anforderungen nicht gerecht werden zu können.

Der Mensch ist zunächst einmal mit der Flut der negativen Emotionen und der verschiedenen Ängste fast überfordert — zumindest aber ist er mit ihrer Verarbeitung zunächst einmal ausgelastet. Mitarbeitern in dieser Situation die Notwendigkeit eines Unternehmenswandels nahebringen zu wollen, ist in etwa so erfolgversprechend, wie einer Person, die denkt, sie müsse ertrinken, zu erklären, welche Bewegungen sie machen muss, um nicht unterzugehen.

Natürlich können die Erläuterungen, warum ein Umdenken erforderlich ist, auch mit der Ankündigung des Unternehmenswandels verbunden werden. Es sollte jedoch klar sein, dass diese Informationen noch nicht wie gewünscht verarbeitet werden können.

### Reaktanz in der Phase der Ablehnung

Hinzu kommt in der nächsten Phase der Verarbeitung, dass der Einzelne durch die Offenbarung der Veränderung und dadurch, dass er nicht weiß, was die Veränderung letztlich für ihn bedeutet, befürchtet, in seinem bisherigen Handeln eingeschränkt zu werden. Die Psychologie beschreibt diese ablehnende innere Grundhaltung nach Jack W. Brehm (1966) als „Reaktanz". Sie tritt immer dann ein, wenn man befürchtet, persönliche Einschränkungen und Einbußen hinnehmen zu müssen. So gesehen ist Reaktanz ein motivationaler Spannungszustand, der darauf abzielt, den ursprünglichen Zustand wiederherzustellen. Man begegnet also dem äußeren Druck, den man als einschränkend erlebt, mit Gegendruck, um seinen ursprünglichen Entscheidungs- und Freiheitsspielraum wiederzuerlangen. Dabei hängt die Stärke der inneren Abwehrhaltung von verschiedenen Faktoren ab:

- Vom **Umfang des persönlich empfundenen Handlungsverlusts**: Er setzt sich aus der Anzahl der akut bedrohten oder nicht mehr zur Verfügung stehenden Entscheidungsalternativen zusammen — je höher ihre Anzahl ist, desto stärker ist die innere Abwehrhaltung.

**BEISPIEL: Umfang des Handlungsverlusts**

Bei einem Change-Prozess ist die Abwehrhaltung umso größer, je weniger die Mitarbeiter das Gefühl haben, selbst mitentscheiden zu können, ob oder in welchem Umfang etwas umgesetzt werden soll.
Das beginnt schon mit der Bekanntgabe der Veränderung: Hat der Mitarbeiter das Gefühl, es stehe schon alles bis ins kleinste Detail fest und er wäre gezwungen, die Vorgaben nun genauso umzusetzen, kann man mit einer sehr starken Abwehrreaktion rechnen.
Und es setzt sich in der späteren Umsetzung (z. B. eines neuen Geschäftsmodells) fort: Bekommen die Mitarbeiter nur die Information, wie die neuen Prozesse aussehen und wie sie (ab sofort) umgesetzt werden sollen, kann man bei vielen Mitarbeitern ebenfalls eine starke Abwehrhaltung und entsprechende Reaktionen erwarten.

**TIPP: Den wahrgenommenen Handlungsverlust schmälern**

Ein typischer Tipp lautet: „Betroffene zu Beteiligten machen". Dieser Hinweis ist ernst zu nehmen, denn wer beteiligt ist, und damit aktiv Einfluss nehmen kann, hat Handlungsmacht.

Natürlich ist eine Unternehmenstransfusion kein demokratischer Prozess, aber oft reicht es schon, wenn man Handlungsalternativen bewusst macht und die Mitarbeiter bei der detaillierten Ausgestaltung mit einbezieht. Das macht nicht nur aus psychologischer Sicht vor dem Hintergrund der Reaktanztheorie Sinn, sondern auch aus unternehmerischer Sicht: Die Veränderungen werden auf diese Weise schneller und erfolgreicher umgesetzt.

Manchmal kommt es sogar nur auf die reine Formulierung an. Statt eine Unternehmenstransfusion mit den Worten „Sie erhalten genaue Vorgaben und haben diese entsprechend umzusetzen. Vergessen Sie alles was vorher war. Gestern war gestern und heute ist heute" zu kommunizieren, sollte man eher sagen: „Wir haben eine neue Strategie erarbeitet und möchten Sie Ihnen gerne vorstellen. Wir hoffen, dass Sie sie mittragen und dazu beitragen, dass wir gemeinsam einen effektiven Weg finden, sie umzusetzen. Für die Ausgestaltung sind wir auf Ihre Expertise und Tatkraft angewiesen ..." oder „Diese Strategie kann nur funktionieren, wenn Sie sie unterstützen, leben und tatkräftig umsetzen. Ob wir erfolgreich sein werden, hängt von uns allen ab."

- Von der wahrgenommenen **Bedrohungsstärke**: Je wahrscheinlicher es für den Einzelnen zu sein scheint, dass die Einschränkung tatsächlich eintritt (eventuell bedroht, stark bedroht, für immer verloren etc.), desto stärker ist die Reaktanz.

- Von der persönlich **wahrgenommenen Wichtigkeit des eingeschränkten Handlungsspielraums**: Die Reaktanz ist umso größer,
  - je größer der wahrgenommene Wert der bedrohten Verhaltensweise ist, um ein bestimmtes Ziel oder Ergebnis zu erreichen.
  - je größer die Stärke des entsprechenden Bedürfnisses an sich ist.

**BEISPIEL: Persönlich wahrgenommene Wichtigkeit**

Sabine S. ist Investmentmanagerin bei einer großen Bank. Fragt man sie, was sie an ihrem Job besonders liebt, betont sie den intellektuellen Anspruch der Arbeit, die persönliche Entscheidungsfreiheit bei der Suche nach den besten Anlagemöglichkeiten für die Kunden und die Befriedigung, die sie empfindet, wenn das auf den Kunden maßgeschneiderte Konzept funktioniert. All diese Aspekte sind für Sabine S. besonders wichtig.
Im Rahmen eines groß angelegten Veränderungsprozesses soll das Private Banking der Bank umstrukturiert werden. Kunden sollen vermehrt in die Vermögensverwaltung überführt werden, wo es Standardkonzepte gibt und für den jeweiligen Kunden das am besten passende Konzept herausgesucht wird. Individuelle Betreuung gibt es nur noch für sehr vermögende Kunden. Doch auch für ihre Betreuung sollen die individuellen Auswahlmöglichkeiten eingeschränkt werden.
Für Sabine S. bedeutet ein solcher Umstrukturierungsprozess einen massiven Einschnitt, und das selbst dann, wenn sie ihren Job behält, denn alles, was ihr bislang an ihrem Job wichtig war, wird in Zukunft massiv eingeschränkt oder gar nicht mehr möglich sein.
Sebastian K., der in der Vermögensverwaltung arbeitet, hat mit den Neuerungen kaum Probleme. Alles, was ihm an seinem Job wichtig war, bleibt auch nach der Umstrukturierung erhalten.

**TIPP: Die wirklich „Betroffenen“ herausfinden**

Wollen Sie Veränderungen effektiv managen, sollten Sie sich damit beschäftigen, wer durch die Umstrukturierung am meisten verliert. Natürlich liegt es auf der Hand, dass die Mitarbeiter, deren Arbeitsplätze verloren gehen am meisten betroffen sind. Meistens wird jedoch vergessen zu schauen, was sich für die Mitarbeiter ändert, deren Arbeitsplätze erhalten bleiben, deren Arbeitsinhalte und Arbeitsweisen sich aber drastisch ändern. Selten schaut man sich nach der Verabschiedung der Strategie an, wer die wirklich Betroffenen sind und wie man mit ihnen umgehen sollte. Noch seltener wird das bei der Ableitung der Strategie berücksichtigt. Am oben beschriebenen Beispiel wird aber deutlich, dass man sich so frühzeitig wie möglich mit den Auswirkungen beschäftigen sollte, die die Veränderungen auf der „weichen“ Seite haben werden. So sollte man sich frühzeitig mit der Frage befassen, wo nach einer Umstrukturierung für die neue Aufgabe ggf. überqualifizierte oder unterqualifizierte Personen sitzen und wie sich das auf den Veränderungsprozess und die Leistungsfähigkeit des Unternehmens auswirken wird. Es sollten Strategien abgeleitet werden, wie man diesem Personenkreis neue erstrebenswerte Möglichkeiten bieten kann.

In der Phase der Ablehnung kann man auch immer wieder beobachten, dass ein „Schönreden" der Situation stattfindet oder eine positive Überbewertung der Vergangenheit. Gleichzeitig sieht man in der Veränderung in erster Linie die Gefahren und nicht die Chancen. Man malt sich in den schwärzesten Farben aus, was alles schiefgehen könnte („Schlechtreden").

**BEISPIEL: Vom „Schönreden" und „Schlechtreden"**

Mitarbeiter Hermann F. hat in den zurückliegenden Jahren selbst ab und an darauf hingewiesen, dass das Unternehmen, in dem er arbeitet, sich neue Märkte erschließen und über neue Absatzmärkte Gedanken machen müsse, um langfristig erfolgreich zu sein. Aber dem Unternehmen schien es sehr gut zu gehen. Von der Unternehmensleitung wurde bislang auch immer der Eindruck vermittelt, dass das Unternehmen gut dastehe und gut für die Zukunft aufgestellt sei. Recht unvermittelt trifft Hermann F. nun die offizielle Ankündigung, dass aufgrund der schlechten Unternehmensergebnisse mit einschneidenden Veränderungen im Unternehmen zu rechnen sei. Das Unternehmen müsse investieren, um neue Absatzmärkte zu erschließen, was es zu lange aufgeschoben habe. Gleichzeitig müsse man sich auf die Kernkompetenzen fokussieren. Hermann F. ist geschockt und will es nicht wahrhaben. Gerade ging es dem Unternehmen doch noch gut. Eigentlich funktioniert doch alles wunderbar und die derzeitigen Einbußen sind seiner Meinung nach einfach der gesamtwirtschaftlich schlechten Lage geschuldet (Schönreden).
Außerdem sieht er durchaus Gefahren in dieser neuen Strategie. Aus seiner Sicht wäre es besser, auch weiter breit aufgestellt zu bleiben, statt sich zu fokussieren. Immerhin könne das auch bedeuten, dass man „alles auf eine Karte, und zwar auf die falsche Karte setzt." Auch die angestrebten neuen Absatzmärkte sieht er kritisch. Er bringt seine kritische Sichtweise seinen Kollegen gegenüber deutlich zum Ausdruck. Sie sind ähnlicher Meinung und sehen vor allem die Gefahren der angekündigten Veränderung (Schlechtreden).
Seit sie sich entsprechend offen und kritisch äußern, fühlen sie sich alle ein wenig besser.

Das Schlechtreden hilft den Mitarbeitern, sich besser zu fühlen, und ist eine erste Beschäftigung mit der neuen Situation. Indem man alle Horrorszenarien durchspielt, erhält man mehr und mehr das Gefühl, alle Gefahren im Blick zu haben und ihnen im Notfalle auch entsprechend begegnen zu können. Diese automatisch angewandte Szenariotechnik hilft den Mitarbeitern dabei, sich wieder kompetent zu fühlen. Die zunächst angsteinflößende Situation, der man sich recht hilflos ausgeliefert sah, verliert nach und nach den Schrecken.

**TIPP: Killerphrasen vermeiden**

**Vermeiden Sie Killerphrasen, die die Abwehrhaltung erhöhen, wie z. B.:**

- **„Sie haben keine Wahl!“**
- **„Wer nicht für uns ist, ist gegen uns!“**
- **„Vergessen Sie alles, was bisher war — ab heute ist alles anders!“**
- **„Wer die Veränderung nicht mitträgt, muss gehen.“**
- **„Sie haben die freie Wahl: Take it or leave it.“**
- **„Stellen Sie sich auf massive Veränderungen ein.“**
- **„Sie werden Ihren alten Arbeitsplatz nicht mehr wiedererkennen.“**
- **„Kuschelkurs war gestern. Wir werden keine Bremser und Skeptiker dulden.“**

Zusammenfassend kann man für die Phase der Ablehnung festhalten, dass man Reaktanz in Veränderungsprojekten nicht verhindern kann. Allerdings kann man durch gezielte Kommunikation vermeiden, dass die Abwehrhaltung der Mitarbeiter verstärkt wird oder länger als notwendig anhält. Insbesondere ist es in dieser Phase sinnvoll den Mitarbeitern jegliche Informationen zukommen zu lassen, die ihnen aufzeigen, wo sie keine Einschränkungen fürchten müssen und welche positiven Auswirkungen die Veränderung für sie haben kann.

## Rationale Akzeptanz

Erst in Phase 3 des Phasenmodells und nachdem die vorherigen Phasen durchlaufen wurden, ist der Mitarbeiter dazu bereit, sich mit den tatsächlichen Fakten der Veränderung auseinanderzusetzen.

Wichtig ist zu verstehen, dass man die vorherigen Phasen nicht auslassen kann, man kann nur dafür sorgen, dass die Mitarbeiter diese Phasen möglichst schnell durchleben. Um sich vom Bewährten zu lösen, muss sich der Mensch zunächst einmal emotional verabschieden, bevor er sich mit Fakten auseinandersetzen und dann im nächsten Schritt wieder nach vorne schauen kann.

**BEISPIEL: Verluste muss man verarbeiten**

Man sollte sich vor Augen führen, dass es für die einzelnen Mitarbeiter tatsächlich Verlusterfahrungen sind, die verarbeitet werden müssen. Ähnlich wie bei der Trennung von einem geliebten Menschen können wir nicht einfach zum Tagesgeschäft übergehen. Rationale Versuche, uns mit den Worten

- „Die Beziehung war doch schon lange am Ende.“,
- „Nun kannst Du endlich wieder machen, was Du willst.“,
- „Andere Mütter haben auch hübsche Söhne/Töchter.“,
- „Du wirst sicher bald wieder eine neue Liebe finden.“,
- „In zwei Jahren sieht die Welt schon wieder ganz anders aus.“

zu trösten, sind zwar gut gemeint, helfen uns aber nicht wirklich dabei, die Phasen der Verlustverarbeitung/Trauer einfach auszulassen, uns rein den Fakten zu widmen und uns am nächsten Morgen fröhlich pfeifend auf die Suche nach einem neuen Partner zu machen.

Bevor wir uns etwas Neuem öffnen können, müssen wir zunächst den Verlust emotional verarbeiten.

## Umgang mit Widerstand

Doch selbst dann, wenn sich die Mitarbeiter nach der Phase des Tals der Tränen gebührend vom Alten verabschiedet haben und sich für rationale Argumente öffnen, sind nicht alle sofort von der Veränderung überzeugt und unterstützen sie.

## Typenmodell nach Mohr et al.

Nach Mohr et al. kann man verschiedene Typen unterschieden, auf deren Bedürfnisse man individuell eingehen kann. So soll der bestehende Widerstand möglichst schnell und umfangreich aufgelöst werden. Die folgende Abbildung zeigt das Vier-Typen-Modell nach Mohr et al. (1998):[1]

[1] Akzeptanzmatrix nach Mohr et al.; vgl. Mohr, N./J. Woehe/M. Diebold: Widerstand erfolgreich managen. Professionelle Kommunikation in Veränderungsprojekten. Frankfurt am Main 1998.

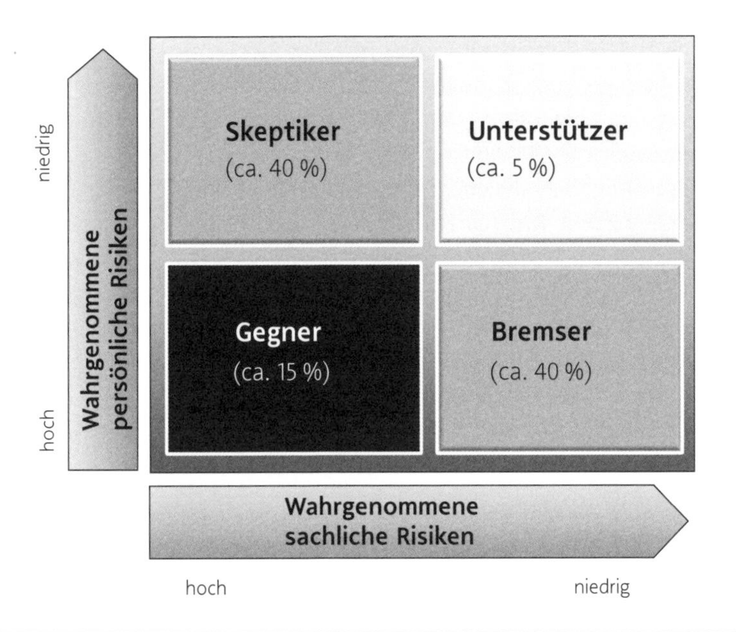


Abb. 35: Mitarbeitertypen nach Mohr et al.[2]

Mohr et al. unterscheiden die verschiedenen Typen folgendermaßen:

- **Die Unterstützer**
  Nach Mohr et al. unterstützen nur ca. fünf Prozent ein Veränderungsprojekt nach Vorlage der rationalen Gründe tatsächlich. Die Unterstützer schätzen die eigenen Nachteile und die Risiken für das Unternehmen als gering ein. Sie befürworten den Change-Prozess und sollten deshalb möglichst frühzeitig mit einbezogen und als Multiplikatoren genutzt werden.

- **Die Skeptiker**
  Skeptische Mitarbeiter sind noch keine überzeugten Unterstützer. Sie sehen durchaus Risiken und sind sich noch nicht im Klaren darüber, ob die Neuerung letztlich mehr positive oder mehr negative Auswirkungen haben wird. Diese Personen kann man gut überzeugen, wenn sie weitere Informationen erhalten und diese Informationen dafür sorgen, dass die skeptischen Mitarbeiter die tatsächlichen Risiken besser einschätzen können. Des Weiteren hilft es, diese Personen als Mitgestalter mit einzubeziehen, indem sie die aus ihrer Sicht bestehenden Risiken und Hürden beschreiben und eigene Vorschläge machen

[2] Siehe Costa, C./A. Mönch: Change Management. München 2006, S. 15.

können, wie sie verhindert werden könnten. Das hat den Vorteil, dass sich diese Personengruppe intensiv mit den Risiken auseinandersetzt. Viele dieser Risiken verlieren schon allein dadurch an Schrecken, dass man sich eingehend mit ihnen beschäftigt und inhaltlich mit ihnen auseinandersetzt, selbst wenn die realistische Risikoeinschätzung die gleiche bleibt. Aber durch die Beschäftigung mit den Risiken gewinnt man den subjektiven Eindruck, dass sie besser beherrschbar sind. Ganz im Sinne des Sprichworts: „Gefahr erkannt, Gefahr gebannt."

Darüber hinaus hilft das Ableiten von Lösungsmöglichkeiten, die Lösbarkeit von Problemen in den Vordergrund zu rücken. Durch die Beschäftigung mit Möglichkeiten zur Risikominimierung oder zur Überwindung von Hindernissen können Widerstände weiter reduziert werden.

Überzeugte Skeptiker sind im weiteren Prozess besonders gute Multiplikatoren, denn niemand ist überzeugender als ein ehemaliger Zweifler.

- **Die Bremser**

  Die Bremser sehen zwar die Notwendigkeit der Veränderung und haben auch keine Probleme mit möglichen Risiken für das Unternehmen, befürchten aber persönliche Nachteile. Wie wir gesehen haben, befürchten die Mitarbeiter während eines Veränderungsprozesses diverse Nachteile. Entsprechend groß ist zu Beginn der Anteil der Bremser. Er liegt bei geschätzten 40 Prozent.[3]

  Viele der Bremser kann man schnell zu Befürwortern der Neuausrichtung machen, weil viele ihrer Befürchtungen zu Unrecht bestehen. Deshalb ist es wichtig, recht schnell die Frage zu beantworten, was die Veränderung für jeden Einzelnen bedeutet bzw. was sie nicht bedeutet. Viel Widerstand könnte verhindert werden, wenn z. B. feststeht, dass es keine Entlassungen geben wird und man diese Information frühzeitig kommuniziert und auch immer wieder bekräftigt. Auch der Angst der Mitarbeiter, dass sie den neuen Ansprüchen nicht gerecht werden könnten, kann man oft durch offene Kommunikation begegnen: Die einfache Aussage, dass sichergestellt wird, dass jeder die notwendigen Kompetenzen hat oder aber dazu befähigt wird, den neuen Ansprüchen gerecht zu werden, genügt oft schon. Wichtig ist auch, das bisher Geleistete deutlich anzuerkennen. Wenn Sie als Unternehmen Ihre Mitarbeiter schätzen, vermindert es die Ängste sehr, wenn Sie Ihre Wertschätzung offen kommunizieren, im Sinne von: „Wir wissen, was wir an Ihnen haben. Viele von Ihnen haben schon seit langer Zeit gespürt, dass es immer schwieriger wurde aufgrund der bestehenden Strukturen/Prozesse/des Geschäftsmodells weiter herausragende Erfolge zu erzielen. Viel wurde durch Ihren persönlichen Einsatz aufgefangen, aber wir sind an einem Punkt angelangt, wo wir die Struktu-

[3] Siehe ebenda.

ren/Prozesse etc. anpassen müssen, um im Wettbewerb weiter bestehen zu können. Wir werden also das in die Zukunft mitnehmen, was uns nach vorne bringt, so wie sie alle hier und ihr Engagement, und das ändern, was uns daran hindert Topleistungen zu vollbringen. Niemand muss sich um seinen Job Sorgen machen."

Nun gut, werden Sie vielleicht einwenden, gute Nachrichten kann ich auch hervorragend formulieren, aber was ist, wenn die Ängste nicht unbegründet sind? Natürlich ist das eine unschöne Situation, aber es hilft nichts und es ist sogar kontraproduktiv, wenn sie versuchen, solche Fakten möglichst lange zu verschweigen. Denn:

- Aus praktischer Erfahrung können wir sagen: Es funktioniert nie. Gerade die schlechten Nachrichten suchen sich wie Wasser ein kleines Leck und finden früher oder später einen Weg ins Unternehmen.
- Nach dem „Stille-Post-Syndrom" kursieren am Ende nur noch völlig verzerrte oder sogar falsche Aussagen per Flurfunk. Sie haben keinerlei Einfluss mehr darauf, was am Ende des Tages für Halbwahrheiten oder Falschaussagen kursieren. Auch haben Sie keinerlei Einfluss mehr darauf, welche Aussagen sich vielleicht auch ein Leck nach draußen suchen und an die Öffentlichkeit dringen.
- Selbst wenn zunächst das System noch dichthalten sollte, reicht das Fehlen offizieller Ankündigungen zum Thema „Arbeitsplatzsicherheit" schon aus, um noch viel größere Ängste zu schüren (schließlich gehen alle Mitarbeiter davon aus, dass Sie gute Nachrichten gerne und zeitnah verkünden). Wenn es keine offiziellen Aussagen gibt und auch keine inoffiziellen Informationen kursieren, wird frei fabuliert. Die Gerüchteküche brodelt. Man kann sich dabei sicher sein, dass nur die schwärzesten Szenarien abgedeckt werden. Fast immer ist die Realität weniger schlimm als die Befürchtungen, die die Mitarbeiter tatsächlich haben.

**TIPP: Kommunizieren sie offen und zeitnah (gute wie schlechte Nachrichten)**

**Insbesondere alle Informationen, die die Sicherheitsbedürfnisse der Mitarbeiter betreffen, sollten offen und so schnell wie möglich an die Mitarbeiter kommuniziert werden.**

Es kann schon deshalb nur einen Rat geben: Lassen Sie Ihre Mitarbeiter so schnell wie möglich wissen, woran sie sind. Je früher Sie Informationen an die Mitarbeiter geben können, die Ihre Befürchtungen betreffen, desto eher können sich die Mitarbeiter emotional damit auseinandersetzen und die Nachricht „verdauen".

Darüber hinaus entsteht auch größeres Vertrauen zum Unternehmen, wenn Arbeitnehmer auch schlechte Nachrichten zeitnah und offen erhalten. Das führt dazu, dass es zu weniger Spekulationen und in der Folge wiederum zu weniger Ängsten kommt (und auch zu weniger Bremsern), die Auswirkungen auf die Arbeit und die Leistung haben. Offen und ehrlich miteinander umzugehen, zeugt von Wertschätzung, und wie wir bereits dargelegt haben, führt das wiederum zu größerer Mitarbeitermotivation und besserer Leistung.

- **Die Gegner**
  Die Gegner der Veränderung machen laut Mohr et al. ca. 15 Prozent aus. Sie befürchten hohe Risiken für sich selbst und sehen auch hohe Risiken für das Unternehmen. Sie sind in ihrer Ansicht sehr verhärtet und haben zu viele Ängste, um sich schnell überzeugen zu lassen. Da sie ein hohes Risiko fürchten, opponieren sie oft recht offen und vehement gegen die Veränderung. Selbst wenn man ihre Ängste rational widerlegen könnte, würden sie die Argumente nicht annehmen und sich ihre eigene Wahrheit zurechtlegen, um ihre eigenen Annahmen zu bestätigen. Da sie sich meistens offen gegen die Veränderung aussprechen, können sie auch nur schwer ihre Meinung ändern, ohne unglaubwürdig zu werden (ihr Gesicht zu verlieren). Es ist psychologisch belegt, dass öffentlich bekannt gemachte Aussagen nur höchst selten revidiert werden. Sehr viel häufiger ändert man seine Meinung, wenn man sie zuvor nur für sich selbst schriftlich festgehalten hat. Noch häufiger ändert man die Meinung, wenn man seine Ansicht bislang nur gedanklich formuliert hat.[4]

Die gute Nachricht ist allerdings, dass hier die Zeit einige Wogen glättet und die Realität viele Ängste und Einstellungen auflöst. Außerdem geben die Gegner der Veränderung bei steigender Zunahme der Befürworter ihren aktiven Widerstand irgendwann auf. Oft werden sie dann durch die zunehmende Zahl ehemaliger Skeptiker und Bremser zugänglicher für Fakten und zwischenzeitliche Erfolge.

## Generationenspezifisches Typenmodell

Das Typenmodell von Mohr et al. gibt einen guten Überblick über die grundsätzliche Risikoeinschätzung, zu der verschiedenen Typen im Hinblick auf sich selbst und das Unternehmen neigen. Das Modell ist sehr gut und praktikabel, wenn es darum geht, sich bewusst zu machen, wodurch Widerstand entsteht und wie man ihm entgegenwirken kann. Allerdings lassen sich die genannten Archetypen in der Praxis nur schlecht konkreten Personen zuordnen. Wer ist z. B. ein Bremser, wer ein

[4] Siehe Cialdini, R. B.: Die Psychologie des Überzeugens. 6. Aufl. Bern 2010, S. 120 f.

Skeptiker und wer ein Gegner? Die Beteiligten geben ihre Überzeugungen nicht immer preis. In der Praxis ist es also schwer, Personen anhand der Typen zu klassifizieren und ihren Befürchtungen entsprechend zu begegnen.

Unserer Erfahrung nach macht es deshalb Sinn, sich nicht nur auf das Typenmodell von Mohr et al. zu beschränken und den Umgang mit Veränderungen stattdessen auch unter dem Generationengesichtspunkt zu betrachten. Hierbei lassen sich die Mitarbeiter grob in drei verschiedene Typen aufteilen, die auf dem Alter/der Arbeitslebensspanne der Mitarbeiter beruhen und bei denen sich tatsächlich Unterschiede im Umgang mit Neuerungen feststellen lassen.

Die folgende Abbildung beschreibt die drei Generationentypen:

| Die jungen Ungestümen | Die Abwäger | Die weisen Bewahrer |
| --- | --- | --- |
| • sehen Neues positiv<br>• Tendenz zur positiven Verklärung und zu schneller Adaption von Neuem<br>• wenig verbunden mit alten Strukturen | • wägen alt gegen neu stärker ab<br>• haben schon einiges erlebt (Positives und Negatives)<br>• wollen überzeugende Beweise | • neigen dazu, die Vergangenheit verklärt positiv zu sehen, schlechte Erfahrungen zu überzeichnen<br>• Veränderungen werden eher mit Furcht betrachtet |

Arbeitslebensspanne

18+ Jahre — 65 Jahre

Abb. 36: Generationenspezifisches Typenmodell

- **Die jungen Ungestümen**
  Die jungen Ungestümen stehen noch am Anfang ihres Arbeitslebens. Sie stecken voller Energie und Tatendrang. Aufgrund ihres jungen Alters und ihres erst kurzen Arbeitslebens finden sie Neues eher spannend. Sie nehmen Neuerungen gerne und recht vorbehaltlos an. Neue Verhaltensweisen adaptieren sie schnell. Bestehendes werfen sie schnell und ohne Schmerz über Bord, weil sie

ihm nicht persönlich verbunden sind. Sie haben die Tendenz, alles Neue positiv zu verklären. Verlustängste durch anstehende Transformationsprojekte kennen die jungen Ungestümen kaum: Meistens sind sie noch ungebunden, haben keine Familie und sind recht flexibel in ihrer Lebensweise. Auch verfügen sie noch nicht über einen gehobenen Status im Unternehmen oder über exklusives Wissen. Sie haben wenig zu verlieren, aber viel zu gewinnen. Veränderungsprojekte sind für die jungen Ungestümen ein spannendes Abenteuer oder zumindest eine willkommene Abwechslung. Aufgrund ihres jungen Alters befürchten sie auch nicht, den neuen Anforderungen nicht gerecht werden zu können. Die jungen Ungestümen lassen sich schnell überzeugen, einen anstehenden Veränderungsprozess engagiert umzusetzen, und tun das auch gerne.

- **Die Abwäger**
  Personen dieses Typus sind mittleren Alters und blicken schon auf einige Jahre Berufserfahrung zurück. Veränderungsvorhaben stehen sie zunächst meist skeptisch gegenüber. Sie haben schon einiges erlebt – auch was Veränderungen in Unternehmen anbelangt (sowohl Positives wie Negatives). Sie wollen Beweise dafür, dass das Neue besser ist als das Alte, bevor sie sich ändern und das Bewährte aufgeben. Häufig sind sie schon in der Unternehmenshierarchie aufgestiegen und haben einen gefestigten Status erlangt. Möglicherweise haben sie auch einen Expertenstatus inne. In der Regel haben sie Familie und sind, wenn sie einen Vollzeitarbeitsplatz haben, der Hauptverdiener der Familie. Aufgrund dessen haben die Abwäger auch einiges zu verlieren, was zu Verlustängsten führen kann. Allerdings sind sie sich ihrer Stärken und ihrer Fähigkeiten durchaus bewusst und fürchten deshalb nicht unbedingt, den neuen Anforderungen nicht gerecht werden zu können. Sie sehen durchaus auch Chancen, dass ein Unternehmenswandel sich positiv für sie auswirken könnte (hinsichtlich ihres Status, ihrer fachlichen Weiterentwicklung, neuer interessanter Arbeitsinhalte). Prinzipiell verhalten sie sich eher abwartend und wägen im Vergleich zu den jungen Ungestümen und den weisen Bewahrern eher rational ab, ohne das Alte oder das Neue zu verklären.

- **Die weisen Bewahrer**
  Die weisen Bewahrer stehen Neuerungen skeptischer gegenüber als die jungen Ungestümen oder die Abwäger. Sie neigen dazu, die Vergangenheit ins Positive zu verklären bzw. schlechte Erfahrungen der Vergangenheit zu überzeichnen. Veränderungen betrachten sie eher mit Furcht, was mit ihrem Alter zusammenhängt, in dem man sich in Neues nicht mehr so schnell einarbeiten kann wie in jüngeren Jahren. Dadurch nimmt ihre eigene Kompetenz in ihrer Selbstwahrnehmung ab. Hinzu kommt, dass die Vorzüge der weisen Bewahrer, nämlich

ihr Wissen und ihr großer Erfahrungsschatz, aus ihrer Sicht nicht in dem Maße geschätzt werden, wie die Fähigkeit, sich schnell in etwas Neues einarbeiten zu können. Entsprechend hoch sind die Verlustängste der weisen Bewahrer. Zwar haben sie oft einen hohen Experten- und/oder Hierarchiestatus inne, befürchten aber, dass es sie als Erste treffen wird, wenn es zu Umstrukturierungen kommt. Wie stark diese Befürchtungen sind, hängt ganz wesentlich davon ab, wie ihr Unternehmen in der Vergangenheit mit den Verlieren von Veränderung umgegangen ist und ob Veränderungen recht einseitig zu Lasten der weisen Bewahrer gegangen sind.

In der Praxis erleben wir immer wieder, dass es die jungen Ungestümen sind, die vorzugsweise als Mitglieder des Change Teams eingesetzt werden. Das hat zum Teil organisatorische Gründe, weil sie besser abkömmlich und flexibler sind. Zum Teil ist es aber auch einfach verführerisch, gerade diesen Typus direkt mit ins Projektmanagement einzubinden. Denn die jungen Ungestümen verfügen über eine hohe Leistungsmotivation und sind leicht(er) für Neuerungen zu begeistern. Die jungen Ungestümen ihrerseits nehmen diese Gelegenheit gerne wahr, mitunter, weil sie auf diese Weise einen Sonderstatus erlangen, sich profilieren und ihre hohe Leistungsmotivation im Projekt ausleben können.

Besteht aber ein Projektteam bis auf die verantwortlichen Köpfe fast ausschließlich aus jungen Ungestümen, kann das zu einem Akzeptanzproblem innerhalb der Organisation führen, das sich auch auf den Veränderungsprozess auswirkt: Die jungen Ungestümen werden weder von den Abwägern noch von den weisen Bewahrern in ihrer Rolle voll akzeptiert, weil ihr Status, ihre Erfahrung und ihr Wissen zu gering sind. Dieser Umstand wird schnell auch mit dem ganzen Change-Prozess assoziiert und man unterstellt dem Team und dem Projekt zu ambitioniertes, unprofessionelles und unreflektiertes Handeln. Es ist deshalb anzuraten, generationenübergreifende Projektteams zusammenzustellen.

**TIPP: Stellen Sie generationenübergreifende Projektteams zusammen**

**Stellen Sie die Projektteams vorzugsweise aus Projektmitgliedern unterschiedlicher Generationen zusammen. Das Projektteam ist immer auch nach außen sichtbar und steht stellvertretend für die Veränderung. Die Identifikation der Mitarbeiter mit dem Veränderungsprojekt gelingt am besten, wenn auch ihre eigene Generation (und damit auch ihre eigenen Befürchtungen, Risikoeinschätzungen etc.) im Projektteam vertreten ist.**

## 6.1.2 Irrtum Nr. 2: Wenn die Mitarbeiter gut bezahlt werden, setzen sie ihre Aufgabe auch engagiert um

Noch immer hält sich hartnäckig der Glaube, dass Geld Mitarbeiter dazu motiviert, besonders gute Leistungen zu erbringen. Ganz sicher richtig ist, dass unangemessen schlechte Bezahlung unzufrieden macht. Das erlaubt es aber nicht, den Umkehrschluss zu ziehen und davon auszugehen, dass hohe Vergütung motiviert.

Wie wir anhand der Bedürfnispyramide von Maslow und anhand der Zwei-Faktoren-Theorie von Herzberg gesehen haben, befriedigt eine angemessene Entlohnung unser Grundbedürfnis nach Sicherheit. Die Frage ist aber: Ist die Vergütungskomponente ein reiner Hygienefaktor? Oder wirkt sie sich nicht doch auch positiv auf das Engagement der Mitarbeiter aus?

Menschen haben unterschiedliche Motive und damit auch unterschiedliche Ziele, die sie motivieren. Nicht alle Menschen motiviert Geld, das über ihr Grundbedürfnis nach Sicherheit hinausgeht. Deshalb muss man zunächst immer die Frage stellen, was das einzelne Individuum tatsächlich am meisten dazu anregt, ein Ziel zu verfolgen.

| **Checkliste: Analysieren Sie Ihre Motive** (auf einer Skala von 1, sehr niedrig, bis 10, sehr hoch) | **Ja** | **Nein** |
|---|---|---|
| Motiv: Einfluss — Sie wollen Einfluss haben | ☐ | ☐ |
| Motiv: Gestaltung — Sie wollen etwas gestalten, erfinden | ☐ | ☐ |
| Motiv: Anerkennung — Sie wollen anerkannt und aufgrund Ihres Status bewundert werden | ☐ | ☐ |
| Motiv: Zahlen- und Ergebnisorientierung — Sie wollen mit Zahlen arbeiten, zu Resultaten gelangen | ☐ | ☐ |
| Motiv: Erfolg — Sie wollen herausfordernde Ziele erreichen, erfolgreich sein | ☐ | ☐ |
| Motiv: Wettbewerb — Sie wollen sich mit anderen messen, besser sein als andere, suchen die Herausforderung | ☐ | ☐ |
| Motiv: Helfen — Sie wollen Menschen helfen, unterstützen, gebraucht werden, etwas Sinnvolles tun | ☐ | ☐ |
| Motiv: Probleme lösen — Sie wollen kniffelige Aufgaben lösen | ☐ | ☐ |
| Motiv: Anschluss — Sie wollen gute Beziehungen zu Kollegen pflegen, gemocht werden | ☐ | ☐ |
| Motiv: Finanzieller Erfolg — Sie wollen viel Geld verdienen, geschäftlich erfolgreich sein, sich etwas leisten können | ☐ | ☐ |
| Motiv: Neugier — Sie wollen Neues erkunden und entdecken | ☐ | ☐ |

Welche Motive haben Sie am höchsten bewertet? Was sind die drei Motive, die Sie selbst am meisten bzw. am wenigsten motivieren?

Nur wer eine hohe Motivation im Bereich „finanzieller Erfolg" angibt, engagiert sich möglicherweise mehr für eine entsprechende Vergütung. Interessanterweise kommen fast alle Studien zu dem Ergebnis, dass Menschen bessere Leistungen vollbringen, wenn sie für eine Aufgabe keine Bezahlung erhalten, als wenn sie dafür entlohnt werden. Darüber hinaus hat man festgestellt, dass Menschen ihr Verhalten ändern, sobald sie für etwas bezahlt werden.

## Variable Vergütung und Bonussysteme

Immer mehr Unternehmen gehen heutzutage dazu über, einen immer größeren Anteil des Einkommens „variabel" zu gestalten, d. h., dass die Mitarbeiter einen fixen und einen leistungsabhängigen Teil erhalten.

In den letzten Jahren entfachte eine große Diskussion um die horrend hohen Boni von Investmentbankern und Vorständen. Dabei ist man davon ausgegangen, dass Investmentbanker und Vorstände wegen der hohen Boni auch überdurchschnittliche Leistungen erbringen. Boni wurden also als Motivatoren angesehen.

Doch stimmt das überhaupt? Ariely et al.[5] haben untersucht, welchen Einfluss Boni tatsächlich auf die Leistungen von Menschen haben:

**BEISPIEL: Können Boni motivieren?**

Ariely et al.[6] haben Untersuchungen zur Boni-Frage durchgeführt. Im ersten Versuch wurden Personen dazu aufgefordert, Aufgaben zu erfüllen, die ein gewisses Maß an Konzentration, Erinnerungsvermögen und Kreativität erforderten. Man versprach den Probanden, dass sie sich einen Bonus verdienen konnten, wenn sie sehr gute Leistungen vollbrachten.
Die Teilnehmer wurden in drei Gruppen eingeteilt:

- Der ersten Gruppe wurde im Verhältnis zu ihrem normalen Gehalt ein kleiner Bonus versprochen.
- Der zweiten Gruppe wurde ein mittlerer Bonus versprochen.
- Der dritten Gruppe wurde ein sehr hoher Bonus versprochen, wenn sie entsprechend gute Leistungen erbringen würden.

[5] Siehe Ariely, D. et al.: Denken hilft zwar, nützt aber nichts: Warum wir immer wieder unvernünftige Entscheidungen treffen. München 2010.

[6] Siehe ebenda.

**Man nahm an, dass die Leistung mit zunehmender Höhe des Bonus steigen würde. Doch das Ergebnis fiel anders aus:**
- **Die Gruppe mit dem höchsten Bonus schnitt am schlechtesten ab.**
- **Die Gruppen mit den kleinen und den mittleren Boni schnitten gleich ab.**

**Es gab einen zweiten Versuch von Ariely et al.[7], bei dem Studenten am MIT (Massachusetts Institute of Technolgy) sich entweder einen kleinen oder — in einer anderen Gruppe — einen großen Bonus verdienen konnten. Jede der Gruppen wurde noch einmal unterteilt, in eine Gruppe, die eine rein mechanische Tätigkeit ausüben sollte, und eine Gruppe, die eine Aufgabe erledigen sollte, in der kognitive Fähigkeiten gefragt waren.**
**Das Ergebnis dieser Studie war, dass bei den Gruppen mit den rein mechanischen Aufgaben der höhere Bonus tatsächlich bessere Leistungen zur Folge hatte. In der Gruppe mit den kognitiven Fähigkeiten aber war es gerade andersherum: ein hoher Bonus führte zu schlechteren Leistungen.**

Geld motiviert also nicht unbedingt zu besseren Leistungen, es kann im Gegenteil sogar zu schlechteren Leistungen führen. Es gibt noch weitere Versuche, die zeigen, dass Gruppen, die Aufgaben ohne Belohnung ausführen sollen, besser abschneiden, als Gruppen, denen man einen Bonus verspricht.

Warum ist das so?

Eine Erklärung ist, dass der Mensch von sich aus neugierig ist und gerne Aufgaben löst, die kognitive Fähigkeiten erfordern, solange sie ihn nicht überfordern. Der Mensch zieht dann seine Motivation aus der Aufgabe selbst und ist von sich aus motiviert, ohne dass er einen äußeren Anreiz/Verstärker dazu benötigt.

**DEFINITION: Intrinsische und extrinsische Motivation**

**Zieht der Mensch die Motivation aus einer Aufgabe selbst und ist von sich aus motiviert, nennt man das intrinsische Motivation.**
**Demgegenüber bezeichnet man eine Motivation, die durch einen äußeren Anreiz beeinflusst wird, als extrinsische Motivation.**

Man kann nach den dargestellten Ergebnissen davon ausgehen, dass ein hoher Bonus bei Aufgaben, die eine gewisse geistige Leistung erfordern, dazu führt, dass sich die Personen zu sehr unter Stress gesetzt fühlen. Während die Personen ohne Bezahlung oder bei einem nur geringen in Aussicht gestellten Bonus bessere Leistungen erbringen. Bei Aufgaben mit auch nur geringstem

[7] Siehe ebenda.

kognitiven Anspruch scheint also die beste Motivation bezogen auf den Erfolg die eigene innere Motivation zu sein.

Wohingegen sich extrinsische Anreize wie Geld bei rein mechanischen Routinearbeiten positiv auswirken und die Leistung mit steigenden Boni ebenfalls zunimmt. Hier scheint das Geld als eine Art Erschwerniszulage zu wirken.

Daraus folgt, dass man Mitarbeiter in Change-Prozessen, die meistens einen kognitiven Anspruch haben (also nicht rein mechanisch, ohne nachzudenken ausgeübt werden können), nicht durch zusätzliche Boni dazu motivieren kann, bessere Erfolge zu erzielen. Das würde ganz im Gegenteil den durch die Neuerungen ohnehin schon hohen Druck, der auf den Mitarbeitern lastet, weiter erhöhen und aufgrund dessen zu einer schlechteren Leistung führen. Die größte erfolgversprechende Leistung zeigen Mitarbeiter in Change-Prozessen, wenn man ihnen die Verantwortung für anspruchsvolle Aufgaben überträgt, die sie aber nicht überfordern.

Oft verlieren Menschen sogar ihre (intrinsische) Motivation, wenn sie für etwas, das sie vorher von sich aus getan haben, bezahlt werden. In Versuchen konnte beispielsweise gezeigt werden, dass Kinder freiwillig weniger oft mit einem Puzzel spielten, mit dem sie vorher gern gespielt hatten, nachdem sie für das Spielen mit dem Puzzel bezahlt wurden.[8] Immer wieder hört man auch beispielsweise von Profifußballern, dass sie mehr Spaß am Fußballspielen hatten, als sie als Kinder auf dem Hof gekickt und noch kein Geld dafür bekommen haben. Ähnliches stellt man auch bei Musikern fest. Es gibt Profimusiker, die jeden Tag für Geld spielen, aber am liebsten in ihrer Freizeit „jammern", und nur dabei wirklich Freude empfinden, obwohl sie beide Male die gleiche Tätigkeit ausführen, mit dem einzigen Unterschied, dass sie einmal dafür bezahlt werden (und damit eine gewisse Verpflichtung zur Leistungserfüllung verspüren) und einmal nicht.

Also: Seien Sie kein Spaßverderber! Lassen Sie Ihren Mitarbeitern den Spaß an ihrer Arbeit. Sie haben schon bestmöglich motivierte Mitarbeiter, wenn Sie sicherstellen, dass

- Ihre Mitarbeiter eine herausfordernde Aufgabe haben, die sie nicht überfordert,
- Ihre Mitarbeiter eigenverantwortlich die Lösung von Problemen innerhalb des Change-Prozesses übernehmen, die sie persönlich und ihre Arbeit betreffen,

[8] Vgl. Deci et al. (1999) und Tang/Hall (1995).

- Ihre Mitarbeiter die notwendigen Rahmenbedingungen erhalten (Arbeitsausstattung, organisatorische Voraussetzungen und Vermittlung notwendiger Fähigkeiten).

Wenn Sie den Mitarbeitern Anerkennung zollen wollen, kann es sinnvoll sein, insbesondere Erfolge zu feiern. Auch hier gilt: Wahren Sie die Verhältnismäßigkeit! Ein kleines Grillfest mit Familienangehörigen schafft häufig mehr Commitment als ein überdimensioniertes Incentive.

Auch scheint es so zu sein, dass Menschen skeptischer werden, wenn sie sich „gekauft“ fühlen. So bewerteten Probanden Arbeiten, die sie beurteilen sollten, kritischer, wenn sie eine „Bezahlung“ erhielten, und weniger kritisch, wenn sie keine erhielten. Möchten Sie also konstruktive Mitarbeiter und nicht überkritische Mitarbeiter in Change-Prozessen haben, dann vermeiden Sie, dass sich Ihre Mitarbeiter „gekauft“ fühlen.

Bei übersteigerten Boni und den mit ihnen assoziierten extrem hohen Erwartungen an die Leistung scheint es sich aber umgekehrt zu verhalten. So führten die übersteigerten, d. h., mit realistischen Mitteln eigentlich nicht mehr erreichbaren Ziele und ein hoher variabler Anteil zu hohen Spekulationsrisiken (z. B. im Investmentbereich). Einige Investmentbanker, die Geld in hohem Maße verspekuliert hatten und zur Rechenschaft gezogen werden sollten, gaben an, dass sie sich quasi dazu genötigt sahen, so zu agieren.

Vermeiden Sie unrealistische Zielsetzungen sowohl bezogen auf die Zeitplanung innerhalb des Projekts als auch hinsichtlich des zu bewältigenden Umfangs. Es ist falsch zu denken, man sporne Mitarbeiter zu besseren Ergebnissen an, wenn man unrealistische Ziele setzt. Das Gegenteil ist der Fall:

- Entweder resignieren die Mitarbeiter aufgrund der unrealistischen Zielsetzung und streben die Zielerreichung gar nicht mehr an oder
- sie blockieren sich selbst in ihrer Leistungsfähigkeit aufgrund des zu hohen Drucks, was ein schlechteres Ergebnis zur Folge hat, als bei einer realistischen Zielsetzung, oder
- sie versuchen die Ziele mit allen Mitteln zu erreichen, indem sie unlautere oder aber gefährliche Mittel einsetzen, oder
- sie versuchen vorzugaukeln, dass die Ziele erreicht wurden, obwohl das gar nicht der Fall ist.

All diese Auswirkungen können nicht in Ihrem Interesse liegen, denn sie verhindern ein effektives und erfolgreiches Change Management.

**TIPP: Sorgen Sie für eine realistische Projektplanung und Zielsetzung (hinsichtlich der Zeit und des Umfangs)**

- Ziele, die einen überfordern, demotivieren.
- Eine unrealistische Projektplanung und reell nicht erreichbare Ziele vermindern die Leistung oder bergen unkalkulierbare Risiken.

Eine Bezahlung, die über das angemessene Maß und die Grundsicherung hinausgeht und leistungsabhängig erfolgt, birgt also hohe Risiken. Aber selbst bei einem überdurchschnittlichen Fixgehalt kann es schnell zu einer Demotivation kommen. Jemand, der bislang mit seinem Einkommen glücklich war, wird schnell unglücklich, wenn er erfährt, dass jemand anderes bei (subjektiv eingeschätzter) gleicher Leistung mehr verdient. Das hat in den letzten Jahren zu einem zum Teil horrenden Anstieg der Gehälter insbesondere bei den oberen Managementpositionen geführt, weil die Gehälter z. B. bei Aktiengesellschaften offengelegt wurden und so ein Vergleich überhaupt erst möglich wurde.

Die Quintessenz, die man aus diesen Ergebnissen also ziehen müsste, ist, dass man sich wieder auf die weichen Aspekte konzentrieren sollte, die Mitarbeiter motivieren. Denn zum einen scheint die intrinsische Motivation sich sehr positiv auf die Leistung auszuwirken, wenn eine Arbeit als interessant und positiv herausfordernd erlebt wird, und zum anderen darf auf keinen Fall unterschätzt werden, wie positiv sich Loyalität auf das Mitarbeiterengagement auswirkt.

## Loyalität

Loyalität ist ein soziales Phänomen und unterliegt sozialen Normen. Soziale Normen und ihre positiven bzw. bei einer Verletzung der Normen negativen Auswirkungen, sind aus unserer Sicht die am meisten unterschätzten Faktoren für den Unternehmenserfolg.

Was ist eigentlich Loyalität? **Loyalität** (von franz.: Treue) kann als innere Verbundenheit und Treue zwischen Personen oder Gruppen verstanden werden, die sich in unbedingtem kooperativem Verhalten demjenigen gegenüber ausdrückt, dem man sich loyal verpflichtet fühlt. Loyalität bedeutet, die Interessen des anderen zu teilen und zu vertreten, auch wenn man sie nicht immer in vollem Umfang teilt.

Man könnte auch sagen, dass die Loyalität dort beginnt, wo das Geld zu wirken aufhört. Lassen Sie uns zur Verdeutlichung ein Beispiel anschauen:

**BEISPIEL: Loyalität und soziale Normen**

Der Soziologe Clemens Kroneberg[9] untersuchte, warum Deutsche während des Zweiten Weltkriegs Juden vor der Verfolgung durch die Nazis versteckt haben. Er betrachtete, welche Faktoren sich günstig darauf auswirkten, dass Deutsche dieses hohe Risiko auf sich nahmen. Die wichtigsten Faktoren, die dazu beigetragen haben, dass Juden erfolgreich vor Nazis versteckt wurden, scheinen eine prosoziale Einstellung (großes Einfühlungsvermögen und Verantwortungsbewusstsein) und ein persönlich ausgesprochenes Hilfegesuch gewesen zu sein.

Interessant ist, dass viele Deutsche, denen von Juden Geld angeboten wurde, damit sie sie versteckten, dies öfter nicht taten. Wenn sie sich doch darauf einließen, taten sie es meist nur so lange, wie das Geschäft durch Geldzuwendungen aufrechterhalten wurde.

Viele Retter fühlten sich also rein aufgrund sozialer Normen dazu verpflichtet zu helfen, während diejenigen, die die Bedingungen des Marktes (Hilfe als Leistung gegen Bezahlung) ansetzten, sich nur so lange verpflichtet fühlten, wie die Grundlage ihrer Beziehung Bestand hatte.

Menschen stellen also unter bestimmten Umständen ihre eigenen Bedürfnisse zugunsten sozialer Normen zurück. Auch sind Menschen dazu bereit, rein auf der Grundlage eines Gefallens viel zu leisten, während man sich die gleiche Leistung (oft sogar eine geringere Leistung) mit Geld erst teuer erkaufen muss.[10]

Die Loyalität ist eine starke Kraft, der insbesondere in Veränderungsprozessen eine hohe Bedeutung zukommt.

## Commitment

Commitment und Loyalität finden sich ganz weit oben auf der Wunschliste von Führungskräften. Zu Recht, denn echtes Commitment und echte Loyalität, sprich Treue zur Organisation, sind wesentliche Faktoren, die Unternehmen erfolgreich machen. Sie bringen vorhandene Potenziale der Belegschaft zur Entfaltung. Das Unternehmen bzw. die Führungskraft kann hier steuern und Bedingungen schaf-

[9] Kroneberg, C.: Die Rettung von Juden im Zweiten Weltkrieg. Eine handlungstheoretische und empirische Analyse. In: Kölner Zeitschrift für Soziologie und Sozialpsychologie 1/2012, S. 37–65.

[10] Vgl. Arielys Versuche in: Siehe Ariely, D. et al.: Denken hilft zwar, nützt aber nichts: Warum wir immer wieder unvernünftige Entscheidungen treffen. München 2010.

fen, um den Boden für Treue, Zuverlässigkeit und Hingabe zu bereiten, und so Loyalität überhaupt erst ermöglichen. Dabei gilt: Die wichtigste Aufgabe eines Vorgesetzten ist, Commitment und Loyalität nicht zu behindern, Motivationshindernisse zu beseitigen und auf die grundsätzliche Leistungsbereitschaft der Mitarbeiter zu vertrauen.

## Wie zeigen sich Commitment und Loyalität?

Commitment ist aus dem Sprachgebrauch des Berufsalltags kaum mehr wegzudenken. Gemeint ist damit soviel wie „Selbstverpflichtung“ oder auch „Einverstanden sein“ mit dem Unternehmen im Allgemeinen sowie mit der Führungskraft und ihrem Wirken im Speziellen. Das ist die Grundlage dafür, dass Mitarbeiter z. B. Veränderungsprozesse im Unternehmen mittragen und engagiert mitgestalten. Commitment stellt damit eine wichtige Komponente dar, um Motivation für einen erhöhten Arbeitseinsatz zu zeigen.

Loyalität erscheint insbesondere angesichts der Veränderungen auf dem Arbeitsmarkt als wichtiger Faktor für den langfristigen wirtschaftlichen Erfolg. Diese Treue zum Unternehmen bindet High-Potentials und Leistungsträger langfristig an den Arbeitgeber.

Loyalität sorgt aber auch dafür, dass selbst inhaltlich nicht überzeugte Mitarbeiter Veränderungen mittragen, wenn auch zunächst (bis sie überzeugt sind) aus ihrem Pflichtgefühl dem Unternehmen gegenüber.

## Einflussmöglichkeiten von Unternehmen und Führungskräften

Unternehmen und Mitarbeiter gehen miteinander eine Beziehung ein, die entweder partnerschaftlich oder aber im Sinne eines Abhängigkeitsverhältnisses gestaltet ist. Hier stellt sich die Frage, welchen Standpunkt man zugrunde legen will:

- Das Menschenbild vom Mitarbeiter als Partner, mit dem gemeinsame Ziele verfolgt werden, oder
- das Menschenbild vom Mitarbeiter, der eine Leistung erbringt, damit das Unternehmen seine Ziele erreicht.

Erfahrungsgemäß driften Anspruch und Realität hier oft weit auseinander. Unternehmensvisionen und Leitbilder bezeichnen den Arbeitnehmer als Partner, in der Realität dagegen wird er als reiner Leistungserbringer gesehen. Es ist nicht verwunderlich, dass dann auch genau diese Arbeitshaltung unter den Mitarbeitern vorherrscht. Sie erbringen genau die abverlangte Leistung, und zwar von 9:00 bis 17:00 Uhr, in eben dem Maße, das benötigt wird, um in Lohn und Brot zu bleiben. Von der gesuchten „heißen" Loyalität und von Commitment keine Spur. Warum auch?

Letztlich ist es natürlich die Entscheidung der Arbeitnehmer, ob sie sich für ihren Job voll einsetzen. Die Führungskraft und das Unternehmen sollte ihren Einfluss dahin gehend nutzen, die Bedingungen so zu gestalten, dass ihre Mitarbeiter „Lust" auf Commitment und Loyalität bekommen, dass sie sich gerne mit dem Unternehmen identifizieren.

**TIPP: Vermitteln Sie unbedingte Wertschätzung**

**Wenn Sie Loyalität und Commitment als unbedingte Wertschätzung betrachten, die dem Unternehmen entgegengebracht wird, dann liegt es auf der Hand, dass dieses Geschäft nur auf der Basis der Gegenseitigkeit funktionieren kann. Meistens empfinden Menschen für andere dann Wertschätzung, wenn sie sie ebenfalls wertschätzen. Und sie werden sich — zumindest innerlich — zurückziehen, wenn sie das Gefühl der Wertschätzung nicht haben.**

## Vertrauen fördert kooperatives Verhalten

Wertschätzung und Vertrauen sind zwei Grundpfeiler, die eine fruchtbare Beziehung auf Gegenseitigkeit entstehen lassen.

Nicht zuletzt aus der Spieltheorie wissen wir, dass Personen insbesondere dann kooperieren, wenn sie Vertrauen haben, also im Vertrauen darauf handeln, dass der andere auch kooperieren wird. Gegenseitiges Vertrauen ist die Grundbedingung für Win-win-Situationen. Im Gegensatz dazu gibt es Spiele, in denen eine Partei gewinnt und eine Partei verliert. Diese Spiele nennt man auch Nullsummenspiele (die Summe der Gewinne und Verluste ist gleich null).

## Die Bedeutung des psychologischen Vertrags

Zwischen Führungskräften und Mitarbeitern besteht nicht nur ein juristischer, sondern auch ein „psychologischer Arbeitsvertrag". Der erste regelt

- den Aufgabeninhalt,
- das Gehalt,
- die Arbeitszeit,

- den Arbeitsort,
- die Urlaubsansprüche
- etc.

Im psychologischen Arbeitsvertrag hingegen sind gegenseitige Grundbedingungen geregelt, die Loyalität auf beiden Seiten zur Folge haben. Es ist sozusagen ein stilles Abkommen, das kooperatives Verhalten regelt. Die Grundlage hierfür ist auf beiden Seiten Vertrauen. Mit Vertrauen wird der Vertrag sozusagen besiegelt. Der psychologische Vertrag ersetzt das, was wir, wenn wir uns in einer Gesellschaft bewegen, als soziale Normen verstehen oder was im geschäftlichen Sinne ein Geschäftsvertrag ist. Man einigt sich im Interesse aller beteiligten Personen, immer die Interessen des anderen mit zu betrachten und zu berücksichtigen. Hierfür gibt es ungeschriebene Regeln. Verstößt Jemand gegen diesen Vertrag/diese Normen, wird das durch einen Vergeltungsschlag („tit for tat", „wie Du mir, so ich Dir") geahndet, um die Ordnung wiederherzustellen.

**BEISPIEL: Psychologischer Vertrag im Alltag I**

**Hier bietet sich ein Vergleich mit Geschäften an, in denen Sie regelmäßig einkaufen. Vermutlich gibt es ein oder zwei Läden, in denen Sie routiniert jene Dinge besorgen, die Sie ständig brauchen. Sie wissen, wo etwas steht, gehen hinein, nehmen sich die benötigte Ware aus den Regalen, zahlen an den Kassen und sind mit allem versorgt.**

Nach welchen Kriterien haben Sie sich dieses Geschäft — möglicherweise unbewusst — ausgesucht? Vielleicht hat es eine günstige Lage, ist einigermaßen preiswert und Sie sind mit allem versorgt, ohne sich groß engagieren zu müssen. Auch mit diesem Geschäft gibt es einen psychologischen Vertrag. Er lautet ungefähr: „Niemand von uns stört den anderen und wir wickeln sauber unser Geschäft ab. Geld gegen Ware."

**BEISPIEL: Psychologischer Vertrag im Alltag II**

**Dann gibt es womöglich irgendwo einen kleinen Laden, vielleicht einen Bäcker auf dem Land, zu dem Sie so oft wie möglich gehen und für den Sie Umwege in Kauf nehmen. Man kennt sich, es werden einige Worte gewechselt. Die Verkäuferin weiß, welche Brotsorten Sie besonders mögen, bedauert vielleicht auch, nicht immer alles vorrätig zu haben, weil in kleinen Geschäften anders gewirtschaftet werden muss.**

Wahrscheinlich haben Sie noch nie gerechnet, um wie viel teurer Sie dort einkaufen. Sie fühlen sich diesem Laden verpflichtet und bekommen vielleicht sogar ein schlechtes Gewissen, wenn Sie Ihr Brot einmal woanders kaufen. Genau das ist

Commitment! Diese Einstellung stammt nicht aus einem juristischen Geschäftsabschluss, sondern aus dem psychologischen Vertrag. „Für dieses Brot bin ich bereit, ein Stück zu fahren und deutlich mehr zu bezahlen. Schon allein der Geruch in dem kleinen Bäckerladen gibt mir etwas, die Bedienung ist immer authentisch und kennt meine Wünsche. Ich wüsste nicht, wieso ich mein Brot woanders kaufen sollte.“ Hier ist keine Spur von der Geld-gegen-Ware-Sachlichkeit. Die entscheidende Formulierung im psychologischen Vertrag lautet hier: „Wir begegnen uns als Partner und Freunde. Wir bringen einander unbedingte Wertschätzung und Vertrauen entgegen, die wir zur Grundlage unserer Geschäfte machen. Und nebenbei tauschen wir ein hervorragendes Brot gegen die materielle Anerkennung, die wir für angemessen halten.“ Eben diese Einstellung sollten Sie Ihren Mitarbeitern durch Ihre unbedingte Wertschätzung vermitteln.

## Gemeinsame Ziele schweißen zusammen

Ein weiterer Faktor, der das Commitment trägt, ist die Existenz einvernehmlicher Ziele. Denn neben Wertschätzung und Vertrauen ist natürlich auch der gemeinsame Geschäftsgegenstand notwendig. Und er kann nur aus Zielen bestehen, von denen beide Seiten profitieren. Während also Wertschätzung und Vertrauen die emotionalen Komponenten der Beziehung aufzeigen, repräsentieren die Ziele ihren Nutzen.

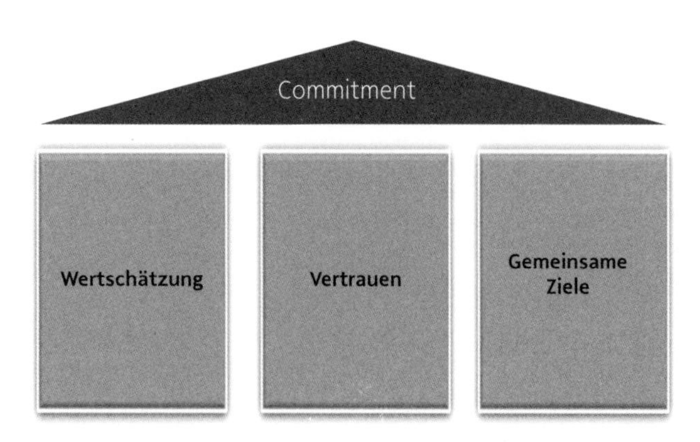


Abb. 37: Commitment

In Bezug auf die gemeinsamen Ziele im Rahmen des Change Managements ist es natürlich wesentlich, dass die Mitarbeiter die Ziele kennen und verstehen. Nur dann kommt das Commitment auch zum Tragen. Damit die Mitarbeiter die neuen Ziele darüber hinaus auch engagiert umsetzen, ist neben den Grundbedingungen, die Engagement ermöglichen, auch die emotionale Akzeptanz der neuen Ziele wichtig. Die neuen Ziele werden nur zu gemeinsamen Zielen, wenn sie für beide Seiten (Unternehmen und Mitarbeiter) von Nutzen sind. Dafür müssen die folgenden Voraussetzungen erfüllt sein:

1. Der Mitarbeiter muss verstanden haben *warum* man sich ändern muss.
2. Der Mitarbeiter muss verstanden haben, *was* sich (grundsätzlich) ändern muss.
3. Der Mitarbeiter muss das neue Konzept/System/Geschäftsmodell verstehen.
4. Der Mitarbeiter muss verstehen, was sich dadurch für ihn selbst und seine tägliche Arbeit ändert.
5. Der Mitarbeiter muss zu dem Schluss kommen, dass das neue Konzept (für ihn/das Unternehmen) besser ist als das alte (es also wesentliche Vorteile hat, sich zu ändern).
6. Der Mitarbeiter muss glauben, dass das neue System erfolgreich sein wird bzw. erfolgreicher als das alte (Stichworte: Vision und Glauben) und dass er selbst den neuen Ansprüchen gerecht werden wird.

Zusammenfassend konnte in diesem Kapitel gezeigt werden, dass nicht Geld Mitarbeiter besonders motiviert, sondern insbesondere weiche Faktoren wie der Spaß an der Arbeit (die intrinsische Motivation), aber auch Loyalität und Commitment helfen, dass Mitarbeiter Veränderungsprozesse engagiert und motiviert umsetzen.

## 6.2 Psychologische Erkenntnisse und ihre Bedeutung für das Change Management

### 6.2.1 Wie Erwartungen den Erfolg beeinflussen

Unsere Erwartungen beeinflussen zu einem großen Teil auch unseren Erfolg. Insbesondere im Change Management ist es von wesentlicher Bedeutung, bewusst zu reflektieren, wie Erwartungen den Erfolg bzw. den Misserfolg von Veränderungsprojekten beeinflussen können.

#### Erwartung der Selbstwirksamkeit/Kontrollüberzeugung

Wie wir bereits in Kapitel „Bedeutung für den Veränderungsprozess" aufgezeigt haben, ist es wesentlich für die Motivation und damit auch für die Leistung und den Erfolg, inwieweit Mitarbeiter der Meinung sind, selbst Einfluss nehmen zu können. In diesem Zusammenhang haben wir den Begriff der Selbstwirksamkeit erläutert. Dieses Konzept möchten wir hier noch einmal aufgreifen, um deutlich zu machen, wie sich Erwartungen auf den Erfolg auswirken können.

Zur Erinnerung, was mit Selbstwirksamkeitserwartung und Kontrollüberzeugung gemeint ist, folgen hier noch einmal die entsprechenden Definitionen:

**DEFINITION: Selbstwirksamkeitserwartung (Bandura 1986)**

**Selbstwirksamkeitserwartung (englisch: Perceived Self-Efficacy) beschreibt die Überzeugung einer Person, ein Ergebnis selbst beeinflussen zu können.**

**DEFINITION: Kontrollüberzeugung (Rotter 1966)**

**Rotter ging davon aus, dass es für die Motivation eines Individuums ganz erheblich ist, ob ein bestimmtes Ergebnis vom Individuum als durch es selbst beeinflussbar (internal) oder durch äußere Bedingungen beeinflusst (external) angesehen wurde. Der angenommene „Ort der Kontrolle" (Locus of Control), also in sich selbst liegend (internal) oder durch äußere Umstände beeinflusst (external), ist deshalb maßgeblich für die Kontrollüberzeugung. Für die Motivation des Individuums ist es dabei unerheblich, ob eine tatsächliche Beeinflussbarkeit des Ergebnisses vorliegt. Wichtig ist nur, ob die Person *glaubt*, das Ergebnis selbst beeinflussen zu können.**

Bandura konnte zeigen, dass Personen, die über eine hohe Selbstwirksamkeitserwartung verfügen, insgesamt

- mehr Ausdauer bei der Bewältigung von Aufgaben zeigen,
- ein geringeres Risiko haben, eine Angststörung oder eine Depression zu entwickeln, und
- insgesamt in ihrem Berufsleben erfolgreicher sind.

Je nach Kontrollüberzeugung kann man Menschen in Optimisten und Pessimisten einteilen:

- Der Optimist schaut positiv in die Zukunft, denn er ist grundsätzlich davon überzeugt, dass er die Umstände sehr gut selbst beeinflussen kann. Erfolge schreibt er sich selbst und seiner Kompetenz zu. Das heißt, dass er davon ausgeht, dass er erfolgreich ist, weil er sich sehr angestrengt, Ausdauer bewiesen und/oder über eine hohe Kompetenz zur Bewältigung der Aufgabe verfügt hat. Bei nachweisbaren Misserfolgen hingegen geht er davon aus, dass sein

Einfluss auf das Ergebnis gering oder das Ergebnis schlichtweg nicht beeinflussbar war. Er ist überzeugt, dass andere in der gleichen Situation auch nicht erfolgreicher gewesen wären oder dass es sich um eine schicksalhafte Fügung oder höhere Gewalt gehandelt hat.

- Der Pessimist hingegen schreibt Erfolge größtenteils äußeren Einflüssen zu und geht davon aus, dass er selbst nur einen geringen oder gar keinen Einfluss auf die gute Leistung gehabt hat. Er ist überzeugt, dass jeder in dieser Situation erfolgreich gewesen wäre, die Aufgabe selbst wenig anspruchsvoll war oder aber dass es sich bei seinem Erfolg um einen glücklichen Zufall gehandelt hat. Misserfolge hingegen schreibt er größtenteils oder gänzlich sich selbst zu. Er geht davon aus, dass er nicht über die notwendigen fachlichen Kompetenzen verfügt hat, nicht die notwendige Intelligenz hat oder nicht ausdauernd genug an der Aufgabe gearbeitet hat.

Die folgende Abbildung veranschaulicht die unterschiedlichen Kontrollüberzeugungen von Optimisten und Pessimisten:

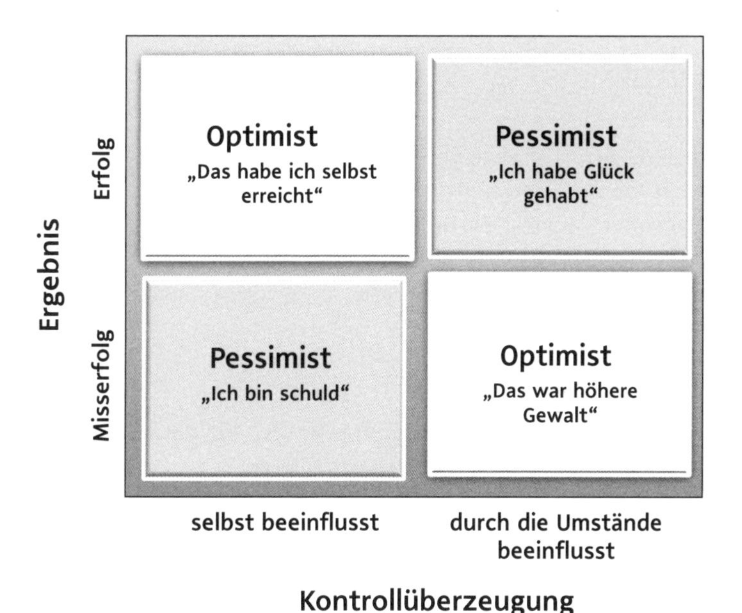


Abb. 38: Kontrollüberzeugungen von Optimisten und Pessimisten

Warum nun sind Personen mit einer höheren Kontrollüberzeugung erfolgreicher als Personen, die Erfolge eher in äußeren Umständen ohne eigene Einflussfaktoren begründet sehen?

Es konnte gezeigt werden, dass Personen mit hoher Selbstwirksamkeitserwartung

- sich anspruchsvollere Ziele setzen,
- sich den Zielen mehr verpflichtet fühlen,
- bessere Problemlösungsstrategien finden und anwenden und
- besser mit konstruktivem Feedback umgehen können

als Personen mit einer niedrigen Selbstwirksamkeitserwartung.[11]

Herausfordernde (nicht überfordernde) Ziele führen zu höherer Leistung (vgl. hierzu Abb. 29) und großem Erfolg, den sich Personen mit hoher Kontroll- und Selbstwirksamkeitsüberzeugung selbst zuschreiben. Durch den sich selbst zugeschriebenen Erfolg, wird die eigene Kompetenz als hoch eingeschätzt, wodurch das Selbstvertrauen steigt. Es kommt zu einem Zyklus, der als Hochleistungszyklus (englisch: high performance cycle, Locke & Latham 1990) bezeichnet wird.

Das Gegenteil ist bei einer Person der Fall, die eine geringe Selbstwirksamkeitserwartung hat: Sie setzt sich keine hochgesteckten Ziele, weil sie sich selbst nicht die Kompetenz zuspricht, die gesetzten Zeile aus sich selbst heraus erreichen zu können. Ihre Motivation, die gesteckten Ziele zu erreichen, ist eher gering, denn auch Teilzielerreichungen können eine solche Person nicht motivieren, schreibt sie diese Erfolge doch wiederum äußeren Umständen oder anderen Einflüssen (z. B. anderen Personen) zu. Bei Rückschlägen oder Misserfolgen aber fühlt sich ein Pessimist nur in seiner Vorannahme bestätigt, dass er selbst nicht über die erforderlichen Kompetenzen verfügt. In der Folge wird sich eine solche Person noch weniger zutrauen und sich noch geringere Ziele setzen bzw. diese Ziele nicht mit Nachdruck und hoher Motivation verfolgen.

## Die Bedeutung der Kontrollüberzeugung für die Mitarbeitermotivation in Transformationsprozessen

Für die Mitarbeitermotivation in Transformationsprozessen ist es von großer Bedeutung, dass die Mitarbeiter davon überzeugt sind, auf den Verlauf und das Gelingen des Prozesses maßgeblich Einfluss nehmen zu können. Damit die Mitarbeiter zu dieser Kontrollüberzeugung gelangen können, gilt es einige wesentliche Voraussetzungen zu schaffen:

[11] Locke, E. A./G. P. Latham: A Theory of Goal Setting and Task Performance. Englewood Cliffs 1990.

**TIPP**

1. Die Mitarbeiter müssen verstehen, dass sie tatsächlich aktiv Einfluss nehmen.
   Dafür müssen sie von Anfang an aktiv am Prozess beteiligt werden. Die aktive Einbindung der Mitarbeiter in den Transformationsprozess muss von Beginn an ein Bestandteil der Projektplanung sein.
2. Die Mitarbeiter müssen verstehen, *wie* sie Einfluss nehmen können.
   Dafür ist es zu allererst notwendig, dass die Mitarbeiter auch die neue Strategie verstehen. Oftmals wird der eigene Einfluss auf das Gesamtergebnis als gering eingestuft. Bei der Kommunikation der Strategie sollte herausgearbeitet werden, dass die Veränderung nur funktionieren kann, wenn sich alle aktiv an der Zielerreichung beteiligen. Darüber hinaus ist es wichtig, dass Sie Erfolgsfaktoren und mögliche Hindernisse möglichst früh reflektieren und entsprechende Ableitungen vornehmen, um bestmögliche Erfolge sicherzustellen, die die Motivation für den weiteren Prozess fördern.
3. Die Mitarbeiter müssen Erfolge als solche erkennen.
   Das erreicht man am besten, indem man bei der Projektplanung Meilensteine setzt und Teilzielerreichungen feiert. Bei den Teilzielerreichungen muss den Mitarbeitern deutlich werden, dass sie selbst maßgeblich zu diesen Erfolgen beigetragen und mögliche Rückschläge erfolgreich durch eigene Leistung überwunden haben. Die Kommunikation über bereits erreichte (Teil-)Ziele muss ein integraler Bestandteil der Kommunikationsstrategie sein.
4. Im Rahmen des Projektmanagements müssen feste Rückkopplungsschleifen eingebaut werden, in denen die Mitarbeiter Informationen und Vorschläge z. B. zur Überwindung von Hindernissen an das Projektmanagementteam bzw. das Management des Unternehmens zurückspiegeln können.
   Dabei ist es wesentlich, dass diese Informationen und Vorschläge auch ausgewertet werden und einen tatsächlichen Einfluss auf den weiteren Prozess nehmen.
5. Es muss deutlich werden, dass nicht die Mitarbeiter dafür verantwortlich sind, dass der Wandel notwendig wurde.

**ACHTUNG: Es muss sichergestellt werden, dass Informationen und Vorschläge auch Auswirkungen auf den weiteren Prozess haben**

Ein typischer Fehler besteht darin, Mitarbeiter um Feedback zum bisherigen Prozess zu bitten, ohne dass die Ergebnisse Einfluss auf den weiteren Prozess nehmen oder ohne dass der Einfluss, den sie nehmen, auch an die Mitarbeiter kommuniziert wird. Dies hat dann den gegenteiligen Effekt, des eigentlich beabsichtigten: Erkennen die Mitarbeiter, dass ihr Feedback keinen sichtbaren Einfluss auf das Ergebnis des weiteren Prozesses hat, kommen sie zu einer

**externalen Kontrollüberzeugung, Pessimisten und Skeptiker werden in ihrer angenommenen geringen Selbstwirksamkeit bestätigt. Wer um Vorschläge zur weiteren Optimierung bittet, muss diese Vorschläge auch (in Teilen) umsetzen bzw. darüber berichten, wie mit dem Feedback umgegangen wird und wie die Antworten den weiteren Prozess beeinflussen.**

In der Praxis können wir beobachten, dass zu Beginn eines Veränderungsprozesses besondere Betroffenheit geweckt werden soll, um den Mitarbeitern die Veränderungsnotwendigkeit eindrucksvoll vor Augen zu führen (schaffen einer „Burning Platform"). Den Mitarbeitern die Dringlichkeit und die Notwendigkeit der Veränderung bewusst zu machen, ist zunächst einmal richtig. Hierbei wird jedoch oftmals der Fehler begangen, den Mitarbeitern zu kommunizieren, man habe in den letzten Jahren schlecht gearbeitet und müsse nun die notwendige Veränderung umso nachdrücklicher vorantreiben. Bei den Pessimisten im Unternehmen wird dies dann oftmals als persönliches Versagen interpretiert. Der Effekt, den man erreicht, ist, dass die dadurch wahrgenommene Inkompetenz bei den ohnehin mit wenig Kontrollüberzeugung ausgestatteten Mitarbeitern, zu einer richtiggehenden Veränderungsdepression führt. Während die Optimisten, die mit einer guten Kontrollüberzeugung ausgestattet sind, nach der ersten Schockphase nach vorne schauen und den Veränderungsprozess mittragen, verharren die Pessimisten oftmals in depressiver Lethargie. Dieser Effekt, der in der Psychologie unter dem Begriff der „erlernten Hilflosigkeit" (Seligmann 1967) beschrieben ist, macht deutlich, dass Menschen, die gelernt und verinnerlicht haben, dass sie keinen Einfluss auf unangenehme Situationen nehmen können, um die Situationen zum Besseren zu wenden, irgendwann resignieren. Sie unternehmen auch dann keine Versuche mehr, wenn sie tatsächlich über Einflussmöglichkeiten verfügen.

Für die Motivation der Mitarbeiter in einem Veränderungsprozess ist es deshalb essenziell, dass Misserfolge — insbesondere, wenn sie der Auslöser der Veränderung sind — von Pessimisten nicht als persönliche Fehler interpretiert werden können. Es muss deutlich werden, dass äußere Umstände (sich verändernde Märkte, Megatrends) bzw. Umstände, die durch das Management vorgegeben wurden, wie das bisherige Geschäftsmodell, nicht mehr den Ansprüchen genügen. Dem Mitarbeiter muss zu Beginn des Veränderungsprozesses (und auch im weiteren Prozessverlauf) deutlich werden, dass die Umstände an der Notwendigkeit der Veränderung „schuld" sind und nicht die Mitarbeiter. Nur so kann sichergestellt werden, dass die Mitarbeiter die Veränderung motiviert mittragen.

Wenn Sie die folgenden Kommunikationsziele im Veränderungsprozess beachten, stellen Sie durch eine ausgeprägte Kontrollüberzeugung Ihrer Mitarbeiter sicher, dass die Leistungsmotivation zur Umsetzung des Veränderungsprozesses möglichst hoch ist:

### Kommunikationsstrategie zur Stärkung der Kontrollüberzeugung

- **Kommunikationsstrategie Teil 1** (Phasen „Verkündung" bis „emotionale Akzeptanz", vgl. Abb. 39)
  Der Mitarbeiter sollte – begleitet durch einen entsprechenden Kommunikationsprozess – zu den folgenden Einsichten gelangen:
  - „Die Umstände sind schuld daran, dass wir uns ändern müssen."
  - „Wir als Mitarbeiter haben noch lange durch unser Engagement und trotz nicht mehr optimaler Umstände dafür gesorgt, dass die Einbußen nicht noch höher geworden sind. Letztlich aber wogen die Umstände zu stark und mussten durch das Management geändert werden."
  - „Die Umstände wurden durch das Management an die neuen Erfordernisse angepasst. Ich verstehe, wie die neuen Rahmenbedingungen (z. B. die neue Strategie, das neue Geschäftsmodell) dazu beitragen, dass wir in Zukunft wieder erfolgreich(er) sein werden."
  - „Wir alle tragen maßgeblich zum Gelingen des Veränderungsprozesses bei. Er kann nur gelingen, wenn wir alle unseren Beitrag kennen und leisten."

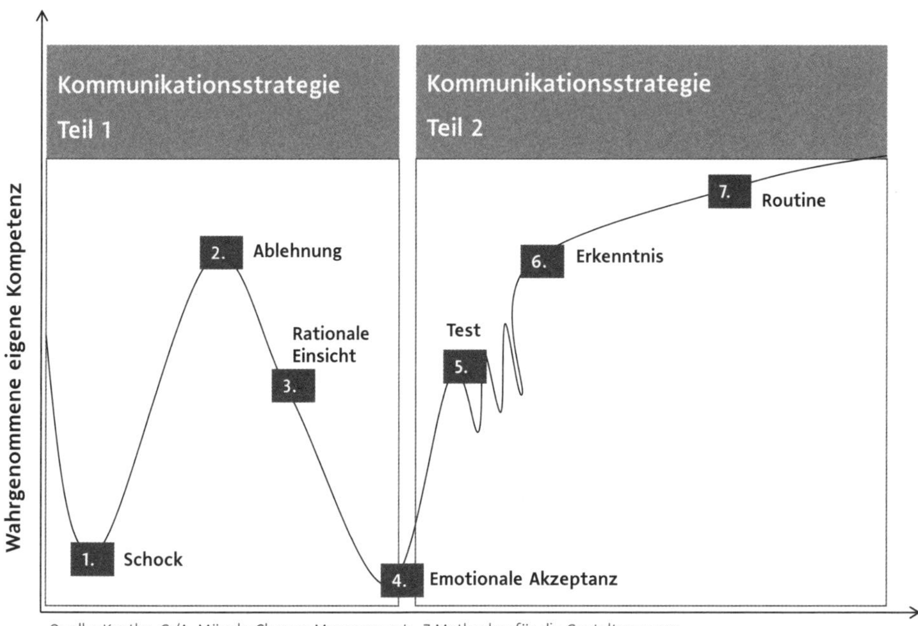


Abb. 39: Unterstützende Kommunikationsstrategie zur Kontrollüberzeugung

- **Kommunikationsstrategie Teil 2** (Phasen „Test“ bis „Routine“)
  Der Mitarbeiter sollte zu den folgenden Erkenntnissen gelangen:
  - „Ich kenne meinen Beitrag im Change-Prozess und weiß, dass ich ihn leisten kann und über die notwendigen Kompetenzen verfüge bzw. sie mir im Prozess aneignen kann.“
  - „Wir sind/ich bin erfolgreich in dem, was ich tue, und leiste meinen Beitrag im Veränderungsprozess. Rückschläge und Hindernisse überwinden wir/überwinde ich, indem ich täglich hinzulerne und so meine Leistung stetig verbessere.“
  - „Wir haben schon viel erreicht.“
  - „Wir sind erfolgreich, weil wir alle aktiv unseren Beitrag im Veränderungsprozess geleistet haben. Ich gehe gestärkt aus dem Veränderungsprozess heraus, denn ich weiß, dass ich Veränderungsprozessen nicht ausgeliefert bin, sondern dass ich sie aktiv und erfolgreich beeinflussen kann.“

### 6.2.2 Von der Macht gemeinsamer Ziele

Neben Vertrauen und Wertschätzung sind gemeinsame Ziele die dritte Säule für Commitment und damit für eine motivierte Umsetzung von Change-Prozessen (vgl. Abb. 37).

Natürlich kann man eine neue Strategie nur engagiert umsetzen, wenn man auch das entsprechende Ziel kennt. Weitgehend unbekannt ist den meisten Change Managern jedoch der Effekt, den gemeinsame Ziele auf der weichen Seite der Veränderung haben und wie sie zur Mitarbeitermotivation in Transformationsprozessen beitragen.

Welche Macht gemeinsame Ziele haben können, stellte der Psychologieprofessor Muzafer Sherif eindrucksvoll mit seinem sogenannten Ferienlagerexperiment (auch „Robbers-Cave-Experiment“ genannt) fest:

**BEISPIEL: Ferienlagerexperiment**

Sherif führte 1969 ein mehrmonatiges Experiment durch, in dem er untersuchte, welche Bedingungen dazu führen, dass Konkurrenz und Feindschaft zwischen Gruppen entsteht, und was zu einer Zusammenarbeit und Versöhnung beiträgt. Das Experiment wurde mit 22 elfjährigen Jungen in einem Ferienlager durchgeführt. Es lief in unterschiedlichen Phasen ab.
Man trennte die Jungen in zwei Gruppen. Jede Gruppe entwickelte nach kurzer Zeit ein eigenständiges Gruppengefühl, gab sich einen Namen (die Adler und die Klapperschlangen) und entwickelte für die Gruppe spezifische Rituale.

In einem nächsten Schritt förderte man die Konkurrenz zwischen den Gruppen, indem man sie in Wettkämpfen gegeneinander antreten ließ. Die Feindseligkeit und offene Aggressivität zwischen den Gruppen stieg.
Als die Aggressivität zwischen den Gruppen zum offenen Konflikt eskalierte (gegenseitige Verbrennung der Gruppenflaggen und Raufereien) wurde interveniert, indem heimlich gemeinsam zu bewältigende Aufgaben initiiert wurden:

1. Die Wasserzufuhr zum Lager wurde unterbrochen und die Gruppen erhielten den gemeinsamen Auftrag, den Fehler zu finden und zu beheben.
2. Die Kinder mussten das Geld für einen Film, der für eine gemeinsame Filmvorführung ausgeliehen werden sollte, zusammenlegen.
3. Bei einem gemeinsamen Zeltausflug mussten gleich mehrere gemeinsame Aufgaben bewältigt werden. Der von den Initiatoren des Experiments manipulierte Lieferwagen, der das Essen transportieren sollte, musste gemeinsam angeschoben werden, beim Aufbau der Zelte musste zusammengearbeitet und einander ausgeholfen werden, weil die Ausrüstung durch die Versuchsleiter absichtlich durcheinandergebracht worden war. Das Fleisch, das das gemeinsame Essen darstellte, war nur am Stück vorhanden und musste untereinander aufgeteilt werden.

Diese gemeinsam zu verrichtenden Aufgaben führten letztlich dazu, dass die Gruppen sich untereinander versöhnten: Die Jungen verbrachten den Abschiedsabend zusammen, fuhren auf eigenen Wunsch im Bus gemeinsam zurück und halfen einander auf der Rückfahrt mit Getränken aus.

---

Das Experiment wurde zu einem Klassiker der Psychologie. Auch wenn Sherif hiermit eigentlich untersuchen wollte, wie Konflikte zwischen zerstrittenen Parteien (z. B. verfeindeten Ländern) beigelegt werden könnten, ergeben sich hieraus auch für die betriebliche Praxis interessante Ansatzpunkte, zeigt sich doch, wie viel Einfluss der gemeinsamen Verfolgung von Zielen zukommt.

## Die Bedeutung gemeinsamer Ziele und Herausforderungen für die Mitarbeitermotivation in Transformationsprozessen

Für die Mitarbeitermotivation in Veränderungsprozessen birgt eine Neuausrichtung auf ein gemeinsames Gesamtziel, zu dem alle ihren Beitrag leisten müssen, die Chance, auch bestehende Rivalitäten und unterschiedliche Machtherde im Unternehmen auf ein gemeinsames Ziel einzuschwören und so die Mitarbeitermotivation und Leistungsfähigkeit zu erhöhen. Gerade die nicht zu verhindernden Unwegsamkeiten, Rückschläge und Herausforderungen, die auf dem Weg der gemeinsamen Zielerreichung überwunden werden müssen, fördern den Zusammenhalt und schaffen, wenn die Veränderungsprojekte professionell geplant und durchgeführt werden, eine Vertrauenskultur.

Insgesamt gab es im Experiment von Sherif vier Grundbedingungen, die vom Versuchsleiter initiiert wurden, um ein motiviertes und effizientes Zusammenarbeiten zu ermöglichen. Im Veränderungsprozess liegen diese vier Bedingungen aufgrund der Veränderungssituation und der Neuausrichtung „natürlicherweise" vor:

1. **Eine Ausnahmesituation, die gemeinschaftliches Handeln erfordert, um die Situation zu verbessern**
   Im Robbers-Cave-Experiment war eine solche Situation gegeben, als die Jungen gemeinsam die beschädigte Wasserleitung untersuchen mussten, um den Wassermangel zu beheben.
   In der Unternehmenspraxis müssen die Mitarbeiter insbesondere bei revolutionären Veränderungsprozessen verstehen, dass sie sich gemeinsam in einer Situation befinden, die gemeinschaftliches Handeln erfordert, um aus dieser Notsituation in eine Normalsituation zu gelangen. Der Angst und der Ohnmacht, die der Einzelne empfindet, kann durch das Gruppengefühl entgegengewirkt werden („Gemeinsam sind wir stark. Gemeinsam schaffen wir das.").

2. **Ein nur gemeinschaftlich zu erlangender Vorteil**
   Im Ferienlagerexperiment konnten die Jungen den Versorgungsbus nur gemeinschaftlich anschieben und auch den Film für die Vorführung konnten sie nur durch eine gemeinschaftliche Geldaufwendung bezahlen.
   In Transformationsprozessen wird schnell deutlich, dass man nur dann das notwenige Sicherheitsbedürfnis wiedererlangen kann (z. B. Jobsicherheit), wenn alle gemeinsam bei der Umsetzung mithelfen und auf ein gemeinsames Ziel hinarbeiten („Jeder zählt. Das ganze wird nur funktionieren, wenn wir alle gemeinsam daran arbeiten. Es ist in unser aller Interesse, dass wir die neue Strategie entsprechend umsetzen.").

3. **Der gemeinsam erlebte Erfolg/die Freude an der (Teil-)Zielerreichung.**
   Im Experiment konnten die Jungen alle Aufgaben gemeinsam bewältigen und feierten diese Erfolge gemeinsam (z. B. am Abschiedsabend).
   In Change-Prozessen ist es wichtig, eine entsprechende Roadmap zu erstellen, auf der die einzelnen zu erreichenden Teilziele gekennzeichnet sind. Besonders wichtige Etappenziele und -erfolge sollten gefeiert werden, damit die Leistungsmotivation, der Zusammenhalt und die effektive Zusammenarbeit noch weiter gefördert werden („Wir haben gemeinsam viel erreicht. Es ist schön das zusammen zu feiern.").

4. **Gemeinschaftliche Konkurrenz**
   Interessanterweise gab es neben dem beschriebenen Versuch noch zwei weitere, von denen Sherif berichtete und bei denen sich der Verlauf des Experiments anders darstellte. Beim ersten Versuch waren die Manipulationen durch den Versuchsleiter und sein Team zu offensichtlich. Die Aggressivität richtete sich in der Folge geben das Versuchsleistungsteam. In einem weiteren Experiment konnte die gegenseitige Feindschaft zugunsten der Konkurrenz zu einer anderen Gruppe beigelegt werden, die nicht zum Ferienlager gehörte. Sherif wollte jedoch keinen Konflikt beilegen, indem er einen neuen schuf. Er suchte deshalb nach anderen Möglichkeiten und fand sie in der oben beschriebenen Vorgehensweise.
   In Transformationsprozessen stehen die betroffenen Unternehmen immer in Konkurrenz mit anderen Wettbewerbern. Insofern wird die gemeinschaftliche Leistungsmotivation zur Zielerreichung auch vorangetrieben, um besser zu sein als die Konkurrenz bzw. um wirtschaftlicher zu sein und sich Wettbewerbsvorteile zu sichern („Wir sind besser als das/die Unternehmen X.“).

### 6.2.3 Soziale Bewährtheit und wie wir uns von anderen beeinflussen lassen

Ein weiteres interessantes psychologisches Prinzip ist das der sozialen Bewährtheit. Der Mensch muss täglich eine Unmenge von Informationen verarbeiten und zahlreiche Entscheidungen treffen. Natürlich ist es unmöglich, immer alle relevanten Informationen gegeneinander abzuwägen, um dann rationale Entscheidungen zu fällen. Im Laufe der Evolution haben wir uns deshalb Techniken angeeignet, die uns helfen, möglichst schnell richtige Entscheidungen zu treffen.

Das Prinzip der sozialen Bewährtheit ist so einfach, wie es effektiv ist: Anstatt auf eine Vielzahl von Informationen und Auswertungen zu setzen, fragen wir uns einfach „Was machen oder sagen denn andere dazu?“, um dann schnell zu dem Entschluss zu kommen: „Na, wenn die anderen das auch so machen bzw. so sehen, muss da was dran sein — ich mache es genauso.“ Je mehr Informationen wir in immer kürzerer Zeit verarbeiten müssen, desto mehr solcher Systeme finden und nutzen wir. Hierfür gibt es zahlreiche Beispiele:

**BEISPIEL: Entscheidungssysteme, die auf dem Prinzip der sozialen Bewährtheit beruhen**

- Persönliche Empfehlungsschreiben in sozialen Wirtschaftsnetzwerken sollen Aufschluss über die Qualität der Leistung der Mitglieder geben.
- Bewertungsportale, die Hotels und andere Ferienunterkünfte bewerten.
- Gefällt-mir-Buttons und Statements auf Facebook.
- Buch- und Produktrezensionen bei Onlinehändlern wie Amazon.
- Werbeaussagen über Produkte wie:
  - „Testsieger 201x in der Kategorie X",
  - „Meistverkauftes Produkt im Bereich XY im Jahr 201x".
  - „Von Millionen zufriedener Kunden empfohlen",
  - „93 Prozent würden es ihrer besten Freundin empfehlen".

Besonders häufig folgen wir einer Empfehlung, wenn die Anzahl der Empfehlungen hoch ist, der Aufwand für die Bewertung der Informationen für eine unabhängige, eigene Meinungsbildung zu hoch erscheint und man den Empfehlungen bzw. den Empfehlenden vertraut.

Besonders überzeugend wirken auf uns Personen, die über eine entsprechende Autorität (z. B. aufgrund ihrer Funktion) verfügen, gut aussehende Menschen und Menschen, die uns ähnlich sind und die wir deshalb besonders sympathisch finden.

Anhand dieser Mechanismen lassen wir uns gerne und schnell überzeugen. Jedenfalls oft sehr viel schneller und mit weniger Aufwand, als wenn man die wirklich persuasive Überzeugungsstrategie anwendet, bei der eine kognitive Entscheidung anhand von Fakten erfolgt. Nun soll das natürlich kein Appell sein, im Veränderungsprozess darauf zu verzichten, die Mitarbeiter mit nachvollziehbaren Fakten beispielsweise von der Notwendigkeit einer Veränderung zu überzeugen. Und es soll auch kein Appell sein, die Mitarbeiter durch Werbeversprechen überzeugen zu wollen. Nein, es soll einzig und allein ein Appell sein, neben der klassischen persuasiven Kommunikation auch Effekte wie die soziale Bewährtheit, die Überzeugungskraft von Autoritäten, Mehrheiten und Sympathieträgern zusätzlich in den Transformationsprozessen zu berücksichtigen, insbesondere, um zu Beginn Widerstände abzubauen und Verharrungstendenzen zu vermeiden.

**BEISPIEL: Nutzung der Überzeugungskraft der sozialen Bewährtheit in Veränderungsprojekten**

- Erläutern, wie das Unternehmen bereits früher schwierige Situationen gemeistert hat und wie es erfolgreich und gestärkt aus diesen schwierigen Situationen hervorging.
- Kommunikation von „Erfolgsstorys" anderer Mitarbeiter oder Experten (z. B. in der Mitarbeiterzeitschrift).
- Installieren einer Austauschplattform (z. B. im Intranet) zum Veränderungsprojekt, beispielsweise mit
  - Tipps und Techniken anderer Mitarbeiter, wie man Hürden und Fallstricke im Veränderungsprozess erfolgreich bewältigen kann (ggf. mit der Möglichkeit, diese Tipps und Techniken als Leser zu bewerten),
  - Zitaten von Mitarbeitern zum neuen Geschäftsmodell (Wo sehen sie Vorteile?).

Besonders überzeugend wirkt es, wenn man Autoritäten wie z. B. Vertreter des Managements zu den Mitarbeitern sprechen lässt. Das können beispielsweise Reden in Großveranstaltungen sein. Noch überzeugender sind aber Frage-und-Antwort-Situationen im kleineren Rahmen (z. B. bei einem Kamingespräch). Sie sind noch überzeugender, weil z. B. das Vorstandsmitglied auf ganz spezifische Fragen eingeht und augenscheinlich keine Angst hat, „Rede und Antwort zu stehen". Darüber hinaus haben sie einen Auszeichnungscharakter für die Anwesenden, weil sie die Möglichkeit haben, einer Autoritätsperson sehr nahe zu kommen und persönlich Fragen zu stellen. Solche Gespräche im kleinen Rahmen sind insbesondere mit einem Teilnehmerkreis sinnvoll, der von der Veränderung in höherem Maße betroffen ist als andere Bereiche des Unternehmens.

Ebenso sollten Sympathieträger im Unternehmen, die über eine hohe Glaubwürdigkeit bei den Mitarbeitern verfügen und dem Transformationsprozess positiv gegenüberstehen, für solche Reden und Gesprächsrunden eingesetzt werden. Besonders glaubwürdig sind dabei Personen, die zuvor dem Veränderungsvorhaben kritisch gegenüberstanden und es nun überzeugt vertreten.

### 6.2.4 Warum wir uns selbst am überzeugendsten finden und mit uns im Reinen sein wollen

Selbstverliebtheit treibt mitunter recht seltsame Blüten und beeinflusst viele Bereiche unseres Lebens.

#### Das Not-invented-here-Syndrom

Mit dem Not-invented-here-Syndrom beschreibt Dan Ariely einen Effekt, den wir sicherlich schon alle in der Praxis beobachtet haben: Nichts ist so genial wie die eigenen Ideen. Insofern wird man immer nur eine Antwort erhalten, wenn jemand seine eigene Idee mit den Ideen anderer vergleichen soll: „Die Idee ist nicht schlecht, hat gute Ansätze, aber meine Idee ist leider besser."

Anhand eines Experiments konnte Ariely jedoch nachweisen, dass nicht die eigene Idee tatsächlich besser ist oder nur am besten zum eigenen Wertesystem passt, sondern, dass tatsächlich eine Überbewertung der eigenen Leistung stattfindet. Ariely ließ dabei Probanden Legosteine nach Anleitung zusammenbauen. Danach mussten sie ihre und die Arbeit anderer Personen bewerten, die die gleiche Aufgabe bekommen hatten. Er konnte tatsächlich nachweisen, dass die Probanden ihre eigene Arbeit konsequent besser einschätzten als die der anderen, obwohl sie bezogen auf das Ergebnis natürlich identisch war.

Wie begegnet uns dieses Syndrom in der täglichen Arbeit und wie gehen wir damit um?

**BEISPIEL: Der Umgang mit dem Not-invented-here-Syndrom**

Eine junge Beraterin stellt einem Kunden ihr Konzept vor. Sie hat lange daran gearbeitet, in der Hoffnung, alles richtig gemacht zu haben. Inhaltlich wurde alles dreifach überprüft, kein Rechtschreibfehler, keine falsche Interpunktion ist mehr zu finden. Der Kunde liest das Konzept ein Mal, er liest es ein zweites Mal und nachdem er es ein drittes Mal gelesen hat, schaut er auf und sagt: „Wirklich gut, aber irgendetwas fehlt noch ...!". Endlich hat er eine Idee, erläutert sie und befindet: „Wenn Sie das noch irgendwie integrieren können, ist die Sache rund, denke ich." Die junge Beraterin bedankt sich beim Kunden, auch wenn wegen der neuen Idee das Konzept nochmal komplett überarbeitet werden muss.
Auf der Heimfahrt mit ihrem Chef, fragt sie ihn nachdenklich, ob er es jemals erlebt habe, dass ein Kunde keine Ergänzungen gemacht hat, denn sie hadert ein wenig mit sich, ob das Konzept doch nicht so perfekt gewesen sein

könnte, wie sie gedacht hatte. „Mach Dir keine Gedanken, der Kunde muss der Sache immer noch seinen Stempel aufdrücken, damit er zufrieden ist. Wenn Du aber nicht Gefahr laufen möchtest, dass Du gegebenenfalls alles neu machen musst, gibt es einen einfachen Tipp: Vergiss ein Komma und lass einen flüchtigen Rechtschreibfehler stehen. Oft ist der Kunde schon zufrieden, wenn er diese Fehler gefunden und berichtigt hat. Fällt es ihm nicht auf oder reicht ihm das nicht zur Identifikation, solltest Du gezielt eine Frage stellen, bei der er sein Votum abgegeben kann. Beispielsweise kann man ihn fragen: ‚Bei diesem Punkt war ich unschlüssig, wo Sie für Ihr Unternehmen den Schwerpunkt setzen würden. Würden Sie eher A oder B empfehlen?' Der Kunde ist dann meistens sehr glücklich, seine Gedanken einbringen und dem Ganzen so seinen eigenen Stempel aufdrücken zu können, und Du läufst nicht so schnell Gefahr, dass er das ganze Konzept mit einer völlig neuen Idee zerschießt, weil Du es selbst in Bahnen gelenkt hast, die Dich auch inhaltlich weiterbringen."

Ähnliches haben auch Sie sicherlich schon in Ihrem Job erlebt. Seien Sie ehrlich mit sich selbst: Haben Sie es jemals geschafft, ein Schriftstück, das Ihnen zur Prüfung vorgelegt wurde, als gut zu befinden, ohne eine einzige Änderung vorgenommen oder vorgeschlagen zu haben? Wahrscheinlich nicht. Hat man aber eine Änderung vorgenommen, fühlt man sich hinterher gut und ist von der Qualität der Arbeit überzeugt.

**Die Bedeutung des Not-invented-here-Syndroms für die Mitarbeitermotivation im Transformationsprozess**

Tatsächlich ist es so, dass das Not-invented-here-Syndrom nochmals unterstreicht, wie wesentlich es für den Veränderungsprozess ist, dass die Mitarbeiter tatsächlich mit in den Prozess einbezogen werden. Können sie selbst einen wesentlichen Beitrag leisten, sind sie von der Sache persönlich überzeugt und unterstützen sie auch emotional. Schließlich waren sie an der Entwicklung und Umsetzung selbst beteiligt und können dem Veränderungsprozess gedanklich den Invented-here-Stempel aufdrücken.

Wie das Beispiel von oben zeigt, ist es jedoch wichtig, dass klar festgelegt wird, in welchen Bereichen die Mitarbeiter sinnvoll Einfluss nehmen können und sollen. Rückkopplungsprozesse müssen genau geplant werden, weil ein eingefordertes Feedback (wie bereits angemerkt wurde) auch angemessen berücksichtigt werden muss. Die Miteinbeziehung der Mitarbeiter darf deshalb nicht ungeplant und ungesteuert erfolgen, wenn man nicht Gefahr laufen will, das Ziel und die Geschwindigkeit aus den Augen zu verlieren.

**TIPP: Miteinbeziehung der Mitarbeiter gut planen und steuern**

Eine gute Planung und Steuerung der aktiven Miteinbeziehung der Mitarbeiter ist notwendig, damit die Mitarbeiter engagiert und überzeugt an der Umsetzung arbeiten, ohne ihr Ziel aus den Augen zu verlieren.

## Die kognitive Dissonanztheorie

Die kognitive Dissonanztheorie besagt stark vereinfacht, dass wir gerne mit uns selbst im Reinen sind. Wir haben bestimmte Wahrnehmungen, Wünsche, Überzeugungen, Meinungen und Grundeinstellungen. Wenn wir etwas tun oder uns gezwungen sehen, etwas zu tun, das eigentlich nicht in Einklang mit unserer Überzeugung und unserer bisherigen Einstellung zu bringen ist, fühlen wir uns unwohl. Dieser Spannungszustand wird in der Psychologie als kognitive Dissonanz bezeichnet. Dieser Zustand ist uns unangenehm, weshalb wir danach streben, ihn schnell wieder aufzulösen: Man spricht von Dissonanzauflösung oder Dissonanzreduktion. Damit eine Dissonanzauflösung eintreten kann, müssen die nicht in Einklang zu bringenden Sachverhalte neu bewertet bzw. umgedeutet werden.

**BEISPIEL: Kognitive Dissonanz**

Alexander M. hat sich für eine neue Stelle beworben. Es scheint sich beim potenziellen neuen Arbeitgeber und bei der ausgeschriebenen Funktion um seinen absoluten Traumjob zu handeln. Tatsächlich wird er zum Vorstellungsgespräch geladen. Er hat ein gutes Gefühl und malt sich seinen neuen Job in seiner Vorstellung schon in allen Einzelheiten aus, führt sich vor Augen, welche fantastischen Freizeitmöglichkeiten sich ihm in der Großstadt böten, in die er dann ziehen würde. Der Job wäre auch viel besser bezahlt als sein bisheriger und er hätte vielfältige Aufstiegsmöglichkeiten.
Einen Tag später kommt völlig überraschend die Absage. Zunächst ist er enttäuscht, hatte er sich eine Zusage doch sehr gewünscht und auch fast schon erwartet. „Na ja“, denkt sich Alexander M., „eigentlich kann ich doch ganz glücklich sein, dass es nichts geworden ist. Wer weiß, ob meine Beziehung das ausgehalten hätte, und jedes Wochenende zu pendeln wäre wohl auch unrealistisch gewesen. Auch die Arbeitszeiten wären dann sicher länger geworden und von der Stadt hätte ich alleine und so spät wie ich dann aus dem Büro gekommen wäre, auch nichts gehabt.“

### Bedeutung der kognitiven Dissonanz für den Change-Prozess

Insbesondere bei revolutionären Veränderungsprozessen kann man die kognitive Dissonanztheorie in der Praxis beobachten. Dissonanzreduktion führt nicht selten zu einer Verleugnung der Veränderungsnotwendigkeit, zu Verharrungstendenzen und Widerständen in Transformationsprozessen.

**BEISPIEL: Kognitive Dissonanz in Transformationsprojekten**

**Ein traditionsreiches Modeunternehmen steht vor einem revolutionären Veränderungsprozess. Jahrelang hatte man den Trend verschlafen, die Produkte des Markenartikelherstellers auch über Onlineplattformen anzubieten und zu versenden. Im Rahmen der Neuausrichtung soll sich das nun ändern.**
**Viele Mitarbeiter, insbesondere die Mitarbeiter mit langer Betriebszugehörigkeit, können sich mit dem neuen Geschäftsmodell und den mit ihm verbundenen wesentlichen Änderungen nicht anfreunden. Trotz überzeugender Fakten, dass eine Neuorientierung notwendig ist, leugnen viele Mitarbeiter die Notwendigkeit radikaler Neuerungen.**

Die Fakten im oben dargestellten Beispiel werden von den Mitarbeitern gar nicht wahrgenommen. Sie werden quasi verleugnet. Das ist eine klassische Strategie, Dissonanz zu vermeiden. Außerdem kann man oft die Bewältigungsstrategie beobachten, bei der Bestätigungen gesucht werden, die die eigene Meinung stützen (z. B. werden Kunden angeführt, die die persönliche Betreuung des Modeunternehmens besonders geschätzt haben und dem Onlinehandel ebenfalls kritisch gegenüberstehen). Gleichzeitig wird manchmal auch versucht, die Fakten, die für eine Veränderungsnotwendigkeit sprechen als nicht aussagekräftig einzustufen. Auf diese Strategien (vom „Schönreden“ und vom „Schlechtreden“) sind wir bereits in Kapitel „Keine Veränderung über Nacht: Die emotionalen Phasen des Change“ eingegangen. Sie werden häufig erst dann aufgegeben, wenn der Veränderungsdruck so stark wird, dass es für die Betroffenen leichter ist, ihre alten, wenn auch stark gefestigten Einstellungen aufzugeben, als die oben genannten, immer schwieriger durchzuführenden Strategien zur Dissonanzreduktion unter großer Anstrengung einzusetzen, um die ursprüngliche Einstellung nicht ändern zu müssen.

# 7 Den Unternehmenswandel erfolgreich managen: der integrierte Prozessablauf

In diesem Kapitel beschreiben wir einen integrierten Prozess, der die weichen und die harten Faktoren vereint. Jede einzelne Phase eines Veränderungsprojekts wird beschrieben. Für jeden Schritt im Prozess wird erläutert, worauf es ankommt, welche Erfolgsfaktoren und Stolpersteine zu beachten sind. Auch wirkungsvolle Instrumente werden beispielhaft genannt.

### Der integrierte Prozessablauf

Vorgestellt wird ein Prozessablauf, der sich an den Schritten des Projektmanagements eines typischen Change-Prozesses orientiert. Neben den normalen Phasen haben wir Zwischenschritte bzw. begleitende Schritte integriert, in denen insbesondere die Kommunikation an die Mitarbeiter betrachtet wird.

Die folgende Abbildung zeigt den Prozessablauf:

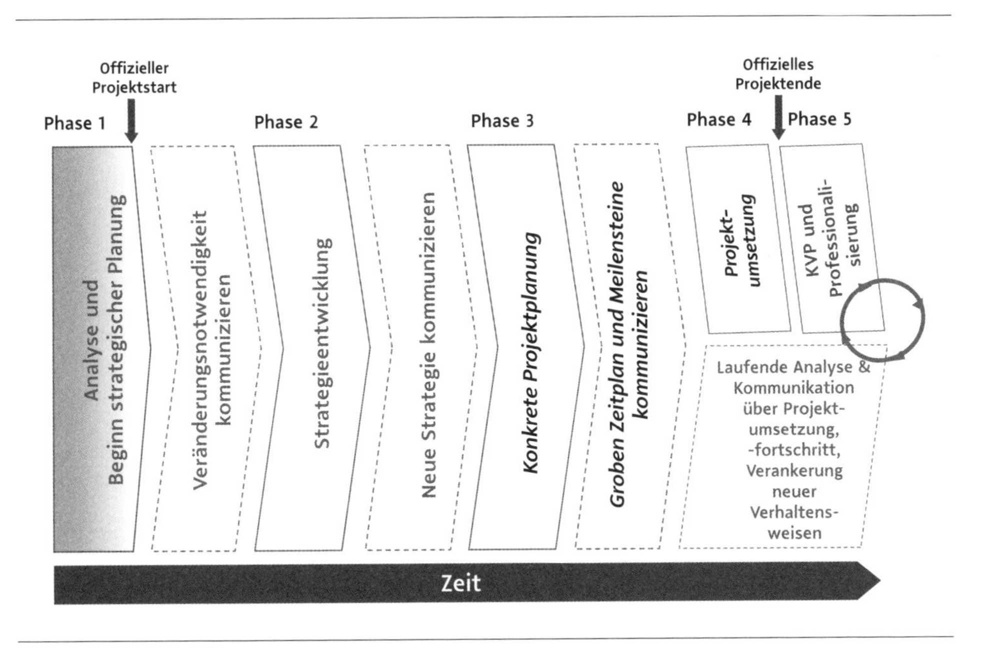


Abb. 40: Phasenmodell

Der Prozessablauf besteht aus fünf Phasen. Wir betrachten den kompletten Ablauf und starten bei der Analyse durch das oberste Management. Die Prozessdarstellung endet mit Phase 5, in der die neuen Prozesse und Verhaltensweisen ständig verbessert und professionalisiert werden.

Der offizielle Change-Projektplan im Unternehmen startet klassischerweise am Ende der hier dargestellten Phase 1 (Abschluss der Analyse durch das Top-Management) und reicht bis zum Ende der Phase 4 (Abschluss der offiziellen Projektumsetzung). Wir haben diese Darstellungsweise bewusst gewählt, weil es für die Kommunikation sinnvoll sein kann, schon nach Phase 1 erste Kommunikationsmaßnahmen durchzuführen. Das Change Management ist mit dem Abschluss der offiziellen Projektumsetzung noch nicht beendet – nur die Implementierung ist zu diesem Zeitpunkt abgeschlossen. Deshalb wird in diesem Buch auch noch Phase 5 betrachtet.

## 7.1 Phase 1: Analyse und Beginn der strategischen Planung

Die erste Phase beginnt mit der Erkenntnis des Managements, dass eine Veränderung stattfinden muss. Abhängig vom Anlass, der zu dieser Erkenntnis führt, stehen am Anfang unterschiedliche Fragestellungen:

**BEISPIEL: Fragestellungen je nach Veränderungsanlass**

- Zusammenschluss zweier Unternehmen
  Wie müssen wir uns neu ausrichten, um als *ein* Unternehmen am Markt erfolgreich sein zu können?
- Externe Auslöser mit internem Effekt (z. B. Umsatzrückgang durch die Auswirkungen eines Megatrends)
  Wie sieht der Markt von morgen aus und wie müssen wir darauf reagieren, damit wir am Markt erfolgreich sein können?
- Interne Auslöser (z. B. hohe Fluktuation, geringe Mitarbeiterzufriedenheit und -motivation):
  Wie müssen wir unsere Kultur, unseren Umgang miteinander und mit anderen anpassen, damit wir erfolgreich am Markt agieren können?
- Externer Auslöser (z. B. perspektivische Megatrends)
  Wie müssen wir uns aufstellen, wenn wir auf lange Sicht planen und schon jetzt mögliche Megatrends für unsere Ausrichtung berücksichtigen wollen?

Wie wir anhand der im Beispiel genannten Fragen sehen, geht es zu Beginn der Phase 1 immer darum, festzustellen, warum man nicht (mehr) so erfolgreich ist wie bisher bzw. wie man sich für die Zukunft ausrichten muss, um (wieder) erfolgreich zu sein. Das setzt die zukunftsorientierte Erkenntnis beim Management voraus, dass eine Veränderung notwendig ist. Zunächst wird eine (vorläufige) Vision formuliert (Wo wollen wir hin?).

**Phase 1: Analyse und Beginn der strategischen Planung**

**Beschreibung:**
- Zunächst Erkenntnis beim Management, dass eine Veränderung stattfinden muss
- Gemeinsame Ableitung, wo man mit dem Unternehmen in Zukunft hin will (vorläufige Vision)
- Analyse des Marktumfelds
- Analyse der Organisation (Stärken, Schwächen, Chancen, Risiken etc.)
- Analyse des Veränderungsbedarfs
- Überprüfung, ob die formulierte Vision beibehalten/angepasst werden muss (Überprüfung, Anpassung der Vision)

**Ergebnis zum Ende der Phase:**
- Es gibt eine Vision, die angestrebt wird
- Es ist deutlich, was geändert/angepasst werden muss
- Projekt-Start (Kick-off) des Veränderungsprojekts
- Noch offen ist die Strategie

Abb. 41: Phase 1 (Phasenmodell)

Es findet eine Analyse des Marktumfelds und seiner zukünftigen Entwicklung statt. Darauf aufbauend wird das eigene Unternehmen beispielsweise hinsichtlich seiner Stärken, Schwächen, Chancen und Risiken analysiert. Der Veränderungsbedarf wird eruiert. Abschließend wird nochmals betrachtet, ob die formulierte Vision beibehalten werden kann, ob sie aufgrund der Ergebnisse verworfen oder in Teilen angepasst werden muss.

Am Ende der ersten Phase, steht fest,

- wo man hin möchte (Vision),
- dass man es angehen will (= Projektstart, Startschuss für den Change-Prozess).

Was zu diesem Zeitpunkt noch nicht feststeht, ist, was genau unternommen werden muss, um die Vision zu erreichen. Die genaue Strategie, mit der die Vision erreicht werden soll, steht also nicht fest (sie wird in Phase 2 abgeleitet).

### Erfolgsfaktoren und Stolpersteine in Phase 1 (Analyse und Beginn der strategischen Planung)

Wichtig ist, dass am Ende dieser Phase ein Konsens darüber herrscht, dass eine Veränderung notwendig ist, damit man langfristig erfolgreich sein kann. Auch sollte Einigkeit darüber bestehen, was genau erreicht werden soll (Vision des Unternehmens).

Am Anfang hat jedes Mitglied des oberen Führungskreises seine eigene Sichtweise. Das ist schon allein dem Umstand geschuldet, dass die Mitglieder des obersten Führungskreises verschiedene Hintergründe, Verantwortung für unterschiedliche Bereiche und verschiedene Persönlichkeiten haben.

In der Praxis machen wir immer wieder die Erfahrung, dass die Unternehmensführung glaubt, dass sie über ein gemeinsames Verständnis des Veränderungsbedarfs verfügt. Es wird jedoch sehr schnell deutlich, dass dem nicht so ist und jeder eine eigene Sichtweise hat. Zahlreiche Studien belegen, dass das Commitment und das gemeinsame Verständnis des obersten Managements wichtige Erfolgsfaktoren im Rahmen von Veränderungsprojekten sind. Das beginnt bereits bei der Ermittlung des Veränderungsbedarfs in Phase 1.

### Methoden und Instrumente in Phase 1 (Analyse und Beginn der strategischen Planung)

In der Analysephase und zu Beginn der strategischen Planung werden zunächst Marktanalysen in Auftrag gegeben, die das Marktumfeld, die Trends der Branche und die eigenen Kernkompetenzen und Geschäftsfelder mitberücksichtigen. Im nächsten Schritt wird das Unternehmen bewertet. Instrumente, die in dieser Phase zur Unternehmensanalyse eingesetzt werden, um zum Beispiel eine Stärken- und Schwächenanalyse vorzunehmen und Chancen und Risiken zu erkennen, sind klassische Instrumente wie:

- SWOT-Analyse (SWOT = Strength-Weaknesses-Opportunities-Threats)
- Die SWOT-Analyse ist ein klassisches Instrument der Strategieentwicklung. Anhand einer 4-Feld-Analyse hinsichtlich der Stärken, Schwächen, Chancen und Risiken werden Bewertungen und Ableitungen vorgenommen.
- Portfolio-Analyse
- Die Portfolio-Analyse ist eine Technik zur Strategieentwicklung. Geschäftseinheiten werden nach den Koordinaten „relativer Marktanteil" und „Marktwachstum" im 4-Feld-Portfolio bewertet. Klassische Felder der sogenannten Boston-

Matrix sind: Question Marks (Fragezeichen), Stars (Sterne), Poor Dogs (arme Hunde) und Cash Cows (wörtlich: Geldkühe; ins Deutsche besser zu übersetzen mit: „Goldesel").

## Zwischenschritt (zwischen Phase 1 und 2)

Zwischen Phase 1 und Phase 2 sollten idealerweise die Mitarbeiter und Führungskräfte darüber informiert werden, dass das Management einen Veränderungsbedarf festgestellt hat. Die Mitarbeiter sollten auf den aktuellen Wissens- bzw. Diskussionsstand des Managements gebracht werden. Dabei sollten nur Kernbotschaften präsentiert werden, die für optimale Verständlichkeit aufbereitet wurden. Inhaltlich sollten die Mitarbeiter Folgendes verstehen:

- Der Mitarbeiter muss verstehen, *warum* man sich als Unternehmen ändern muss und *wo* die Reise (grundsätzlich) hingehen soll (Vision). Hierzu sollte das bisherige Marktumfeld dargestellt werden und wie es sich verändert hat. Wichtige, einflussnehmenden Faktoren sollten ebenfalls dargestellt werden (z. B. zunehmende Transparenz des Marktes, demografische Faktoren). Eine Erläuterung, wie die bisherige Strategie, das bisherige Geschäftsmodell aussah und was man grundsätzlich ändern muss, um auch zukünftig am Markt erfolgreich agieren zu können, runden die Informationen ab. Der Vorteil, bereits zu diesem frühen Zeitpunkt die Veränderungsnotwendigkeit zu erläutern, liegt auch darin begründet, dass den Mitarbeitern hierdurch die Gelegenheit gegeben wird, sich an den Gedanken einer Veränderung zu gewöhnen. Sie erhalten damit die Möglichkeit, diese Information schon emotional zu verarbeiten. Es kann jedoch nicht erwartet werden, dass die Mitarbeiter die Notwendigkeit des Veränderungsprozesses zu diesem Zeitpunkt auch rational verarbeiten (vgl. hierzu u. a. Kapitel „Psychologisches Change Management"). Durch die frühe emotionale Verarbeitung sind die Mitarbeiter im nächsten Schritt der Kommunikation (zwischen den Phasen 2 und 3) möglicherweise (je nach persönlicher Betroffenheit und individuellen Befürchtungen) bereits in ihrer emotionalen Verarbeitung so weit fortgeschritten, dass sie die Fakten und Informationen zur neuen Strategie besser aufnehmen können.
- Vergessen Sie nicht, auch auf die Ängste einzugehen, die bei den Mitarbeitern durch die Information entstehen können. Seien Sie ehrlich und tätigen Sie so viele klare Aussagen bzgl. des aktuellen Planungsstands wie möglich, wenn es hilft, Befürchtungen zu zerstreuen. Gehen Sie ebenso offen mit gerechtfertigten Befürchtungen um. Die Mitarbeiter müssen auch bei schlechten Nachrichten die Gewissheit haben, dass sie vom Unternehmen immer offen, ehrlich und zeitnah informiert werden. Das trägt wesentlich dazu bei, Widerstände

so gering wie möglich zu halten und sie schnellstmöglich zu überwinden. Außerdem trägt es zum Commitment und zum Engagement der Mitarbeiter bei. Machen Sie deutlich, dass das Management sich im nächsten Schritt (Phase 2) damit beschäftigen wird, eine neue Strategie auszuarbeiten, und dass es die Mitarbeiter informiert, sobald die neue Strategie kommuniziert werden kann.
- Die Führungskräfte im Unternehmen sollten zu diesem Zeitpunkt durch entsprechende Seminare und Workshops auf ihre Rolle im Change vorbereitet werden. Als Führungskräfte übernehmen sie eine wichtige Funktion im Management des Change-Prozesses und als Coach ihrer Mitarbeiter.

**Methoden und Instrumente**

Im Zwischenschritt können verschiedenste Kommunikationsinstrumente eingesetzt werden, um die Veränderungsnotwendigkeit zu kommunizieren. Wir empfehlen allerdings, keine einseitigen Kommunikationskanäle wie beispielsweise Filme zu nutzen. Die Mitarbeiter erfahren zu diesem Zeitpunkt, dass eine Veränderung ansteht. Am besten informiert sie das Management in dafür ausgerichteten Informationsveranstaltungen. Neben einer kurzen persönlichen Ansprache eines Vertreters des Managements hat es sich bewährt, in einem nächsten Schritt Methoden zu wählen, bei denen sich die Mitarbeiter aktiv mit Inhalten auseinandersetzen können, beispielsweise in entsprechend dafür konzipierten Workshops.

## 7.2 Phase 2: Strategieentwicklung

In der zweiten Phase erfolgt die Strategieentwicklung. Eine neue Strategie, die Mission und die strategischen Ziele werden abgeleitet.

Zum Ende der Phase sollte feststehen, wie man die neue Vision erreichen will:

- Die Strategie steht fest,
- die Mission ist abgeleitet und
- die strategischen Ziele, die helfen, die Mission zu erfüllen, wurden herausgearbeitet.

Darüber hinaus sollte bereits ein grober Zeithorizont für die Planung und Umsetzung feststehen. Hinsichtlich der Projektplanung stehen am Ende dieser Phase möglicherweise einige der verantwortlichen Entscheider (Sponsor, Champion) und/oder der Koordinator (Projektleiter) fest.

**Phase 2: Strategieentwicklung**

**Beschreibung:**
- Ableitung Strategie
- Ableitung Mission
- Ableitung strategische Ziele

**Ergebnis zum Ende der Phase:**
- Es ist klar, wie man die Vision, die man sich gesteckt hat, erreichen will (Ableitung Strategie, Mission, strategische Ziele)
- Zeithorizont für Planung und Umsetzung steht fest
- Einige Mitglieder des Projektteams stehen fest

Abb. 42: Phase 2 (Phasenmodell)

## Erfolgsfaktoren und Stolpersteine in Phase 2 (Strategieentwicklung)

Bei der Strategiefindung gilt es, strategische Optionen auf der Basis der in Phase 1 aufgedeckten Stärken und Schwächen des Unternehmens zu generieren. Die verschiedenen möglichen Strategien werden beispielsweise mittels der Szenariotechnik (siehe unter Instrumente in dieser Phase) „durchgespielt" und anschließend bewertet. Aus den verschiedenen Optionen wird die erfolgversprechendste Strategie ausgewählt, die die Erfüllung des Zielzustands (Vision) am effizientesten und effektivsten erfüllt. Erfolgskritisch ist dabei, dass sowohl bei der theoretischen Simulation als auch bei der anschließenden Bewertung nicht nur harte, sondern auch weiche einflussnehmenden Faktoren berücksichtigt werden. Es werden anschließend einzelne Ziele festgelegt (strategische Ziele), die helfen, die Mission zu erfüllen und sich der Vision anzunähern.

Damit sich die strategischen Ziele umsetzen lassen, müssen sie weiter heruntergebrochen werden (auf die Ebene der strategischen Geschäftsbereiche, auf die Abteilungsebene und schließlich ggf. bis auf die Mitarbeiterebene).

Hinsichtlich der Projektplanung gibt es zwei Erfolgsfaktoren:

- Zum einen sollte ein grober Zeithorizont für die Planung und Umsetzung des Change-Projekts festgelegt werden. Dabei ist es wesentlich, dass die weichen Faktoren ebenso wie die harten Faktoren berücksichtigt werden, um zu einer realistischen Zeitschätzung zu gelangen. Konkret müssen beispielsweise die emotionalen Phasen des Change mitberücksichtigt werden. Die Mitarbeiter müssen die Phasen zwingend durchlaufen – man kann zwar den Prozess bestmöglich unterstützen und damit dafür sorgen, dass die Phasen schnell durchschritten werden, aber es gibt keine Abkürzung, die es erlauben würde, Schritte auszulassen.
- Zum anderen sollte zu diesem Zeitpunkt mit der Auswahl der Schlüsselpersonen im Change Management begonnen werden (Sponsor, Champion, Projektleiter). Mit ihnen steht und fällt die Qualität des Change-Projekts. Dabei ist nicht nur zu beachten, wer über das notwendige Wissen verfügt, sondern auch, wer die notwendigen Kompetenzen mitbringt. Eine Überbetonung der harten oder der weichen Faktoren (je nach persönlicher Ausrichtung) ist zu vermeiden. Insbesondere die Besetzung der Positionen des Sponsors und des Champions sollten sich sinnvoll ergänzen (vgl. Kapitel „Die richtigen Counterparts finden").

## Methoden und Instrumente in Phase 2 (Strategieentwicklung)

Klassische Methoden und Instrumente, die in dieser Phase eingesetzt werden sind:

- Szenariotechnik
  Bei der Szenariotechnik handelt es sich um eine Methode der strategischen Planung. Mit ihr können mögliche Entwicklungen in der Zukunft durchgespielt und analysiert werden. Dieses Vorgehen hilft, eine Auswahl von Strategien hinsichtlich potenzieller sich ergebender Chancen und Risiken zu bewerten.
- Balanced Scorecard (BSC)
  Die klassische Balanced Scorecard nach Kaplan und Norton verfügt über vier Felder, die für unterschiedliche Perspektiven stehen (Finanzen, Kunden, Lernen- und Entwicklung, Prozesse). Sie dient dazu, strategische Ziele des Unternehmens systematisch abzuleiten, zuzuordnen und weiter zu konkretisieren. Damit sichergestellt wird, dass die Ziele auch hinsichtlich ihrer Erreichung überprüft werden können, werden für jedes Ziel Messgrößen festgelegt. Die Ziele können dann in mehrere Einzelziele (Teilzeile) untergliedert werden und den Einzelzielen können Maßnahmen zur Zielerreichung zugeordnet werden.

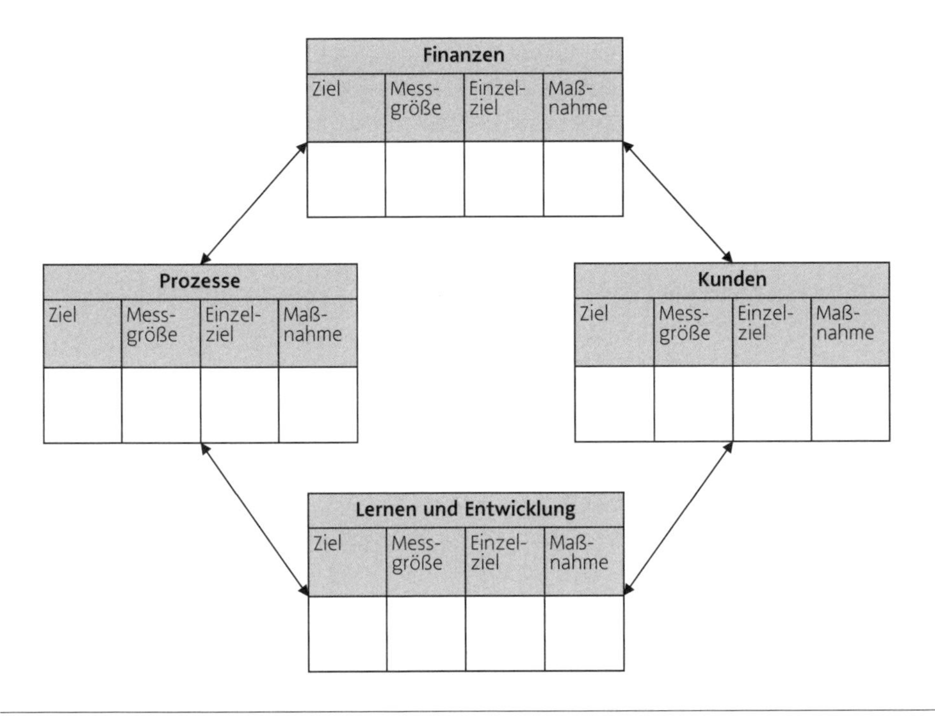


Abb. 43: Balanced Scorecard nach Kaplan und Norton

## Zwischenschritt (zwischen Phase 2 und 3)

Dieser Zwischenschritt ist ein sehr bedeutsamer: Fehler oder Versäumnisse zu diesem Zeitpunkt haben Auswirkungen auf den gesamten nachfolgenden Prozess.

In diesem Schritt soll die neue Strategie an die Mitarbeiter kommuniziert werden. Ziel ist es, die folgenden Anforderungen zu erfüllen:

- Der Mitarbeiter soll das neue Konzept/System/Geschäftsmodell verstehen.
- Er muss verstehen, was sich mit der Neuerung für ihn selbst und seine tägliche Arbeit ändert.
- Der Mitarbeiter sollte zu dem Schluss kommen, dass das neue Konzept (für ihn/das Unternehmen) mehr Vorteile bietet als das alte (es also wesentliche Vorteile hat, sich zu ändern).
- Der Mitarbeiter muss davon überzeugt sein, dass das neue System erfolgreich sein wird bzw. dass es erfolgreicher sein wird als das bisherige (Stichworte: Vision und Glauben) und dass er selbst den neuen Ansprüchen gerecht werden kann.

Wie bereits erläutert wurde, sollen zu diesem Zeitpunkt zwar alle Fakten und Inhalte erläutert werden, die die oben genannten Ziele unterstützen. Es ist aber nicht davon auszugehen, dass alle Mitarbeiter bereits zu diesem Zeitpunkt für eine rationale Auseinandersetzung bereit sind. Dennoch sind viele der Mitarbeiter (insbesondere, die die keine persönlichen Nachteile befürchten) bereits in ihrer emotionalen Verarbeitung so weit fortgeschritten, dass sie die Fakten und Informationen zur neuen Strategie aufnehmen und eine Erstbewertung vornehmen können.

### Erfolgsfaktoren

Ein wichtiger Erfolgsfaktor ist, dass die komplette Führungsspitze hinter der neuen Vision und Strategie steht. Oft kommt es vor, dass eine Person des Managements eine eigene Auslegung der Strategie vertritt. Das führt bei den Mitarbeitern zu Verwirrung und zu einem Verlust der Glaubwürdigkeit und des Vertrauens in die neue Strategie. Die Mitarbeiter setzen eine Strategie nur engagiert und fokussiert um, von der das Management, das sie abgeleitet hat, auch überzeugt ist.

Oft besteht zwar grundsätzlich Einigkeit hinsichtlich der Strategie, aber einzelne Aspekte werden unterschiedlich interpretiert (jeder hat seine eigene Sichtweise). Das führt dazu, dass sehr unterschiedliche Aspekte der Strategie betont werden: Während ein Mitglied des Managements beispielsweise die Bedeutung der Vertriebsstrategie hervorhebt, betont sein Kollege, dass die neue Strategie insbesondere von der Neuausrichtung im Bereich „Forschung und Entwicklung" beeinflusst wird. Die Betonung verschiedener Schwerpunkte ist für den Mitarbeiter verwirrend. Das Management sollte die gleichen Schwerpunkte als wichtig erachten und das auch entsprechend kommunizieren.

**TIPP: Mit einer Stimme sprechen**

**Es ist für den Erfolg eines Veränderungsprojekts wichtig, dass das gesamte Management eines Unternehmens hinter der Neuausrichtung steht. Unterschiedliche Auslegungen oder sogar eigene persönliche und abweichende Nuancen sind schädlich, wenn man die Mitarbeiter von einer neuen Strategie überzeugen will.**

- Ein Erfolgsfaktor, der ab dieser Phase seine Wirkung entfaltet, ist das Vorleben der neuen Strategie und der neuen Verhaltensweisen durch das Management. Sie nehmen — ebenso wie die Führungskräfte — eine Vorbildfunktion ein.
- Auch in diesem Schritt sollte auf Befürchtungen eingegangen werden, die bei den Mitarbeitern durch die neuen Informationen entstehen können. In diesem Schritt macht es bereits Sinn, Workshops und andere Maßnahmen anzubieten,

die ein Forum schaffen, offen über Risiken oder Befürchtungen, die die Mitarbeiter sehen, zu sprechen. Gleichzeitig sollten ihnen Möglichkeiten geboten werden, auch direkt Vorschläge zu machen, wie diese Risiken verhindert oder verringert werden können. Es ist sinnvoll, die Ausarbeitungen in einer Rückkopplungsschleife an das Projektteam zur weiteren Sichtung und Bearbeitung weiterzugeben. Das hat zum einen den Vorteil, dass das Projektteam Befürchtungen und Lösungsmöglichkeiten direkt bearbeiten kann. Zum anderen geben die Ergebnisse einen guten Überblick über die aktuelle Gefühlslage der Mitarbeiter und in welchem Stadium der Verarbeitung sie sich befinden (in der emotionalen oder schon in der annähernd rationalen Abwägung). Besonders zu empfehlen ist es, eine Plattform zu schaffen, wo beispielsweise die abgeleiteten Top-10-Befürchtungen und -Vorschläge den Mitarbeitern wieder zugänglich gemacht werden (mit weiteren aktuellen Informationen zum Veränderungsprozess). Die Mitarbeiter sehen, dass ihre Ergebnisse weiterverarbeitet und (wert)geschätzt werden. Das berechtigte Gefühl, Einfluss auf den Prozess nehmen zu können, lässt sie kompetenter mit dem Wandel umgehen (Selbstwirksamkeit).

**Stolpersteine in diesem Zwischenschritt**

- Nur einzelne, nicht aufeinander abgestimmte Kommunikationsinitiativen werden durchgeführt.
- Vergangenheit wird schlechtgeredet – keine Wertschätzung der Mitarbeiterleistung in der Vergangenheit.
- Es wird nur betont, was sich ändert/ändern muss, aber nicht, was beibehalten wird (Werte, Stärken etc.).
- Bedenkenträger verschaffen sich Gehör.
- Nur „Predigten", aber keine auf Fakten basierenden, geleiteten Erkenntnisprozesse (Versuch, zu überreden oder zu verordnen, statt zu überzeugen).
- Vision und Strategie werden nicht wirklich verstanden.
- Es wird zu spät informiert.
- Mögliche Hürden (und deren mögliche Überwindung) werden nicht angesprochen.
- Es werden nur die Vorteile der Veränderung für die Organisation, aber nicht die Vorteile und möglichen Nachteile für die Mitarbeiter angesprochen.

### Methoden und Instrumente

Wir empfehlen für diesen Zwischenschritt der Strategiekommunikation, ein integriertes Kommunikations- und Workshopkonzept zu entwickeln, das den Kommunikationsbedarf, die unterschiedlichen Zielgruppen und verschiedenste Kanäle und Instrumente berücksichtigt. Zum Beispiel:

- Intranetplattformen inklusive Blogs und Foren zum Austausch,
- moderierte Strategieworkshops mit Illustrationen (siehe nachfolgendes Beispiel),
- Roadshows,
- internes TV-Programm, Videos mit Change-News,
- Unternehmenstheater,
- Workshops und Interventionen zu unterschiedlichen Themen und für verschiedene Zielgruppen.

Einen guten Überblick über unterschiedliche Workshops und Interventionstechniken bieten Bücher, die sich ausschließlich diesem Thema widmen (s. Literaturempfehlungen auf Arbeitshilfen online).

**BEISPIEL: Moderierte Workshops zur Strategiekommunikation**

Bei der Workshopmethode der Xallax AG erarbeiten sich die Mitarbeiter in Gruppen von ca. acht Teilnehmern unter Begleitung eines Moderators — der inhaltlich keinen Beitrag leistet — auf der Basis von Fragen, ergänzenden Informationen und einem tischgroßen Bild die Inhalte selbst. Das Material wird zuvor mit dem Management zusammen erarbeitet, das auf diese Weise das eigene und das gemeinsame Verständnis noch einmal schärft.
Diese Workshopmethode[1] ermöglicht es, dass alle Führungskräfte und Mitarbeiter zu den gleichen Schlussfolgerungen wie die Geschäftsleitung gelangen. Führungskräfte und Mitarbeiter sind dadurch fokussierter bei der Implementierung und Umsetzung der strategischen Veränderung. Darüber hinaus teilen auch alle das gleiche Verständnis (Alignment). Im Ergebnis werden die Implementierung und die Umsetzung der Strategie vereinfacht und verbessert.
Bei einem solchen Workshop zur Strategiekommunikation dient ein Bild (illustrierte Metapher) als Referenzobjekt der neuen Strategie. Die Illustration wird vor den Mitarbeitern auf dem Tisch liegend platziert. Ähnlich wie bei einem Gesellschaftsspiel gibt es Karten mit Informationen. In diesem Fall werden aber wichtige Informationen zur neuen Strategie gegeben, die anhand eines Fragenkatalogs in der Gruppe diskutiert werden.

[1] Methoden der Xallax AG, Hamburg.

Die folgende Abbildung zeigt eine Metapher (hier Raumschiff), die im Vorfeld individuell mit dem Management erarbeitet und visuell ausgearbeitet wurde:

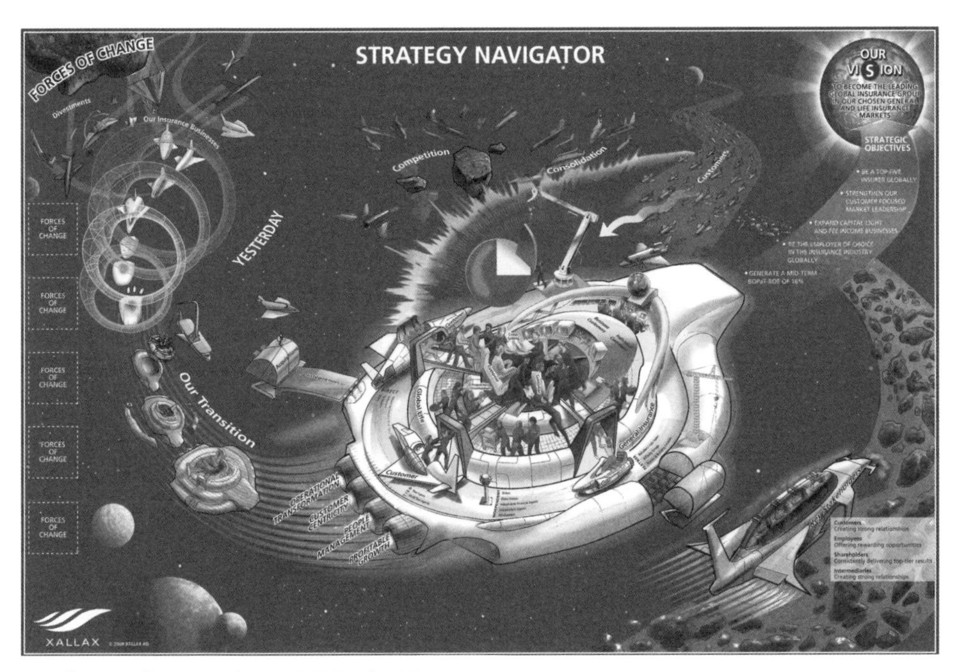


Erstellt von: Xallax AG, Hamburg — © 2008 Xallax AG

Abb. 44: Bild zur Strategiekommunikation[2]

Die Illustration zeigt eine Raumschiffmetapher. Das Unternehmen (Raumschiff) befindet sich auf der Reise zu neuen Welten im Weltraum. Man kann erkennen, dass das Raumschiff in der oberen linken Ecke gestartet ist. Dort sind die „Forces of Change" (Kräfte, die bewirken, dass man sich ändern muss) dargestellt. Am linken Rand des Bildes finden sich Platzhalter für Karten, die verschiedene einflussnehmende Kräfte (Forces of Change) näher beschreiben. Man kann erkennen, dass das ursprüngliche Raumschiff eine Transformation durchmacht und sich optisch verändert. Während es zu Beginn, oben links, noch eine Art Flottenverband ist, wird es durch die Transformation zu *einem* Raumschiff. Hiermit wird die Transformation des Unternehmens im Veränderungsprozess symbolisiert. In der Bildmitte ist das Unternehmen als Raumschiff am Ende des Transformationsprozesses dargestellt. Im Zentrum des Raumschiffs befindet sich der Kunde.

2 Mit freundlicher Genehmigung der Xallax AG 2013, © 2008 Xallax AG.

Die Düsen des Raumschiffs stellen die vier strategischen Stoßrichtungen dar. Oberhalb des großen Raumschiffs ist ein Schutzschild (die Marke) dargestellt, der Wettbewerber abschirmt. Vor dem Raumschiff, auf dem Weg zur Vision, sind die strategischen Ziele beschrieben. Die Vision oben rechts im Bild ist als strahlender, verheißungsvoller Planet dargestellt.
Der Vorteil dieser Workshopmethode ist, dass die Teilnehmer sich die Zusammenhänge selbst erarbeiten und hinterher im wahrsten Sinne des Wortes das „gleiche Bild" der neuen Strategie im Kopf haben.

## 7.3 Phase 3: Konkrete Projektplanung

In der dritten Phase wird die konkrete Projektplanung vorangetrieben. Das offizielle Projektteam wird zusammengestellt. Einzelne Module und Maßnahmen des Projekts werden geplant und aufeinander abgestimmt. Sobald die einzelnen Module und Maßnahmen abgeleitet sind, werden die Unterprojekte festgelegt. Alle Maßnahmen werden zusammen mit der abgestimmten Zeitplanung im Projektablaufplan festgelegt. Für die einzelnen Module, Maßnahmen und Unterprojekte werden Ressourcen- und Budgetplanungen vorgenommen.

Am Ende der Projektplanungsphase sollte der Projektfahrplan feststehen sowie die Rollen und Verantwortlichkeiten für das Projektteam und die Unterprojekte.

**Phase 3: Konkrete Projektplanung**

**Beschreibung:**
- Staffing offizielles Projektteam
- Einzelne Module und Maßnahmen des Projekts werden geplant und aufeinander abgestimmt
- Unterprojekte werden festgelegt
- Zeitplanung
- Ressourcenplanung
- Budgetplanung

**Ergebnis zum Ende der Phase:**
- Steering Commitee steht fest
- Projektteam steht fest
- (Grober) Projektfahrplan steht fest

Abb. 45: Phase 3 (Phasenmodell)

## Erfolgsfaktoren und Stolpersteine in Phase 3 (konkrete Projektplanung)

Im Rahmen des Projektmanagements ist es von wesentlicher Bedeutung, dass die Rollen und Verantwortlichkeiten im Projekt fest definiert sind. Darüber hinaus, sollte beim Staffing der Projekte nicht nur auf die Fachexpertise und Verfügbarkeit geachtet werden, sondern auch darauf, welche Personen man unter Akzeptanzgesichtspunkten nominieren sollte. Achten Sie darauf, dass das Team hinsichtlich des Alters und der Betriebszugehörigkeit gut gemischt ist. Das Projektteam steht stellvertretend für die Veränderung, insofern muss es sich auch der Vorbildfunktion bewusst sein, die es innehat.

Beim Projektmanagement ist zu beachten, dass insbesondere alle strategisch wichtigen Bereiche an der Projektplanung beteiligt werden (insbesondere auch die Bereiche HR und interne Kommunikation). In dieser Phase erfolgt die konkrete Umsatzplanung, von der jeder Bereich betroffen ist.

Es ist wichtig, dass die Mitarbeiterqualifizierung gut auf den Projektplan abgestimmt ist. Darüber hinaus müssen möglicherweise Personalinstrumente und Beurteilungssysteme aufgrund des Wandels angepasst werden.

Die Interdependenzen zwischen verschiedenen Modulen sollten beachtet werden und welche Auswirkungen Verzögerungen bei einem Teilprojekt auf andere Teilprojekte haben können.

Innerhalb der konkreten Projektplanung sollte auch beachtet werden, dass bestehende Personal- und Beurteilungsinstrumente an die neuen Erfordernisse angepasst werden müssen. Ein typischer Fehler ist, dass die Personal- und Beurteilungssysteme zu spät oder nur unzureichend angepasst werden. Nicht harmonisierte Beurteilungssysteme können dazu führen, dass nach Maßgabe der Neuausrichtung völlig unsinnige oder gegenläufige Ziele verfolgt werden, weil sie noch auf der alten Strategie basieren.

## Methoden und Instrumente in Phase 3 (konkrete Projektplanung)

Klassische Methoden und Instrumente, die in dieser Phase zur Anwendung kommen:

- Projektmanagement (inkl. Meilensteinplan, Roadmap),
- Anpassung der Personal- und Beurteilungssysteme.

### Zwischenschritt (zwischen Phase 3 und 4)

In diesem Zwischenschritt wird der grobe Projektplan (sogenannte Roadmap) mit den wichtigsten Meilensteinen an die Mitarbeiter kommuniziert. Die Mitarbeiter erhalten einen konkreten Fahrplan der Veränderung, sehen wesentliche Eckpunkte und wann beispielsweise Schulungen erfolgen. Auch die Qualifizierungen an sich mit ihren Inhalten werden erläutert.

#### Erfolgsfaktoren in dieser Phase

- Realistische Teilzielplanung
  Die Meilensteine dienen später zur Überprüfung, ob die gesteckten Ziele innerhalb der vorgegebenen Zeit erreicht wurden. Werden die Ziele erreicht, steigt die wahrgenommene Kompetenz der Mitarbeiter; werden sie nicht erreicht, sinkt sie. Natürlich haben nicht erreichte Teilziele auch Auswirkungen auf andere Bereiche, die hierdurch möglicherweise ebenfalls verzögert werden und den Veränderungsprozess verlangsamen. Auch die Glaubwürdigkeit des Projektteams und der ganzen Veränderungsinitiative leiden hierunter. Es ist deshalb wichtiger, realistische als (zu) ambitionierte Ziele zu setzen.
- Es muss sichergestellt sein, dass an alles gedacht wurde, was bei der Umsetzung benötigt wird. Ein typischer Stolperstein ist, dass Personalinstrumente und Zielvereinbarungen nicht an die neuen Gegebenheiten angepasst werden. So kann es in der Umsetzung zu Zielkonflikten kommen.

## 7.4 Phase 4: Projektumsetzung

In der Projektumsetzung werden die Strukturen, Prozesse und Handlungsroutinen den veränderten Rahmenbedingungen angepasst. Die Mitarbeiter und insbesondere die Prozessbeteiligten der anzupassenden Prozesse werden aktiv an der Neugestaltung beteiligt. Hürden und Rückschläge werden überwunden. Die Mitarbeiter werden zu Eigeninitiative und konkreten Handlungs- und Verbesserungsvorschlägen im Sinne der neuen Strategie ermutigt.

Am Ende der Phase 4 steht der offizielle Projektabschluss. Das bedeutet, dass der weitere Prozess (s. Phase 5) nicht mehr im Rahmen des Projektmanagements und nicht mehr unter Leistung des Projektteams steht. Die Verantwortung wird an die Prozessverantwortlichen übergeben.

**Phase 4: Projektumsetzung**

**Beschreibung:**
- Startschuss Umsetzung (Roll-out)
- Umsetzung des Projekts nach Projektfahrplan
- Rückkopplungsschleifen und Anpassung des Projektplans bei Verzögerungen
- Strukturen/Prozesse den veränderten Rahmenbedingungen anpassen
- Mitarbeiter/Prozessbeteiligte an der Neugestaltung beteiligen und Hürden überwinden
- Zu Eigeninitiative, konkreten Handlungen und Verbesserungsvorschlägen im Sinne der neuen Strategie ermutigen

**Ergebnis zum Ende der Phase:**
- Projekt und Unterprojekte sind entsprechend Planung umgesetzt oder angepasst
- Strukturen, Prozesse und Handlungsweisen sind den neuen Erfordernissen angepasst
- Offizielles Projektende

Abb. 46: Phase 4 (Phasenmodell)

## Erfolgsfaktoren und Stolpersteine in Phase 4 (Projektumsetzung)

- Es erfolgt keine klare Kommunikation und kein klares Management, ab wann nach den neuen Prozessen vorgegangen wird bzw. wie in der Übergangsphase vorgegangen werden soll. In der Folge werden Prozesse zunächst nur „auf Papier“ oder von „Externen“, ohne Prozessverantwortliche und Beteiligte geplant bzw. diese werden zu spät einbezogen
- Die neuen Verantwortlichkeiten sind noch nicht klar geregelt: Es ergeben sich neue Prozesse, aber die Verantwortlichen für die neuen Prozesse sind noch nicht benannt. Viele kennen noch nicht ihren neuen Entscheidungs- und Verantwortungsspielraum. In der Folge kommt es zu Unstimmigkeiten und zu Kompetenzgerangel.
- Bestimmende Rahmenbedingungen wie z. B. die IT-Infrastruktur hinken der Planung hinterher. Neue Software kann noch nicht live-geschaltet werden und viele davon abhängige Prozesse und Abläufe können ebenfalls nicht wie geplant funktionieren.

## 7.5 Phase 5: KVP und Professionalisierung

In Phase 5 ist das Change-Projekt offiziell abgeschlossen. Das Projektteam hat die Verantwortung für die weitere Verbesserung und Professionalisierung den Prozessverantwortlichen übergeben. Die entsprechend der neuen Strategie eingeführten Prozesse sind etabliert. Neue Verhaltensweisen werden umgesetzt und stetig verbessert. Es bestehen noch vereinzelt letzte „Kinderkrankheiten", die analysiert und behoben werden.

Die Prozesse werden durch die Prozessverantwortlichen weiter im Sinne einer möglichst „schlanken" Gestaltung (Lean) optimiert. Ineinandergreifende Prozesse arbeiten nun Hand in Hand.

**Phase 5: KVP und Professionalisierung**

**Beschreibung:**
- Neue Prozesse sind eingeführt, neue Verhaltensweisen werden umgesetzt und stetig verbessert
- Feinabstimmung zwischen den neuen Prozessen, einzelnen Beteiligten und Gruppen
- Letzte „Kinderkrankheiten" werden analysiert und behoben
- Optimal ineinandergreifende Prozesse werden etabliert (Lean), „Hand-in-Hand-Arbeiten"

**Ergebnis zum Ende der Phase:**
- Routinierte Umsetzung der neuen Prozesse
- Stetige Verbesserung (Kontinuierlicher Verbesserungsprozess)
- Neue Verhaltensweisen sind etabliert

Abb. 47: Phase 5 (Phasenmodell)

### Begleitphase (von Phase 4 und 5)

Die Phasen 4 (Projektumsetzung) und 5 (KVP und Professionalisierung) werden begleitet von einer laufenden Analyse und Kommunikation der Projektumsetzung, des Projektfortschritts und der Verankerung neuer Verhaltensweisen.

### Erfolgsfaktoren

- Erfolge („Quick Wins“) sollten kommuniziert und erreichte Teilziele entsprechend gefeiert werden. Mitarbeiter gewinnen hierdurch immer mehr Vertrauen in die Neuausrichtung und sehen immer weniger Risiken. Die wahrgenommene Kompetenz nimmt zu.
- Darüber hinaus sollte auch kommuniziert werden, welche Probleme entstanden sind und wie sie überwunden werden konnten. In der Folge steigt die wahrgenommene Kompetenz der Mitarbeiter weiter an. Sie fühlen sich immer kompetenter in der Umsetzung und zeigen auch kaum noch Ängste vor auftretenden Problemen. Die Probleme werden lösungsorientiert angegangen.
- Erfolgs- und Leistungsträger sollten anerkannt und ausgezeichnet werden. Für andere Mitarbeiter hat das Verhalten des ausgezeichneten Leistungsträgers Vorbildcharakter. Die Motivation der Ausgezeichneten steigt, weil ihnen Anerkennung und Wertschätzung für ihre Leistungen und für ihre Arbeit entgegengebracht wird.

### Methoden und Instrumente der Begleitphase

Wir empfehlen für diese Begleitphase der Umsetzung und Etablierung, Austauschplattformen zu nutzen sowie Informations- und Motivationsreden durch das Management. Auch Feiern beim Erreichen wichtiger Meilensteine können sinnvoll sein.

- Intranetplattformen inklusive Blogs und Foren zum Austausch,
- internes TV-Programm, Videos mit Change-News,
- Informationen in der Mitarbeiterzeitung,
- Informations- und Motivationsreden durch Vertreter des Managements,
- Unternehmens- oder Bereichsfeiern bei gemeinsamen Erfolgen.

# 8 Erfolgsfaktoren und Fallstricke der Führung im Wandel

In diesem Kapitel beschäftigen wir uns mit der Rolle der Führungskraft im Veränderungsprozess und damit, wie sie die Mitarbeitermotivation beeinflussen kann.

Hat das obere Management entschieden, dass sich das Unternehmen maßgeblich verändern muss, um sich zukunftsfähig zu positionieren, haben die Führungskräfte der nachfolgenden Hierarchieebenen die Aufgabe, den Unternehmenswandel zu gestalten und umzusetzen. In der Praxis sind sich insbesondere Manager des mittleren und unteren Managements unsicher, wie sie den Transformationsprozess als Führungskräfte am wirkungsvollsten unterstützen können. Diese Rollenunsicherheit verursacht zusätzlich zu der persönlichen Betroffenheit über den anstehenden Unternehmenswandel hohen Stress bei den Führungskräften. Leider qualifizieren nur wenige Unternehmen ihre Führungskräfte gezielt bezogen auf die Rolle, die sie als Manager in Change-Prozessen einnehmen sollen. Die Manager versuchen in diesem Fall selbstständig abzuleiten, wie ihre Rolle im Transformationsprozess aussehen sollte. Dieses Vorgehen führt zu sehr unterschiedlichen Ergebnissen und großen Qualitätsunterschieden in der unterstützenden Begleitung von Veränderungsprozessen. Die Folge für die Unternehmen sind nicht effizient geführte Transformationsprozesse, die länger als notwendig dauern und das Unternehmen in seiner Leistungsfähigkeit einschränken.

Innerhalb der Kaskade der Führungshierarchie zeigt sich ein deutliches Gefälle hinsichtlich der Führungsqualität in Transformationsprozessen: „Veränderungskompetenz und -bereitschaft nehmen mit der Hierarchiestufe ab“ [1], wie die Change-Studie 2012 „Digitale Revolution“ von Capgemini Consulting belegt und damit auch den von uns persönlich gewonnen Eindruck aus unserer Beratungspraxis bestätigt.

[1] Siehe Capgemini Consulting (Hrsg.): Digitale Revolution. Ist Change Management mutig genug für die Zukunft? München 2012, S. 37 (Abb. 20).

In diesem Kapitel geht es deshalb darum, Erfolgsfaktoren und Fallstricke der Führung im Change-Prozess zu erläutern. Diese Erfahrungen aus der Beratungspraxis sollen Führungskräften verdeutlichen, welche Rolle ihnen im Transformationsprozess zukommt und worauf sie achten sollten, um den Prozess möglichst effektiv zu unterstützen. In diesem Kapitel sprechen wir deshalb Sie als Führungskraft persönlich an und möchten Ihnen konkrete Tipps an die Hand geben.

## 8.1 Erfolgsfaktor: Erfolg ermöglichen

Als Führungskraft während eines Transformationsprozesses haben Sie die Aufgabe, Führer, Gestalter und Coach gleichermaßen zu sein. Ihr Ziel sollte es sein, den Veränderungsprozess möglichst erfolgreich zu managen. Zur Strukturierung hilft es, wenn Sie sich zunächst verdeutlichen, worauf es ankommt, um erfolgreich sein zu können.

Dafür sollten wir uns nochmals die „Vier Grundpfeiler des Erfolgs“ ins Gedächtnis rufen, die wir bereits in Kapitel „Irrtum Nr. 3: Man kann alles erreichen, wenn man nur will“ vorgestellt haben. Sie bilden die Basis für erfolgreiche Führung während des Wandels. Die folgende Abbildung verdeutlicht die vier Elemente:

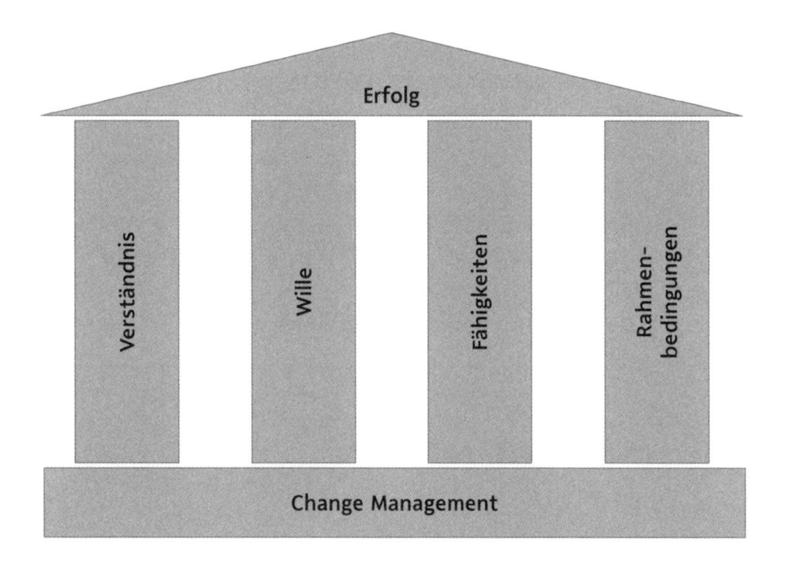


Abb. 48: Die vier Grundpfeiler des Erfolgs

Damit Ihre Mitarbeiter und Sie selbst erfolgreich sein können, sollten Sie als Führungskraft die folgenden Voraussetzungen schaffen:

1. Die Mitarbeiter verstehen, warum die Veränderung notwendig ist, und sie kennen die neue Strategie.
2. Die Veränderungsnotwendigkeit und die Umsetzung der neuen Strategie werden von Ihren Mitarbeitern akzeptiert und es besteht die Bereitschaft, die Strategie motiviert umzusetzen.
3. Ihre Mitarbeiter verfügen über die notwendigen Kompetenzen, um entsprechend der neuen Ausrichtung agieren zu können.
4. Die notwendigen Rahmenbedingungen bestehen, die es Ihren Mitarbeiter erlauben, entsprechend der Strategie zu agieren.

Die abgebildete Reihenfolge der Aufgaben, die Sie für das erfolgreiche Management in Veränderungsprozessen benötigen, entspricht auch der Abfolge im Zeitverlauf des Veränderungsprozesses. Die folgende Abbildung verdeutlicht vereinfachend, den Ablauf des Sich-Einlassens der Mitarbeiter auf Transformationen:

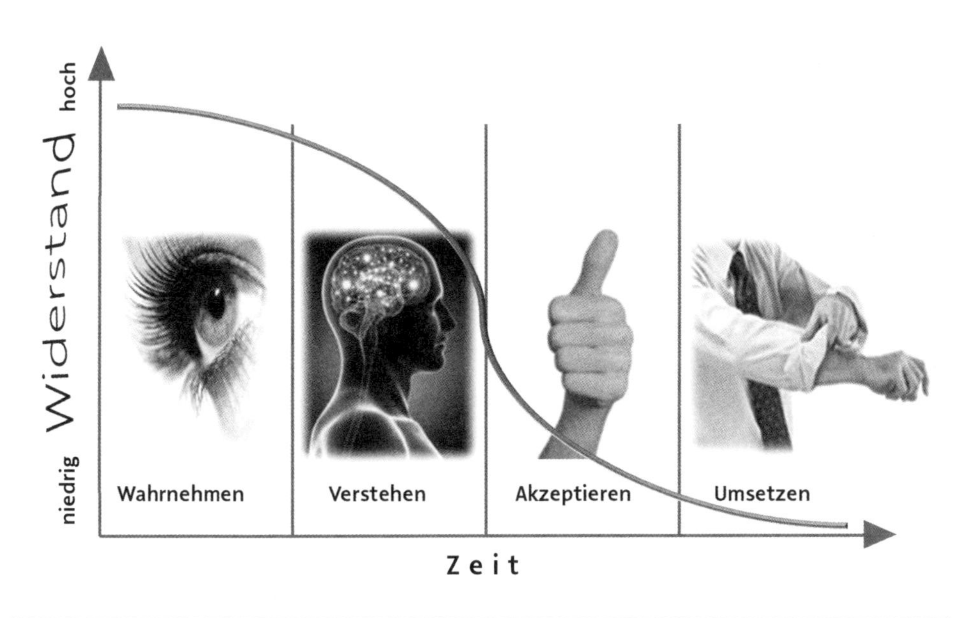


Abb. 49: Prozess des Sich-Einlassens auf Veränderung

### 8.1.1 Verständnis, der Veränderungsnotwendigkeit und der neuen Strategie

Damit Mitarbeiter Veränderungsprozesse motiviert und engagiert umsetzen, ist es zunächst notwendig, dass sie die Notwendigkeit des Unternehmenswandels erkennen und auch sachlich nachvollziehen können. Je nachdem

- wie unvorhersehbar die Notwendigkeit einer Neuausrichtung des Unternehmens für den Mitarbeiter ist,
- wie einschneidend die geplanten Änderungen sind und
- wie hoch die persönliche Betroffenheit ist

wird der Mitarbeiter unterschiedlich lange benötigen, um bis zu der Phase zu gelangen, in der eine rationale Abwägung überhaupt erst möglich ist (vgl. hierzu Kapitel „Keine Veränderung über Nacht: Die emotionalen Phasen des Change" und Kapitel „Psychologisches Change Management").

Für Manager ist es wichtig zu verstehen, dass die Phasen des ersten Schocks und der emotionalen Auseinandersetzung mit der anstehenden Veränderung immer erst überwunden werden müssen, bevor für den Mitarbeiter eine sachliche Auseinandersetzung mit dem Thema überhaupt erst möglich ist. Während die Mitarbeiter noch die Unausweichlichkeit der Veränderung emotional verarbeiten müssen und ggf. deren Notwendigkeit automatisch verleugnen, ist es Ihre Aufgabe als Chef,

- zunächst einmal Verständnis für die Betroffenheit Ihrer Mitarbeiter zu zeigen und
- Ihre Mitarbeiter bei der emotionalen Verarbeitung zu unterstützen, damit Sachargumente in der Folge überhaupt Gehör finden.

#### Befürchtungen analysieren

Versuchen Sie in einem ersten Schritt zu analysieren, wie hoch die persönliche Betroffenheit Ihrer Mitarbeiter ist und welche Befürchtungen sie haben. Insbesondere ältere Mitarbeiter befürchten zu Beginn des Prozesses oft, dass sie nicht über die erforderlichen Kompetenzen verfügen und dass es schwer sein wird, sich die benötigten Fähigkeiten anzueignen. Häufig besteht bei dieser Mitarbeitergruppe auch die Angst, zu den Ersten zu gehören, die gehen müssen, falls Umstrukturierungen in Verbindung mit einem Stellenabbau notwendig werden. Einige dieser Befürchtungen werden Sie vielleicht entkräften können. Aber auch wenn das nicht der Fall sein sollte, ist es hilfreich, mit den Mitarbeitern über ihre Ängste zu sprechen. Dadurch, dass Sie Ängste offen thematisieren, sind die Mitarbeiter gezwungen, sich mit den eigenen Ängsten auseinanderzusetzen. Das gibt den ersten Anstoß für die emotionale Verarbeitung der Ängste und beschleunigt damit den Prozess. Die Mitarbeiter kommen schneller an den Punkt im Prozess, an dem sie sich sachlich mit dem Für und Wider eines Unternehmenswandels auseinandersetzen können.

## Szenariotechnik anwenden

Auch hilft es, wenn Sie mit Ihren Mitarbeiter gedanklich Szenarien durchspielen: „Was könnte passieren? Wie könnte, würde ich damit umgehen?" Durch die aktive Auseinandersetzung mit verschiedenen Handlungsoptionen verliert das Change-Projekt langsam an Schrecken und die Mitarbeiter öffnen sich für eine sachliche Auseinandersetzung.

**TIPP: Mit Szenarien Ängste überwinden**

**Begegnen Sie Befürchtungen offensiv und lassen Sie den Mitarbeiter überlegen, welche Szenarien möglich wären, was die unterschiedlichen Handlungsmöglichkeiten für ihn bedeuten würden und wie er damit umgehen könnte. Dadurch verlieren die Befürchtungen nach und nach ihren Schrecken.**

**BEISPIEL: Szenarien durchspielen**

Szenarien kann man entweder gedanklich durchspielen oder aber mit Elementen des Unternehmenstheaters darstellen. Beim Unternehmenstheater bekommen die Mitarbeiter z. B. in Kleingruppen die Aufgabe, mögliche Schreckensszenarien schauspielerisch darzustellen und verschiedene Handlungsalternativen auszuprobieren. Hierbei kann es sehr wirkungsvoll sein, die Darstellungen humoristisch zu überzeichnen.
Die gespielten Stücke können den Kollegen vorgeführt werden. Die Zuschauer profitieren von den Theaterstücken, weil auch sie unterschiedliche Szenarien und Handlungsoptionen kennenlernen. Durch die humoristische Darbietung verlieren sie an Schrecken.

In Fällen, in denen eine sehr starke Abwehrhaltung bei Mitarbeitern auftritt, macht es wenig Sinn, die Mitarbeiter sachlich überzeugen zu wollen. Sie verunsichern andere Mitarbeiter durch ihre ständig geäußerten Bedenken und Vorbehalte und verharren in dieser inneren Abwehrhaltung, weil sie sie nicht einfach aufgeben können. Warum das so ist, war Gegenstand psychologischer Untersuchungen. Nach psychologischen Erkenntnissen ist es schwerer, eine Einstellung zu überdenken oder aufzugeben, wenn man sie bereits öffentlich geäußert hat. Hat sich jemand mehrfach öffentlich gegen die Sinnhaftigkeit eines Unternehmenswandels ausgesprochen, ist die Tendenz stark, dass er diese Meinung selbst wider jegliche Vernunft aufrechterhält. Die entsprechenden Mitarbeiter verharren dann in ihrer Abwehrhaltung, um nicht unglaubwürdig vor sich und den anderen zu werden, und verweigern sich sachlichen Argumenten. In solchen Fällen bleibt Ihnen als Führungskraft die Möglichkeit, das Verhalten zu ignorieren und darauf zu hoffen, dass sich das Abwehrverhalten im Laufe des Prozesses durch immer mehr Überzeugte irgendwann auch bei den letzten Unüberzeugten langsam abschwächt, oder aber Sie nutzen beispielsweise eine Technik, die einem auf den ersten Blick etwas befremdlich erscheinen mag: Die psychotherapeutische Technik der paradoxen Intervention. Bei dieser Interventionstechnik „verschreibt" man das nicht gewünschte Verhalten und erreicht damit oft (zumindest in Ansätzen) das gewünschte Verhalten.

Wie kann die Anwendung der Technik der paradoxen Intervention im Rahmen von Veränderungsprozessen zur Änderung eingefahrener Sichtweisen beitragen?

Im Falle von sehr einflussreichen und offensiven Gegnern der Veränderung, die durch ihre Schwarzmalerei andere Mitarbeiter stetig verunsichern, kann es sinnvoll sein, ihnen den offiziellen Auftrag zu erteilen, alle Schreckensszenarien in den schwärzesten Farben auszumalen. Beispielsweise kann man solche Skeptiker dazu auffordern eine Präsentation zum Thema „Warum der Unternehmenswandel nicht gelingen kann" zu erstellen und vor dem Management zu präsentieren. Was wird passieren? Wahrscheinlich werden die Mitarbeiter, die einen solchen Auftrag erhalten, erst einmal irritiert sein. Dann werden sie sich aber an die Arbeit machen und eine entsprechende Präsentation erstellen. Allerdings werden sie ihre Thesen aller Voraussicht nach nicht mehr mit dem gleichen Radikalismus vertreten wie zuvor, als sie noch die Position der im Hintergrund agierenden Opposition innehatten. Wahrscheinlich werden sie letztlich in der Präsentation mögliche negativen Szenarien aufführen, aber gleichzeitig auch Möglichkeiten nennen, wie die negativen Szenarien überwunden werden können (obwohl das offiziell *nicht* zum Auftrag gehörte). Denn wenn etwas vor dem Management präsentiert werden soll, kann man davon ausgehen, dass die Mitarbeiter nicht als rein destruktiv wahrgenommen, sondern ernst genommen werden möchten. Deshalb werden sie sich gezwungen sehen, von sich aus Möglichkeiten vorzuschlagen, wie man den Hürden entgegenwirken kann. Damit wird der Automatismus der rein negativen Sichtweise erstmals durchbrochen. In der Folge werden sich die entsprechenden Mitarbeiter auch anderen Lösungsmöglichkeiten nicht mehr kategorisch verweigern, wenn ihre Vorschläge, wie man möglichen Risiken begegnen kann, aufgegriffen werden.

Als positiven Nebeneffekt erhält das Management eine sehr kritische Auflistung vieler möglicher Risiken und kann sich dadurch besser auf deren Vermeidung einstellen, als wenn man reine Befürworter der Veränderung mit einer solchen Präsentation beauftragen würde.

**BEISPIEL: Paradoxe Intervention**

Aus der Praxis ist uns ein eindrucksvolles Beispiel eines Geschäftsführers im Gedächtnis, der die Technik der paradoxen Intervention erfolgreich und intuitiv anwandte, ohne sie tatsächlich zu kennen.
Der Geschäftsführer einer Werbeagenturgruppe wollte einführen, dass ab spätestens 9 Uhr alle Mitarbeiter in der Agentur anwesend sein sollten, weil es immer wieder passierte, dass Mitarbeiter Besprechungen, die von ihm um 9.30 Uhr angesetzt waren, verpassten oder verspätet erschienen. In der wöchentlichen Besprechung verkündete er den neuen verbindlichen Arbeitsbeginn (9 Uhr). Leider musste er feststellen, dass das pünktliche Erscheinen nicht länger als eine Woche anhielt, bevor die Mitarbeiter wieder in ihr altes, unpünktliches Verhalten zurückfielen. Er war darüber dermaßen verärgert, dass er an einem Morgen ohne Vorankündigung um 9 Uhr die Eingangstür abschloss. Alle Mitarbeiter, die zu spät kamen, wurden eine Stunde lang nicht hineingelassen. Das rief großen Unmut unter den Mitarbeitern hervor. Insbesondere der Creative Director fing an, gegen die geplante Neuerung und das Vorgehen des Chefs zu opponieren. Dem Geschäftsführer kam zu Ohren, dass der Creative Director davon sprach, dass man „öffentlich an den Pranger gestellt" würde und dass er dieses Verhalten insbesondere für seine Designer etc. nicht für kreativitätsfördernd hielt. Wirklich wütend aber wurde der Geschäftsführer, als er von einer Karikatur erfuhr, die der Creative Director entworfen hatte und in der ein Pranger dargestellt war. Der Geschäftsführer der Agentur war darüber dermaßen erbost, dass er dem Creative Director zunächst kündigen wollte. Nachdem er aber eine Nacht darüber geschlafen hatte, kam er zu dem Ergebnis, dass eine Kündigung die Situation nur verschärfen und er selbst einen sehr guten Creative Director verlieren würde. Allerdings wollte er seinen eigenen Standpunkt auch nicht aufgeben. Er ließ dem Creative Director die Prangerkarikatur, die er entdeckt hatte, zukommen, verbunden mit der Notiz, dass er ihn in dieser Sache unverzüglich in seinem Büro zu sprechen wünsche.
Der Creative Director ging davon aus, dass dies wohl die Kündigung oder aber einen großen Eklat nach sich ziehen würde. Doch es kam anders: Der Geschäftsführer ließ den Creative Director eintreten und fragte ihn auf die Karikatur deutend: „Haben Sie das gezeichnet?" Der Creative Director antwortete: „Ja, das habe ich. Denn ich ...", doch der Geschäftsführer fiel ihm ins Wort: „Die Idee gefällt mir, obwohl ich von Ihrer Umsetzung doch sehr enttäuscht bin. Ich hätte mehr von Ihnen erwartet. Beweisen Sie, dass Sie es besser kön-

nen. Ich möchte, dass sie eine komplette Prangerkampagne entwerfen. Ich will T-Shirts, ich will Tassen, ich will Schreibtischunterlagen! Das komplette Programm! Alles bis morgen Abend. Und ich will, dass es richtig gut wird. Ansonsten können Sie Ihren Hut nehmen. Und zu niemandem ein Wort. Keiner darf es mitkriegen. Das wäre alles. Sie können gehen." Der verdutze Creative Director machte sich also im Stillen an die Arbeit und lieferte seine Ergebnisse am nächsten Abend ab.
Am Tag darauf, war eine Agenturbesprechung für Punkt 9.30 Uhr angesetzt, wie immer an diesem Tag. Die Mitarbeiter versammelten sich und nichts geschah. Der Geschäftsführer kam nicht aus seinem Büro. Ein völlig untypisches Verhalten für den überpünktlichen Chef. Um 10 Uhr ging plötzlich die Tür zum Meetingraum auf und der Geschäftsführer kam herein. Er sagte nur „Sagen Sie nur, Sie haben auf mich gewartet ... Das ist sicher ärgerlich ... Nun, wer will mich an der Pranger stellen?" Ungläubiges Schweigen erfüllte den Raum. Der Geschäftsführer öffnete das Jackett und enthüllte mit einem lauten Lachen das „Prangerkampagnen-Shirt" darunter. „Also ich finde nicht, dass diese Prangermentalität hier die Kreativität zum Erliegen bringt. — Davis, bitte präsentieren Sie unsere Prangerkampagne. Und bitte prämieren Sie als Mitarbeiter das beste der drei Konzepte. Sie erhalten dann alle Tassen, T-Shirts und Schreibtischunterlagen des auserwählten Konzepts. Und ich möchte Vorschläge von Ihnen, wie wir in Zukunft sicherstellen können, dass sich niemand mehr über Unpünktlichkeit oder ein unkreatives Umfeld beschweren kann."
Die intuitive Anwendung der paradoxen Intervention führte zu einer Deeskalation und schließlich zur Beilegung des Konflikts.
Diese Begebenheit ging in die Agenturgeschichte ein und wurde gerne als positives Beispiel des kreativen Umgangs mit Konflikten genannt. Als weiterer positiver Nebeneffekt führte diese Intervention zu einer deutlichen Steigerung der wahrgenommenen Mitarbeiterzufriedenheit und Loyalität gegenüber der Agentur und der Geschäftsführung.

## Mit Sicherheit gegen die Unsicherheit

Natürlich sollten Sie als Führungskraft nicht nur die Ängste Ihrer Mitarbeiter mit ihnen gemeinsam thematisieren. Was den Mitarbeitern in Zeiten großer Unsicherheit besonders hilft, ist Sicherheit!

**TIPP: Mit Sicherheit gegen die Unsicherheit**

Betonen Sie alles, was den Mitarbeitern Sicherheit gibt und ihr Selbstbewusstsein sowie ihre wahrgenommenen Einflussmöglichkeiten stärkt.

In der Situation, in der Mitarbeiter von der Notwendigkeit einschneidender Veränderungen erfahren, können sie eine gute Portion Selbstbewusstsein und Wissen über ihre Stärken gebrauchen.

Lassen Sie die Mitglieder Ihres Teams beispielsweise für jedes einzelne Teammitglied anonym aufschreiben, was sie besonders am anderen schätzen, welche Kompetenzen und Fähigkeiten sie beim ihm als besonders ausgeprägt erfahren. Die Ergebnisse hiervon können Sie dann im Team präsentieren. Dadurch erhält jedes Teammitglied eine Übersicht über die Kompetenzen und Fähigkeiten, die an ihm besonders geschätzt werden. Das stärkt das Selbstbewusstsein und führt den Teammitgliedern ihre eigenen Stärken und die unterschiedlichen Stärken und Kompetenzen im Team vor Augen. Die von den Mitarbeitern wahrgenommene eigene Kompetenz steigt und macht sie aufgeschlossener für die sachliche Darlegung von Fakten.

## Die Veränderungsnotwendigkeit sachlich nachvollziehbar machen

Wenn Sie als Führungskraft in Ihrer Rolle als Coach und Change Manager die Mitarbeiter dabei unterstützt haben, den ersten Schock emotional zu verarbeiten, können Sie ihnen die fachlich fundierten Argumente darlegen, warum der Veränderungsprozess notwendig ist. Dabei sollen die Mitarbeiter die Gedanken und Entscheidungen des Managements nachvollziehen können. Deshalb müssen die Informationen verständlich und nachvollziehbar aufbereitet sein. Achten Sie darauf, dass die Mitarbeiter erkennen, dass nicht sie selbst, sondern der Markt dafür verantwortlich ist, dass man sich ändern muss. Ihr Ziel ist es, dass Ihre Mitarbeiter sachlich nachvollziehen können, warum die Veränderung notwendig ist.

## Die Strategie verständlich erläutern

Auch die neue Strategie selbst muss für alle Mitarbeiter verständlich erläutert werden. Hierbei ist es wichtig, zunächst einmal zu verdeutlichen, welche langfristige Vision das Unternehmen verfolgt. Davon abgeleitet ergeben sich die Mission und die Strategie bzw. die strategischen Ziele, wie die Vision realisiert werden soll (vgl. hierzu Abb. 7, in der die Vision, die Mission und die Strategie der Expedition von Christoph Columbus erläutert werden).

Letztlich können die Mitarbeiter nur das engagiert und überzeugt umsetzen, was sie nachvollziehen können. Veränderungsprozessen ist immanent, dass alte Verhaltensweisen, Strukturen und Prozesse erst nach und nach angepasst werden. Dabei ist im Vorfeld nicht immer klar, wie das erwünschte Ergebnis genau aussehen muss. Die

Mitarbeiter müssen deshalb logisch, aus ihrem Wissen heraus erschließen können, worauf es bei der Neuausrichtung ankommt, und die richtigen Handlungen, Strukturen und Verhaltensweisen ableiten. Es ist deshalb erfolgskritisch, dass Sie als Führungskraft Ihren Mitarbeitern die neue Strategie und ihre Kernaspekte nahebringen.

### 8.1.2 Der Wille, sich einzusetzen und die Veränderung umzusetzen

Haben die Mitarbeiter wahrgenommen, dass sich etwas verändern wird, und haben sie sich emotional mit der Veränderung auseinandergesetzt und für Sachargumente und Inhalte geöffnet, geht es im dritten Schritt des Sich-Einlassens auf eine Veränderung (vgl. Abb. 49; Prozess der Sich-Einlassens) darum, dass die Mitarbeiter die Veränderung auch emotional akzeptieren. Akzeptanz ist die Voraussetzung dafür, dass die Mitarbeiter die Veränderung auch tatsächlich umsetzen *wollen*.

Der Entscheidungsprozess des Mitarbeiters, den Unternehmenswandel zu unterstützen, wird durch unterschiedliche Faktoren beeinflusst. Eine der wichtigsten Voraussetzungen, die Sie in diesem Schritt schaffen müssen, ist, dass der Mitarbeiter begreift, was der Unternehmenswandel für ihn persönlich bedeutet. Der Mitarbeiter wird abwägen, ob es für das Unternehmen und ihn persönlich mehr Vorteile oder mehr Nachteile mit sich bringt, den Transformationsprozess durchzuführen.

**TIPP: Verdeutlichen Sie die Vorteile für den Mitarbeiter und seinen Beitrag zur Umsetzung des Veränderungsprozesses**

So verdeutlichen Sie als Führungskraft die Vorteile, die der Unternehmenswandel für den Mitarbeiter mit sich bringt und welchen Einfluss der Mitarbeiter persönlich im Rahmen des Prozesses nehmen kann:

1. Geben Sie als Führungskraft einen Ausblick auf das, was der Unternehmenswandel für die Mitarbeiter konkret bedeutet. Lassen Sie die Mitarbeiter die Vorteile herausarbeiten.
2. Verschweigen Sie mögliche Risiken nicht, sondern lassen Sie Ihre Mitarbeiter ebenfalls ableiten, welche potenziellen Hürden sich bei der Umsetzung des Veränderungsprozesses ergeben könnten. Fordern Sie Ihre Mitarbeiter gleichzeitig dazu auf, nach Möglichkeiten zu suchen, wie diese Hürden bestmöglich überwunden werden können.
3. Im dritten Schritt sollten Sie die Mitarbeiter darum bitten, sich zu überlegen, welchen Beitrag sie persönlich bei der Überwindung der Hürden leisten können und wie sie den Veränderungsprozess darüber hinaus sinnvoll unterstützen können.

### 8.1.3 Fähigkeiten, die helfen, eine Veränderung umzusetzen

Ihre Mitarbeiter müssen über die notwendigen Kompetenzen verfügen, um entsprechend der neuen Ausrichtung agieren zu können.

Haben Sie die vorherigen Schritte umgesetzt, kann es in dieser Phase nur noch zu einer ablehnenden Haltung kommen, wenn für den Mitarbeiter tatsächlich bedeutende Nachteile mit dem Unternehmenswandel verbunden sind oder wenn der Mitarbeiter befürchten muss, dass er nicht dazu in der Lage sein wird, die Anforderungen zu erfüllen. Es ist deshalb Ihre Aufgabe als Führungskraft, frühzeitig innerhalb des Prozesses einen Abgleich vorzunehmen,

- über welche Kompetenzen Ihre Mitarbeiter aktuell verfügen (Istzustand),
- über welche Kompetenzen sie in Zukunft aufgrund der Neuausrichtung des Unternehmens verfügen müssen (Sollzustand),
- und welcher Entwicklungsbedarf (Abgleich zwischen Soll- und Istzustand) daraus entsteht.

Weiterhin ist abzuleiten,

- wie die Mitarbeiter die Kompetenzen erwerben können/sollen und
- zu welchem Zeitpunkt sie über die erforderlichen Kompetenzen verfügen müssen.

#### Welche Kompetenzen gibt es?

Wer Veränderungsvorhaben umsetzen will, benötigt dazu Kompetenzen ganz unterschiedlicher Natur. Zunächst muss ein gewisses Fachwissen vorhanden sein, um (neue) Anforderungen zu erfüllen. Darüber hinaus muss die betreffende Person auch bestimmte Verhaltenskompetenzen und persönliche Eigenschaften aufweisen, die im beruflichen Umfeld und auch in allen anderen Lebensbereichen unabdingbar sind. Durch Neuausrichtungen in Unternehmen können sich grundsätzlich neue Anforderungen auf der fachlichen Ebene, aber auch hinsichtlich der erforderlichen Verhaltenskompetenzen ergeben.

Kompetenzen lassen sich den folgenden drei Bereichen zuordnen:

- Unter Fachkompetenzen versteht man fachspezifische Kenntnisse, Erfahrungen und Fähigkeiten, die zur Bewältigung von fachspezifischen Aufgaben notwendig sind. Fachkompetenzen sind in hohem Maße funktionsgebunden. Aufgrund der zunehmenden Spezialisierungen, des technologischen Fortschritts und der stetigen Veränderungen in Unternehmen nimmt die Halbwertszeit von Fachkompetenzen stetig ab. Fachkompetenzen können z. B. spezifische Produktkenntnisse sein.
- Methodenkompetenzen umfassen die Fähigkeiten zur Anwendung bestimmter Arbeits- und Lernmethoden, die zum Erwerb, zur Weiterentwicklung und ggf. zur Anwendung von Fachkompetenzen notwendig sind. Projektmanagementkenntnisse sind Methodenkenntnisse, die insbesondere in Veränderungsprozessen von Bedeutung sind.
- Soziale Kompetenzen umfassen alle Fähigkeiten, die Menschen in ihrer Umwelt zwischenmenschlich erfolgreich agieren lassen. Darunter fallen z. B. kommunikative Fähigkeiten, das Verhalten im Team, die Fähigkeit, Verhandlungen und Konfliktgespräche zu führen. In den Komponenten der beschriebenen emotionalen Intelligenz (s. Kapitel „Der rationale und der emotionale Unternehmensquotient") finden sich diese Verhaltenskompetenzen wieder.
- Persönlichkeitskompetenzen (auch: personale Kompetenzen) sind Eigenschaften, die sich über einen langen Zeitraum entwickelt haben. Sie können nicht wie etwa Fachkompetenzen im herkömmlichen Sinne rasch erlernt werden. Langfristig sind Veränderungen aber durchaus im begrenzten Rahmen möglich. Persönlichkeitskompetenzen sind z. B. Leistungsmotivation, Stressresistenz, Verantwortungsbewusstsein u. a. Die Veränderung von Persönlichkeitskompetenzen hängen von den Erfahrungen ab, die eine Person macht. Allerdings ist es möglich, diese Erfahrungen bewusst und positiv zu beeinflussen. Wer seine sozialen Kompetenzen entwickelt, kann gleichzeitig gewisse Persönlichkeitsmerkmale — nicht alle — in eine bestimmte Richtung lenken. Die Voraussetzung dafür ist jedoch, dass die entsprechende Person diese Veränderungen selbst will.

Die Dimensionen der Persönlichkeitskompetenzen, der sozialen Kompetenzen, der Methodenkompetenzen und der Fachkompetenzen bauen aufeinander auf.

Generell gilt: Je höher eine Kompetenz in der Kompetenzpyramide angesiedelt ist, desto leichter ist sie entwickelbar (vgl. Abb. 50). Die folgende Pyramide stellt die einzelnen Kompetenzdimensionen dar:

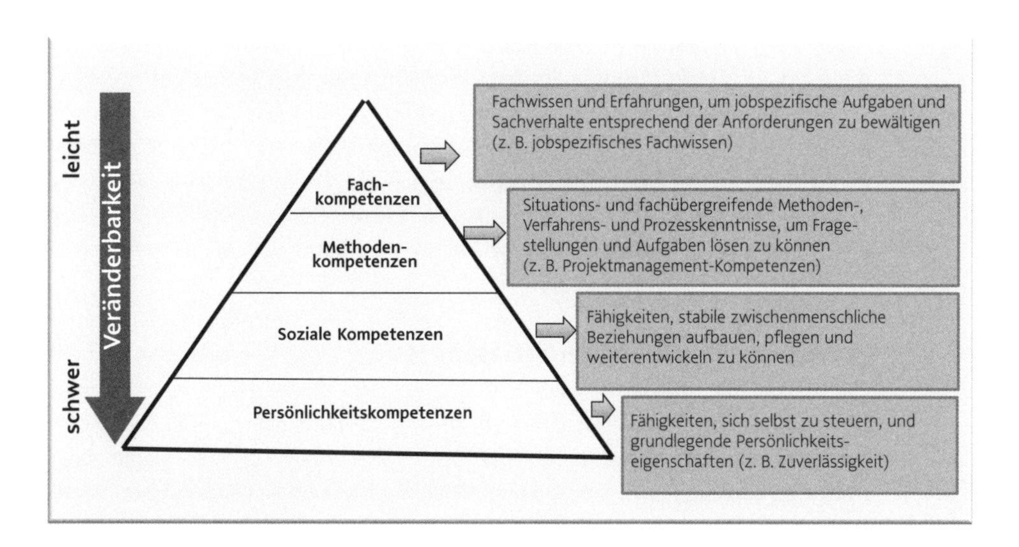


Abb. 50: Kompetenzpyramide

**TIPP: Steigerung der Leistungsbereitschaft durch Kompetenzentwicklung**

Erfolgreich erbrachte Leistungen erzeugen neue Motivation. Deshalb können Sie auch die Leistungsbereitschaft der Mitarbeiter stärken, indem Sie die Fähigkeiten Ihrer Mitarbeiter bewusst entwickeln.

## Die Führungskraft als Coach

Als Führungskraft haben Sie die Aufgabe, die Mitarbeiter in ihrem Verantwortungsbereich zu fördern. Die Voraussetzung hierfür ist, dass Sie wissen, über welche entwicklungsfähige Potenziale Ihre Mitarbeiter verfügen. Die Kompetenzentwicklung ist eine wichtige Aufgabe, denn sie gilt zu Recht als ein wesentlicher Faktor des Unternehmenserfolgs. Nicht nur, dass die Arbeitnehmer dadurch in die Lage versetzt werden, mehr und verantwortungsvollere Aufgaben zu übernehmen, und dass damit ihr Wert für den Arbeitgeber steigt. Darüber hinaus hat es einen positiven Einfluss auf das Engagement und die Begeisterung der Mitarbeiter, wenn sie die persönliche Entwicklung an sich selbst wahrnehmen. Nichts ist motivierender als der Erfolg, der zu weiteren Entwicklungsschritten anspornt.

Allerdings macht nicht allein das Wissen das Können aus. Erst die Verbindung aus Wissen und Handlungssicherheit gibt den Ausschlag. Handlungssicherheit zu initiieren, zu entwickeln und zu stabilisieren ist zu gleichen Teilen Personalentwicklung und Motivierungsinstrument. Die Führungskraft kann hier in großem Ausmaß tätig werden, um brachliegende Potenziale abzurufen — unabhängig von Weiterbildungsbudgets und Trainingskalendern. Ihre Aufgaben als Führungskraft sind:

- Sie müssen das Selbstvertrauen Ihrer Mitarbeiter stärken.
- Sie müssen Ihre Mitarbeiter entsprechend ihrer Stärken einsetzen.
- Sie sollten sinnvolle Entwicklungspläne einsetzen.
- Sie sollten Ihre Mitarbeiter im gewünschten Verhalten verstärken.

## Potenziale der Mitarbeiter erfassen

Ein Potenzial-Assessment ist eine sehr gründliche Methode, um die Fähigkeiten eines Menschen zu erfassen. Dabei handelt es sich um ein- bis mehrtägige Veranstaltungen, die anhand verschiedener Arbeitsproben und Simulationsübungen die Ausprägung von Mitarbeiterkompetenzen primär in den überfachlichen Bereichen erfassen. Der Einzelne erhält auf diese Weise eine Standortbestimmung in seinem Entwicklungsprozess. Aus den so gewonnenen Informationen lassen sich dann Maßnahmen ableiten, die es erlauben, das Können der Mitarbeiter zu optimieren. Außerdem kann ein Abgleich mit den erforderlichen, möglicherweise neuen Kompetenzen vorgenommen werden, die nach einem Unternehmenswandel für die erfolgreiche Bewältigung von Aufgaben notwendig sind. Dadurch wird sichergestellt, dass der Mitarbeiter seinen neuen Anforderungen gerecht werden kann.

**BEISPIEL: Potenzial-Assessment und Kompetenzmanagement**

Die Meissner GmbH startet im Rahmen ihrer strategischen Neuausrichtung ein Programm zur Nachfolgeplanung: Ein sogenanntes Talentmanagementprogramm. Ausgewählte Personen werden in einzelnen Potenzial-Assessments hinsichtlich jener Fähigkeiten und Kompetenzen getestet, die für das Unternehmen und seine zukünftige Ausrichtung wichtig sind. Die Stärken, Entwicklungsfelder und vor allem die Potenziale der Mitarbeiter werden dabei bewertet. Im Anschluss schneidet die Personalabteilung der Meissner GmbH die Personalentwicklungsmaßnahmen so zu, dass die „Talente" hinsichtlich der erwünschten Kompetenzen in ihrer individuellen Entwicklung gefördert werden, sodass sie die zukünftige strategische Ausrichtung als vielversprechende Nachwuchsführungskräfte bestmöglich unterstützen können. Dadurch soll die Lücke zwischen den Anforderungen und den Kompetenzen verringert und im besten Falle geschlossen werden. Das Unternehmen erhält im Rahmen des Kompetenzmanagements eine Übersicht über Talente, die für die Nachfolgeplanung zur Verfügung stehen.

### Kompetenzen durch Beurteilungssysteme erfassen

Für eine Einschätzung insbesondere der nicht fachlichen Kompetenzen bieten sich Mitarbeiterbeurteilungssysteme an. In der Regel nehmen Sie als direkter Vorgesetzter die Mitarbeiterbeurteilung anhand konkreter Beobachtungen im Arbeitsalltag vor. Auch bei diesem Instrument geht es weniger um die Bewertung an sich, als vielmehr um die Entwicklung des Mitarbeiters. Das Ziel ist, dem Arbeitnehmer eine klare Standortbestimmung zu ermöglichen, damit er seinen Fortschritt idealerweise gemeinsam mit Ihnen als Vorgesetztem im weiteren Verlauf planen kann.

Im Hinblick auf die Motivation steht bei dieser Entwicklungsarbeit — neben den bekannten „klassischen“ Maßnahmen zur Personalentwicklung — das Selbstvertrauen des Mitarbeiters in seine eigenen Stärken und Fähigkeiten im Mittelpunkt.

## 8.1.4 Rahmenbedingungen zur Umsetzung schaffen

Gestalten Sie die Rahmenbedingungen, damit Ihre Mitarbeiter entsprechend der Strategie agieren können.

Als Führungskraft kommt Ihnen im Rahmen des geplanten Unternehmenswandels auch die Rolle des Change Managers und des Gestalters zu.

Als Führungskraft ist es Ihre Aufgabe, Ihren Verantwortungsbereich auf die neuen Anforderungen auszurichten. Dafür müssen Strukturen und Prozesse angepasst und Ressourcen neu geplant werden. Es ist sicherzustellen, dass die benötigten Arbeitsmittel vorhanden sind und (in Zeiten, in denen der Informationstechnologie eine immer größere Bedeutung zukommt) die notwendige Hard- und Software zur Verfügung steht und funktioniert. Leider befinden Sie sich als Führungskraft in unterschiedlichen Abhängigkeiten, die es Ihnen schwer machen, die Rahmenbedingungen vorausschauend zu managen, damit alles, was Sie brauchen, zeitgerecht zur Verfügung steht.

Neben den „harten“ Rahmenbedingungen sind auch weitere wichtige Voraussetzungen zu erfüllen, die eher den „weichen“ Umfeldbedingungen zugerechnet werden können, aber einen wesentlichen Einfluss auf die Zufriedenheit bzw. die Unzufriedenheit der Mitarbeiter nehmen können, wie wir bereits in Kapitel „Irrtum Nr. 2: Wer Demotivatoren abschafft, motiviert“ verdeutlicht haben.

**BEISPIEL: Bremser und Beschleuniger im Prozess**

Als Bremsklötze können u. a. die folgenden Rahmenbedingungen wirken, die Sie als Führungskraft mitbeeinflussen können:

- das Verhältnis der Mitarbeiter zu Ihnen als Vorgesetztem,
- das kollegiale Verhältnis der Mitarbeiter untereinander,
- der Einfluss auf das Privatleben.

Als Beschleuniger im Umsetzungsprozess können u. a. wirken:

- Verantwortungsübernahme,
- Wertschätzung und Anerkennung,
- Arbeitserfolg.

Die im Beispiel dargestellten Rahmenbedingungen sind wichtige, leider zu oft vernachlässigte Faktoren im Veränderungsprozess. Die Demotivatoren können wie angezogene Handbremsen wirken, während die Motivatoren als Beschleuniger wirken, und zwar ohne zusätzliche negative Stressoren. Im Gegenteil: Sie beschleunigen die Umsetzung der Veränderung, vermindern den Stress und unterstützen das positive Flow-Erlebnis Ihrer Mitarbeiter (vgl. hierzu auch Kapitel „Warum wir uns selbst am überzeugendsten finden und mit uns im Reinen sein wollen“).

### 8.1.5 Fallstrick: Glauben, man müsse auf alle Fragen und Probleme sofort die richtige Antwort haben

Einen der größten Fallstricke der Führung im Rahmen von Transformationsprozessen ist der Irrglaube, man müsse als Führungskraft auf alle auftretenden Probleme und Mitarbeiterfragen sofort die richtige Antwort parat haben. Das Gegenteil ist der Fall: Als Führungskraft müssen Sie Unsicherheiten, Unklarheiten und Widersprüche aushalten können. Einen guten Change Manager erkennt man daran, dass er auch bei Ungewissheit Gelassenheit, Selbstsicherheit und positive Zuversicht ausstrahlt.

Machen Sie sich selbst bewusst, dass Sie sich während eines Veränderungsprozesses in einem Zustand befinden, in dem Sie zwar wissen, welche Ziele Sie erreichen wollen, der beste Weg jedoch nicht immer vorgezeichnet ist. Deshalb müssen Sie möglicherweise ein paar Umwege gehen, bevor Sie den besten Weg finden. Das sollten Sie aber als veränderungsimmanent akzeptieren und dieses Verständnis auch an Ihre Mitarbeiter weitergeben. Wichtig ist, dass Ihre Mitarbeiter verstehen, dass Sie als Führungskraft zwar nicht immer wissen werden, mit welchen Schritten sie genau das Ziel erreichen, dass sie aber immer darauf vertrauen können, dass Sie den besten Weg zum Ziel weisen werden und dass sie alle über das erforderliche Equipment (im Sinne von Kompetenzen) dazu verfügen.

**TIPP: Unsicherheiten akzeptieren**

Akzeptieren Sie, dass nicht alles planbar und berechenbar ist. Vermitteln Sie Ihren Mitarbeitern, dass Unsicherheiten, Widersprüche und Rückschläge veränderungsimmanent sind. Vermitteln Sie ihnen aber gleichzeitig auch, dass Ihre Mitarbeiter und Sie selbst über die notwendigen Kompetenzen verfügen, um alle Unwegsamkeiten zu überwinden.

Haben Ihre Mitarbeiter erst einmal die Erfahrung gemacht, dass sie auch aus dem Stehgreif heraus dazu in der Lage sind, die richtigen Entscheidungen zu treffen, steigt bei ihnen die wahrgenommene eigene Kompetenz und ihr Vertrauen in die eigenen Fähigkeiten. Die Unsicherheit und die Ängste, die damit verbunden sind, dass man nicht alle Antworten auf alle Fragen bereits im Vorfeld hat, nimmt mit zunehmenden Erfolgen im Prozess ab.

### 8.1.6 Fallstrick: Konflikte vermeiden

Ein immer wieder zu beobachtender Fallstrick ist der Versuch Konflikte in Veränderungsprozessen zu vermeiden. Das ist zu kurzfristig gedacht, denn Konflikte sind wie Wasser: Man kann sie nicht dauerhaft verdrängen, sie suchen sich immer ihren Weg. Darüber hinaus ist es für den Fortschritt des Veränderungsprojekts wichtig, dass Probleme zu dem Zeitpunkt geklärt werden, zu dem sie auftreten. Verschleppt man Konflikte, treten sie zu einem späteren Zeitpunkt zutage und blockieren dann den weiteren Fortschritt; ggf. folgt sogar ein Rückschritt im Prozess des Sich-Einlassens auf den Transformationsprozess. Verharrungstendenzen können die Folge sein.

**TIPP: Konflikte direkt angehen und nicht schwelen lassen**

Konflikte sind nicht nur wie Wasser, sie sind auch wie Feuer. Gehen Sie Konflikte direkt an und lassen Sie sie nicht schwelen. Konflikte verschwinden nicht durch Nichtbeachtung, sondern treten zu einem späteren Zeitpunkt wieder (dann aber mit weit größerer Intensität) auf und gefährden oder behindern die effektive Umsetzung des Transformationsprozesses. Ein kleiner Schwelbrand kann zu einem Flächenbrand werden. Wenn Sie möglichst wenig verbrannte Erde hinterlassen wollen, kümmern Sie sich auch um kleine Schwelbrände (Konflikte), sobald Sie sie ausmachen.

### Konflikte helfen bei der Erneuerung

Dass Konflikte in Veränderungsprozessen auftreten, ist normal. Es handelt sich dabei um die Neuausrichtung eines Systems, die nicht ohne Konflikte vonstattengeht. Konflikte erfüllen insofern tatsächlich eine wichtige Funktion im Transformationsprozess, denn sie helfen dabei, neue Strukturen zu etablieren. Wie wir wissen, ändert sich der Mensch erst, wenn ein gewisser Veränderungsdruck offenbar wird und neue Verhaltensweisen im Sinne der Zielerreichung sinnvoller erscheinen als alte. Konflikte helfen dabei, dass den Beteiligten der Veränderungsbedarf bewusst wird und sie in der Folge die Strukturen und Verhaltensweisen entsprechend anpassen.

## Entwicklungsphasen von Teams und Systemen

Im Change Management werden in der gesamten Organisation neue Teams und Strukturen der Zusammenarbeit gebildet. Es verwundert deshalb nicht, dass die typischen Phasen der Teamentwicklung (nach Tuckman) sich ebenfalls auf die Bildung neuer Strukturen der Zusammenarbeit im Unternehmenswandel anwenden lassen. Man unterscheidet dabei vier typische Entwicklungsphasen:

1. **Entwicklungsphase: „Forming"**
   Das System mit seinen Mitgliedern bildet sich und jeder Mitarbeiter möchte sich sinnvoll in die neue Struktur einfügen. Auf der anderen Seite ist jedes Mitglied bestrebt, eine wichtige Rolle im neuen System einzunehmen. Dabei konkurriert das Grundbedürfnis nach Gruppenzugehörigkeit mit dem Bedürfnis nach Selbstverwirklichung. In dieser ersten Phase versucht jeder, den optimalen Platz im System einzunehmen. Dennoch geht man dabei eher höflich, vorsichtig und mit einer freudig erwartenden Grundstimmung vor.

| **Checkliste: Entwicklungsphase „Forming"** | | |
|---|---|---|
| | **ja** | **nein** |
| Lassen Sie Ihren Mitarbeitern Zeit, sich zusammenzufinden und eine sinnvolle Struktur der Zusammenarbeit zu etablieren? | ☐ | ☐ |
| Erläutern Sie Ihren Mitarbeitern, warum welche Mitarbeiter welche Aufgaben erhalten haben? | ☐ | ☐ |
| Unterstützen Sie das gemeinsame Kennenlernen (z. B. durch gemeinsame Aktivitäten außerhalb der Arbeit)? | ☐ | ☐ |

| Checkliste: Entwicklungsphase „Forming“ | | |
|---|---|---|
| | ja | nein |
| Regen Sie Ihre Mitarbeiter dazu an, zu überlegen, welcher Namen das Team am besten beschreiben würde (ein gemeinsamer Name stiftet Identität)? | ☐ | ☐ |
| Verhalten Sie sich wertschätzend gegenüber allen Mitarbeitern und zollen Sie ihnen Anerkennung für gute Leistungen? | ☐ | ☐ |
| Kommunizieren Sie ein klares Ziel und machen Sie deutlich, wie die Mitarbeiter bzw. das Team zur Gesamtzielerreichung im Rahmen des Transformationsprozesses beitragen können? | ☐ | ☐ |

2. **Entwicklungsphase: „Storming“**
   In dieser Phase entstehen die meisten Konflikte. Das neue System läuft noch nicht rund, weil es noch nicht über die optimalen Strukturen und Regeln verfügt. Erfolgsfaktoren und Fallstricke sind noch nicht bekannt. In der Folge kommt es zu einer wahrgenommenen Diskrepanz zwischen dem Leistungsanspruch (Erwartungen) und der Wirklichkeit. Es geht nur langsam voran. Es kommt zu Misserfolgen und Rückschlägen. Die Frustration steigt und siegt zu einem bestimmten Zeitpunkt über das Harmoniebedürfnis. Gegenseitige Vorwürfe werden laut und offene Machtkämpfe um die besten Positionen brechen aus. Aber es werden auch Kooperationspartner gesucht, für die Bildung einzelner Koalitionen.
   In dieser Phase sind Sie als Führungskraft in der Rolle des Moderators und Richtungsgebers gefragt. Versuchen Sie als Führungskraft Ihren Mitarbeitern zu vermitteln, dass eine solche Phase innerhalb der Teambildung und Zusammenarbeit normal und durchaus fruchtbar ist. Sie bringt zutage, wo Regelungsbedarf besteht und sorgt dafür, dass danach alle im Sinne der gemeinsamen Zielerreichung bestrebt sind, die besten Regelungen, Abläufe und Arbeitsweisen festzulegen und zusammenzuarbeiten. Helfen Sie Ihren Mitarbeitern zu erkennen, dass alle Sichtweisen und Standpunkte wichtig sind und ihre Berechtigung haben.

| Checkliste: Entwicklungsphase „Storming“ | | |
|---|---|---|
| | ja | nein |
| Achten Sie bewusst darauf, welche Machtstrukturen sich entwickeln und welche Rolle der einzelne Mitarbeiter einnimmt? | ☐ | ☐ |
| Analysieren Sie die Erwartungen und Enttäuschungen der Mitarbeiter? | ☐ | ☐ |

| Checkliste: Entwicklungsphase „Storming" | | |
|---|---|---|
| | **ja** | **nein** |
| Nehmen Sie keine Überbewertungen emotionaler Entgleisungen vor, sondern betrachten Sie sie als symptomatisch für diese Phase? | ☐ | ☐ |
| Greifen Sie ggf. steuernd und vermittelnd ein, damit keine neuen Konflikte entstehen? | ☐ | ☐ |
| Bemühen Sie sich aktiv, die Sachebene von der Beziehungsebene zu trennen, und argumentieren Sie bewusst auf der Sachebene? | ☐ | ☐ |
| Machen Sie dem Team bewusst, dass eine solche Phase innerhalb der System-/Teambildung und Zusammenarbeit normal und sinnvoll ist? | ☐ | ☐ |
| Schalten Sie notfalls einen Coach ein, um eine Eskalation in dieser Phase zu vermeiden? | ☐ | ☐ |

3. **Entwicklungsphase: „Norming"**
   Nach der Storming-Phase sind alle Mitglieder des Systems bestrebt, gemeinsame Normen, Werte und Strukturen zu schaffen, die eine effektive Umsetzung und Zusammenarbeit ermöglichen. In dieser Phase muss durch die Führung darauf geachtet werden, dass die in der vorherigen Phase aufgetretenen Konflikte nochmals reflektiert und auf dieser Basis neue Spielregeln und Abläufe abgeleitet werden, die eine zukünftig leistungsfähige und erfolgreiche Umsetzung des Prozesses ermöglichen. Durch die intensive Auseinandersetzung miteinander setzt langsam ein Wir-Gefühl ein.

| Checkliste: Entwicklungsphase „Norming" | | |
|---|---|---|
| | **ja** | **nein** |
| Legen Sie gleichen Wert auf den Umgang miteinander wie auf die Zielerreichung? | ☐ | ☐ |
| Regen Sie Ihre Mitarbeiter dazu an, zu reflektieren, was in der Storming-Phase zu Konflikten geführt hat und wie dies in Zukunft vermieden werden kann? | ☐ | ☐ |
| Ermutigen Sie Ihre Mitarbeiter dazu, verbindliche Abläufe, Systeme und Spielregeln einzuführen, die eine erfolgreiche Zusammenarbeit ermöglichen? | ☐ | ☐ |
| Halten Sie Ihre Mitarbeiter dazu an, die festgelegten Strukturen, Regeln, Arbeitsweisen entsprechend einzuhalten | ☐ | ☐ |

4. **Entwicklungsphase: „Performing“**
In dieser Phase angelangt, herrscht ein neues stabiles System vor. Die Mitarbeiter haben sich als Team zusammengefunden und ein starkes Zusammengehörigkeitsgefühl entwickelt. Das System hat sich etabliert und die miteinander abgestimmten Regeln und Prozesse haben sich bewährt: Das Team arbeitet erfolgreich zusammen. Die Mitarbeiter sind stolz auf ihre Teamleistung und auch auf ihren persönlichen Beitrag zum Erfolg. Angespornt durch den Erfolg herrscht eine hohe Leistungsmotivation vor. Die Mitarbeiter fühlen sich füreinander und für das Teamergebnis persönlich verantwortlich. Als Führungskraft werden Sie nun weniger gebraucht und können einen Großteil der Verantwortung an das Team übergeben.

**Checkliste: Entwicklungsphase „Performing“**

| | ja | nein |
|---|---|---|
| Hinterfragen Sie, ob die vereinbarten Regeln, Verfahren und Prozesse weiterhin ihre Berechtigung haben oder angepasst werden müssen? | ☐ | ☐ |
| Verweisen Sie darauf, dass vereinbarte Regelungen verbindlich eingehalten (oder gemeinsam angepasst) werden müssen? | ☐ | ☐ |
| Ermutigen Sie Ihre Mitarbeiter dazu, zu überlegen, wie man die Zusammenarbeit und den Erfolg zukünftig noch steigern kann? | ☐ | ☐ |
| Regen Sie Ihre Mitarbeiter dazu an, Erfolge (auch Teilzielerreichungen) bewusst wahrzunehmen und zu feiern? | ☐ | ☐ |
| Achten Sie darauf, dass eine stetige Überprüfung der etablierten Strukturen und eine stetige Verbesserung stattfinden? | ☐ | ☐ |

## 8.2 Erfolgsfaktor: Die Zuversicht in das Projekt steigern

Ein immer noch zu wenig genutzter Erfolgsfaktor ist es, den Glauben an den Erfolg des Transformationsprozesses aktiv zu unterstützen. In diesem Zusammenhang kommt Ihnen als Führungskraft eine ganz entscheidende Rolle zu. In der Studie von Capgemini Consulting werteten 57 Prozent der Befragten den Faktor „Die Führungskraft überzeugt die Mitarbeiter, dass der Wandel zum Besseren führt.“ mit „wichtig“ oder „sehr wichtig“.[2] Damit nimmt dieser Aspekt in der Rangfolge der

2 Siehe Capgemini Consulting (Hrsg.): Digitale Revolution. Ist Change Management mutig genug für die Zukunft? München 2012, S. 33 (Abb. 18).

dort genannten Erfolgsfaktoren Platz 5 ein, wobei auch andere Erfolgsfaktoren, die an höherer Stelle genannt werden (z. B. „... nimmt eine Vorbildfunktion ein" auf Rang 1, „... kommuniziert die Veränderungen aktiv" auf Rang 2), nicht trennscharf vom Aspekt „Die Führungskraft überzeugt die Mitarbeiter, dass der Wandel zum Besseren führt." unterschieden werden können[3].

Wie die Untersuchungsergebnisse aber verdeutlichen, sorgen die Mitarbeiter und ihr Glaube daran, dass sie erfolgreich sein werden, dafür, dass die gesetzten Ziele auch tatsächlich erreicht werden.

### 8.2.1 Warum der Glaube Berge versetzt

Der Glaube versetzt sprichwörtlich Berge. Warum ist das so? Die Psychologie nennt den Grund dafür selbsterfüllende Prophezeiung. Damit wird ein Phänomen bezeichnet, das beweist, dass der Glaube eines Menschen tatsächlich in der Lage ist, die Realität nicht nur scheinbar, sondern tatsächlich zu verändern.

Insbesondere die Psychologen Seligmann und Rosenthal führten Experimente durch, die untersuchen sollten, welchen Effekt die Erwartung von Personen auf das Ergebnis nimmt (s. auch nachfolgendes Beispiel: selbsterfüllende Prophezeiung — Das Schulexperiment).

▶ **BEISPIEL: Selbsterfüllende Prophezeiung Das Schulexperiment**

Die Psychologen Robert Rosenthal und Eleonore Jacobsen führten 1965 ein heute weltweit bekanntes Experiment an zwei Grundschulen durch. Die Psychologen erklärten den Lehrern dort, dass mit den Kindern ein Test durchgeführt werde, um herauszufinden, welche Kinder kurz vor einem intellektuellen Entwicklungsschub stünden. Anschließend wurden von den Versuchsleitern nach dem Zufallsprinzip 20 Prozent der Kinder gegenüber den Lehrern namentlich als diejenigen benannt, die kurz vor einem intellektuellen Entwicklungsschub stünden (sog. Aufblüher, engl. *bloomer*).
Nach einem Jahr konnte festgestellt werden, dass die Kinder die als Aufblüher deklariert worden waren, ihren IQ verglichen mit der Kontrollgruppe der Kinder, die den Lehrern nicht als Aufblüher genannt wurden, deutlich steigern konnten. Es fanden sich bei 45 Prozent der benannten Aufblüher eine Steigerung des IQs von 20 Punkten; 20 Prozent konnten ihn sogar um 30 und mehr Punkte steigern.[4]

3 Siehe ebenda.

4 Aronson, E./T. D. Wilson/R. M. Akert: Sozialpsychologie. München 2008, S. 86 (Abb. 3.6).

Der von Rosenthal und Jacobsen am dargestellten Beispiel des Schulexperiments nachgewiesene Effekt wird als Rosenthal-Effekt bezeichnet. Es handelt sich dabei um eine selbsterfüllende Prophezeiung, bei der sich die Erwartung des Versuchsleiters (im oben beschriebenen Experiment ist das der jeweilige Lehrer) auf das Ergebnis auswirkt. In weiteren Experimenten mit Ratten konnte belegt werden, dass Ratten, die gegenüber den Versuchsleitern eines Versuchs als besonders intelligent bezeichnet wurden, diesen Effekt auch tatsächlich zeigten, obwohl die vorherige Auswahl der Ratten zufällig erfolgte.

In beiden genannten Fällen hatten die Erwartungen von Personen einen nachweisbaren Effekt auf das Ergebnis, weil die benannte Gruppen (Aufblüher bzw. besonders intelligente Ratten) von den Versuchsleitern (Lehrern bzw. Personen, die das Verhalten der Ratten untersuchten und auswerteten) anders behandelt wurden als die Gruppe, die als normal angesehen wurde. Insbesondere geht man davon aus, dass die Aufblüher eine besondere Zuwendung erfuhren und sich deshalb besser entwickeln konnten.

Doch auch im alltäglichen Leben begegnet uns die selbsterfüllende Prophezeiung: Erwarten wir selbst in einem bestimmten Bereich zu versagen, weil uns die Zielerreichung schwierig erscheint, werden wir uns weniger anstrengen und tatsächlich eher versagen, als wenn wir die Zielerreichung für realistisch halten.

Übertragen auf das Change Management bedeutet das, dass die Erwartungen, die die Mitarbeiter hinsichtlich des Erfolgs einer Neuausrichtung haben, einen tatsächlich wirksamen Einfluss auf das Gesamtergebnis nehmen können. Glauben die Mitarbeiter daran, dass die Neuerung wesentliche Wettbewerbsvorteile mit sich bringt und sie auch selbst über die notwendigen Kompetenzen und Einflussmöglichkeiten verfügen, um erfolgreich sein zu können, dann ist die Zielerreichung sehr wahrscheinlich.

Glauben die Mitarbeiter nicht daran, dass ein neues Geschäftsmodell den gewünschten Erfolg bringt, dann werden sie möglichst lange ihre alten Verfahrens- und Verhaltensweisen beibehalten und somit unbewusst dafür sorgen, dass sich bewahrheitet, was sie selbst schon erwartet haben: Die Neuausrichtung funktioniert nicht oder ist weniger erfolgreich.

Für einen Change-Prozess ist es deshalb erfolgskritisch, dass nicht nur das obere Management von der neuen Strategie und ihrem Erfolg überzeugt ist, sondern dass die Führungskräfte es schaffen, auch die Mitarbeiter davon zu überzeugen.

## 8.2.2 Die überzeugende Führungskraft

Ein interessanter psychologischer Effekt im Rahmen der Überzeugungskraft ist das Autoritätsprinzip: Je mehr Expertise oder Autorität wir jemandem zugestehen, desto glaubwürdiger und überzeugender erscheint er uns.

**BEISPIEL: Überzeugende Autoritäten und Prominente (1)**

Als Barack Obama am 8. Januar 2008 im Rahmen der Vorwahl seine heute weltbekannte Rede „Yes, we can" vortrug, hatte sie bahnbrechenden Erfolg. Mantraartig gab Obama immer wieder die gleiche Antwort auf seine Fragen: „Yes, we can."
Die Rede war Vorlage für ein Musikvideo von will.i.am der Musikgruppe The Black Eyed Peas auf Youtube, das Ausschnitte der Rede und zahlreiche weitere Prominente (Musiker, Künstler, Schauspieler, Sportler) zeigte, die Teile von Obamas Rede sangen.[5] Das Video auf Youtube wurde bis heute (Stand: 26.04.2013) über 27.400.000 Mal angeklickt.[6]
Wäre die Rede auch so überzeugend gewesen und populär geworden, wenn Sie nicht von Obama und anderen Prominenten vorgetragen worden wäre?
Im US-Wahlkampf werden jedenfalls vermehrt Prominente genutzt, um Stimmen für die Kandidaten zu werben. Je prominenter und beliebter die bekannte Persönlichkeit ist, desto überzeugender werden auch die Aussagen der Kandidaten für die Wähler.

„Prophezeiungen" von bekannten Personen können entsprechend überzeugend sein und den Effekt der selbsterfüllenden Prophezeiung auslösen. Dieser Effekt wird immer noch regelmäßig insbesondere vom oberen Management von Unternehmen unterschätzt. Meist geht das Management davon aus, dass sich die Mitarbeiter am besten mit Sachargumenten überzeugen lassen. Tatsächlich sind Sachargumente sicherlich notwendig, aber längst nicht so wirkungsvoll wie die Rede einer hoch gestellten und geschätzten Persönlichkeit aus dem Unternehmen, die den Mitarbeitern die eigene Überzeugung mitteilt.

Aber auch die Führungskräfte der mittleren und unteren Ebene haben diesen Autoritätsbonus, der bewirkt, dass sie von Mitarbeitern als überzeugender wahrgenommen werden als z. B. Kollegen.

5 New Celeb-Filled Music Video for Obama. Song from Black Eyed Peas' will.i.am inspired by Obama Speech. ABC News, 2. Februar 2008.

6 Siehe Will.i.am (wecan08): Yes we can – Barrack Obama Music Video. Youtube 2008, http://www.youtube.com/watch?v=jjXyqcx-mYY.

Der geringer ausfallende Autoritätsbonus von Führungskräften der unteren Ebene kann darüber hinaus durch weitere Faktoren wieder aufgehoben werden: Durch die Nähe, die der Vorgesetzte zu seinen Mitarbeitern hat. Physische Nähe hat einen großen Einfluss darauf, ob Mitarbeiter tatsächlich das tun, was von ihnen erwartet wird. Eine persönliche Ansprache ist deshalb immer anderen Medien gegenüber im Vorteil, was den Einfluss auf das tatsächlich ausgeführte Verhalten angeht. Blickkontakt erzeugt Vertrauen bei den Zuhörern und ein selbstbewusstes Auftreten signalisiert Kompetenz und macht die getätigten Aussagen überzeugender. Und natürlich hat auch die Sympathie, die die Mitarbeiter gegenüber der Führungskraft empfinden, das Vertrauen, das sie in ihn haben, und seine wahrgenommene Glaubwürdigkeit einen wesentlichen Einfluss darauf, ob der Vorgesetzte die Mitarbeiter zur überzeugten Umsetzung anregen kann.

## Überzeugender Vortragsstil

Als Führungskraft sollten Sie bewusst darauf achten, wie Sie zu Ihren Mitarbeitern sprechen. Beachten Sie dabei auch den Typus des Mitarbeiters: Eher analytische Mitarbeiter mit hohem Bildungsstand finden Sachargumente sehr überzeugend. Weniger gebildete und analytische Mitarbeiter sprechen eher auf einen Vortragsstil an, der Emotionen transportiert.

Insgesamt wirken Botschaften überzeugender, wenn sie mit etwas Positivem assoziiert werden (z. B. mit einem gemeinsamen Erfolgserlebnis). Es kann also in einer Rede hilfreich sein, Parallelen zu vergangenen Erfolgen zu ziehen (z. B. „Sicher wird dieser Weg steinig sein, aber es wäre ja nicht das erste Mal, dass wir eine Krise in eine Erfolgsstory verwandeln. Manche von Ihnen erinnern sich sicher noch an ..., deshalb bin ich überzeugt, dass uns auch dieser Unternehmenswandel mit Ihrer tatkräftigen Unterstützung wieder zum Erfolg führen wird.")

## Argumentationsstrategien

Je nach Publikum und Phase des Veränderungsprozesses sollten Sie unterschiedliche Argumentationsstrategien anwenden. In einer frühen Phase, in der viele Mitarbeiter noch Vorbehalte haben, sollten sie einen Argumentationsstil wählen, bei dem sowohl positive als auch negative Aspekte betrachtet und bewertet werden. Eine zu einseitige Argumentation, die nur die Vorteile und Chancen darstellt, aber die möglichen Nachteile und Risiken außer Acht lässt, wirkt in dieser Phase wenig überzeugend. Man würde Gefahr laufen, dass die Mitarbeiter (zu Recht) den Eindruck gewinnen, man wolle ihnen wichtige Gegenargumente vorenthalten. In der Folge würden sie sich manipuliert fühlen und befürchten, dass Gegenargumente deswegen nicht genannt wurden, weil sie ansonsten berechtigte Zweifel wecken würden. Die Mitarbeiter werden bei einer einseitigen Argumentation zu diesem Zeitpunkt die Mitarbeit verweigern und Sie als Führungskraft würden das Gegenteil des intendierten Effekts erreichen.

Im späteren Verlauf des Transformationsprozesses kann es indes sinnvoller sein, einen eher einseitigen Argumentationsstil zu pflegen. Zu diesem Zeitpunkt sollten die Mitarbeiter die Neuorientierung größtenteils befürworten. Sie müssen nicht mehr überzeugt werden und werden es Ihnen gegebenenfalls sogar übel nehmen, wenn Sie zweiseitig argumentieren, weil das impliziert, dass Sie glauben, die Mitarbeiter seien noch nicht committet. Das könnte Ihre Mitarbeiter zu einem Zeitpunkt, zu dem sie schon engagiert mit der Umsetzung der Veränderung beschäftigt sind, kränken.

### 8.2.3 Mit gutem Beispiel vorangehen

Doch nicht nur die verbale Überzeugung ist ein wichtiger Erfolgsfaktor. Gefragt, für wie wichtig sie bestimmte Aufgaben einer Führungskraft für das Veränderungsprojekt beurteilen, hielten 79 Prozent der Befragten die Aufgabe „Die Führungskraft nimmt eine Vorbildfunktion ein“ für wichtig oder sehr wichtig.[7] Damit kam dem Vorbildverhalten innerhalb der genannten Aufgaben einer Führungskraft während eines Transformationsprozesses laut Studie die größte Bedeutung zu und erhielt den ersten Rang.[8]

Denn mehr noch als das, was wir sagen, überzeugt das, was wir tun. Wichtig ist dabei, dass das Vorbild auch glaubwürdig ist, dass also seine Aussagen und sein Verhalten übereinstimmen. Die wahrgenommene Authentizität der Führungskraft ist deshalb ein wichtiger Indikator für ihre Überzeugungskraft und damit inwieweit die Mitarbeiter ebenfalls das gewünschte Verhalten ausführen.

[7] Siehe Capgemini Consulting (Hrsg.): Digitale Revolution. Ist Change Management mutig genug für die Zukunft? München 2012, S. 33 (Abb. 18).

[8] Siehe ebenda.

### 8.2.4 Fallstrick: Denken, man könne ein guter Change Manager sein, ohne selbst hinter der Veränderung zu stehen

Wie bereits angedeutet, muss man, um wirklich überzeugend zu sein, den Eindruck von Authentizität vermitteln. Zumeist ist es den Menschen ein Grundbedürfnis authentisch, also mit sich selbst im Reinen zu sein, wie wir bereits beschrieben haben. Dennoch findet man in der Praxis immer noch häufig Führungskräfte vor, die nicht wirklich hinter dem Unternehmenswandel und der neuen Strategie stehen, sich aber aus ihrer Rolle heraus und aus Loyalität ihrem Arbeitgeber gegenüber dazu gezwungen sehen, den Anschein zu erwecken, sie würden den Prozess unterstützen. Meist ziehen sich diese Führungskräfte auf die innere Argumentation zurück, sie würden schließlich einfach das ausführen, was man ihnen sagt, und das auch an ihre Mitarbeiter weitergeben, auch wenn sie nicht davon überzeugt seien.

Diese Taktik wird auch als Als-ob-Taktik bezeichnet. Pro forma wird alles wie geplant umgesetzt, das allerdings ohne wirklich an die Sache zu glauben. „Morgen treiben die sowieso wieder die nächste Sau durchs Dorf", ist in Zeiten des stetigen Unternehmenswandels eine oft hinter vorgehaltener Hand getätigte Aussage von Führungskräften. Damit entschuldigen sie sozusagen ihr Verhalten vor sich selbst, indem sie bezweifeln, dass die Änderungsthematik wirklich durchgehalten wird, und gehen davon aus, dass sie von einer nächsten Welle der Veränderung einverleibt und nicht nachhaltig weiterverfolgt wird.

Bei der Als-ob-Taktik bemerken die Mitarbeiter jedoch recht schnell, dass ihre Führungskraft nicht hinter dem Unternehmenswandel steht. Der fehlende Sinn in der Arbeit, der dann von den Mitarbeitern vermutet wird, wirkt sich im weiteren Prozess negativ auf die Zufriedenheit und Umsetzungsmotivation aus. Der Prozess der Umsetzung verlangsamt sich.

Auch hier kommt der Effekt der selbsterfüllenden Prophezeiung zum Tragen: Wer als Führungskraft nicht wirklich vom Sinn der Veränderung überzeugt ist, geht davon aus, dass sie nicht erfolgreich sein wird. In der Folge setzt er wenig Energien und – um konsistent zu bleiben – auch wenig Überzeugungskraft ein, um die Mitarbeiter zu überzeugen. Seine Mitarbeiter werden ebenfalls am Sinn des Unternehmenswandels zweifeln und ihn nicht mit entsprechender Motivation umsetzen, sondern nur das Notwendigste tun. Dadurch wird der Prozess tatsächlich nicht so erfolgreich durchgeführt wie unter einer von der Veränderungsnotwendigkeit und Strategie überzeugten Führungskraft.

Eine Ausnahme gibt es jedoch: Eine Führungskraft, die selbst zu Beginn nicht überzeugt war, aber im Laufe des Prozesses doch noch von der Richtigkeit der neuen

Strategie überzeugt werden konnte, ist in der Folge für die Mitarbeiter noch glaubhafter. Diese Führungskraft wird in ihrem Vorbildverhalten dann noch eher nachgeahmt. Denn: „Es gehört mehr Mut dazu, seine Meinung zu ändern, als ihr treu zu bleiben."

### 8.2.5 Transformationale Führung

Das Modell der transformationalen Führung wurde von Bernard M. Bass und Bruce Avolio (1985) entwickelt. Es handelt sich dabei um eine Weiterentwicklung des Modells der transaktionalen Führung, das auf ein Konzept von J. M. Bruns (1978) zurückgeht.

Der transaktionalen Führung liegt eine Art Austauschbeziehung zugrunde, bei der die Führungskraft die Bedürfnisse der Mitarbeiter erkennt und auf diese Bedürfnisse eingeht bzw. sie belohnt.

Die transformationale Führung hingegen versucht einen höheren Sinn zu stiften, indem sie die Richtigkeit bestimmter anzustrebender Ziele und Visionen verdeutlicht.

| **Transaktionale Führung (Austauschbeziehung)** | **Transformationale Führung (Veränderung durch Werteorientierung)** |
|---|---|
| Motivation der Zielerreichung durch Anreize<br>▪ Monetär<br>▪ Anerkennung<br>▪ Interessante Aufgaben<br>▪ Karrierepfade | ▪ Mitarbeiter für die Vision/Mission der Organisation gewinnen<br>▪ Herausfordernde Ziele entwickeln<br>▪ Verantwortung übertragen<br>▪ Vorbildfunktion<br>▪ Neue Sichtweisen unter den Mitarbeitern fördern<br>▪ Coach des Mitarbeiters<br>▪ Unternehmerisches Denken fördern |

Abb. 51: Transaktionale versus transformationale Führung

Entsprechend muss die transformationale Führungskraft die Mitarbeiter überzeugen, ihnen ein gutes Vorbild geben und Begeisterung für ein gemeinsam anzustrebendes Ziel oder eine Vision wecken. Bei der transformationalen Führung kommt es darauf an, dass die Mitarbeiter entsprechende Verantwortung und Beteiligung bei der gemeinsamen Zusammenarbeit auf eine gemeinsame Vision hin erhalten. Letztlich geht es bei der transformationalen Führung auch darum, Commitment zu erzeugen, indem Vertrauen geschenkt, Wertschätzung vermittelt und gemeinsam an der Erreichung von Zielen gearbeitet wird.

Eine transformationale Führungskraft überzeugt durch ihr Vorbild und ihre Glaubwürdigkeit. Sie ist authentisch, stellt eigene Interessen hinter die Unternehmensinteressen und wird dadurch von ihren Mitarbeitern geschätzt und respektiert. Sie überzeugt und begeistert die Mitarbeiter für die Unternehmensziele und macht ihren Beitrag zur Zielerreichung deutlich. Empathie und wertschätzendes Handeln kennzeichnen die Führung ebenso wie die Anregung zu kreativem und eigenständigem Handeln. Die Mitarbeiter werden darin bestärkt, Verantwortung zu übernehmen und auch über den eigenen Verantwortungsbereich hinaus im Sinne des Unternehmens zu denken. Kreatives und lösungsorientiertes Denken und Handeln werden unterstützt. Die Führungskraft agiert dabei als Coach des Mitarbeiters. Sie erkennt die Bedürfnisse, Stärken und Entwicklungsfelder der Mitarbeiter und unterstützt sie bei der Weiterentwicklung ihrer Fähigkeiten.

Die nachfolgende Abbildung gibt einen zusammenfassenden Überblick über die wichtigsten Kompetenzen, über die eine transformationale Führungskraft verfügen sollte.

**Was die transformationale Führungskraft können muss**

- **Motivation durch begeisternde Visionen/Ziele**
  z. B. formuliert Zukunftsvisionen und herausfordernde Ziele; gibt einen optimistisch Ausblick auf die Zukunft
- **Einfluss durch Vorbildfunktion und Glaubwürdigkeit**
  z. B.: stellt eigene Interessen hinter Unternehmensinteressen, geht mit gutem Beispiel voran (Vorbild sein), erzeugt Respekt, Stolz der Zusammenarbeit
- **Einfluss durch Überzeugungskraft, Begeisterung und emotionale Bindung**
  z. B. beeindruckt durch Persönlichkeit und Werte; verfügt über Überzeugungs- und Begeisterungsfähigkeit, Empathie und wertschätzendes Verhalten
- **Anregung zu kreativem, eigenständigem Denken**
  z. B. sieht auftretende Probleme als Möglichkeit zur Weiterentwicklung; lösungsorientierte, nicht problemfokussierte Betrachtung; fördert unternehmerisches Denken, Denken über den eigenen Verantwortungsbereich hinaus; regt zu Querdenkertum an
- **Führung durch „Fordern und Fördern"**
  z. B. unterstützt als Coach, individuelle Stärken auszubauen; erkennt individuelle Bedürfnisse und Ziele der Mitarbeiter; fordert und fördert

Abb. 52: Transformationale Führungskompetenz

Dass transformationale Führung wirkt, konnten Bernard M. Bass und Bruce Avolio anhand ihres zur Überprüfung und Validierung des Modells geschaffenen Instruments des Multifactor Leadership Questionnaire in zahlreichen Validierungsstudien belegen.[9]

Beispielsweise konnte gezeigt werden, dass eine höhere Kundenzufriedenheit und damit auch höhere Renditen und höhere Wachstumsraten erzielt werden konnten, wenn Unternehmen die transformationale Führung anwandten.[10]

Eine Studie von Prof. Harald Dolles von der German Graduate School of Management and Law und Prof. Waldemar Pelz von der THM Business School kommt zu dem Schluss, dass die transformationale Führung bei den sogenannten Hidden Champions, also den deutschen mittelständischen Unternehmen, die zu den Weltmarktführern zählen, standardmäßig angewandt wird.[11]

## 8.3 Erfolgsfaktor: Commitment erzeugen

Einer der wichtigsten Erfolgsfaktoren im Change Management ist das Commitment der Mitarbeiter. Da wir uns in Kapitel „Irrtum Nr. 2: Wenn die Mitarbeiter gut bezahlt werden, setzen sie ihre Aufgabe auch engagiert um“ bereits sehr ausführlich damit beschäftigt haben, was Commitment bedeutet und wie es erreicht werden kann, erfolgt an dieser Stelle nur eine Zusammenfassung und anschließend eine Ausführung, wie Sie als Führungskraft diesen Erfolgsfaktor beeinflussen können.

Mit Commitment ist eine Art Selbstverpflichtung gemeint oder auch ein Einverstandensein mit dem Unternehmen im Allgemeinen sowie mit der Führungskraft und ihrem Wirken im Speziellen. Commitment ist die Grundvoraussetzung dafür, dass Mitarbeiter z. B. Veränderungsprozesse mittragen und engagiert mitgestalten.

9 Avolio, B. J./B. M. Bass: Multifactor Leadership Questionnaire. Third Edition. Lincoln 2004.

10 Avolio, B. et al.: Estimating return on leadership development investment. In: The Leadership Quarterly 21 (2010), 633–644; Avolio, B./B. Bass: Multifactor Leadership Questionnaire. Third Edition. Mind Garden 2004; Barbuto, J.: Motivation and Transactional, Charismatic, and Transformational Leadership: A Test of Antecedents. In: Journal of Leadership and Organizational Studies 11 (4/2005).

11 Prof. Dr. Waldemar Pelz (Hrsg.): Führung und Innovation bei mittelständischen Weltmarktführern. Heilbronn/Bad Soden 2010.

## Wie entsteht Commitment?

Commitment entsteht durch drei wesentliche Säulen:

1. Vertrauen schaffen,
2. Wertschätzung vermitteln und
3. an der Erreichung gemeinsamer Ziele arbeiten

### Vertrauen

Vertrauen ist die erste Voraussetzung dafür, dass Commitment entstehen kann. Personen kooperieren insbesondere dann miteinander, wenn sie Vertrauen haben. Also im Vertrauen darauf handeln, dass der andere auch kooperieren wird. Gegenseitiges Vertrauen ist die Grundbedingung für Win-win-Situationen, in denen beide Seiten profitieren.

Vertrauen ist geprägt von aufrichtiger Kommunikation und einem offenen, zugewandten Umgang miteinander. Bedenken Sie, dass man Vertrauen schnell verlieren kann, wenn man diesen Umstand missachtet. Vertrauen wieder zurückzugewinnen dauert hingegen lange – bei sehr schwerwiegenden Vertrauensbrüchen kann es auch für immer verloren sein.

Wenn Sie das Vertrauen Ihrer Mitarbeiter gewinnen (und behalten) möchten, müssen Sie in Vorleistung treten und zunächst dem Mitarbeiter Ihr Vertrauen schenken.

Ohne einen Vertrauensvorschuss ist es auch nicht möglich, einem Mitarbeiter neue Aufgaben samt der dazugehörenden Verantwortung zu übertragen. Erst durch ihn erhält der Arbeitnehmer die Gelegenheit, sich selbst und anderen zu beweisen, dass er imstande ist, mehr als bisher zu leisten. Diese Erfahrung wiederum stärkt sein Selbstvertrauen und er wird auch zukünftig dazu bereit sein, dieses neue Aufgabengebiet zu übernehmen. Damit erfahren Sie als Vorgesetzter, dass Ihr Vertrauen in den Mitarbeiter berechtigt war, und können den nächsten Schritt planen.

### Wertschätzung vermitteln

Meist empfinden Menschen für andere dann Wertschätzung, wenn sie sie ebenfalls wertschätzen. Und sie werden sich – zumindest innerlich – zurückziehen, wenn sie das Gefühl der Wertschätzung nicht erhalten.

Wertschätzung ist eine Grundeinstellung, die besagt, dass der andere als Mensch und Person *wertgeschätzt* wird, er also auch ganz ohne weiteres Zutun um seiner Selbst willen geachtet und respektiert wird. Wertschätzung liegt nur vor, wenn man sich selbst nicht als wertvoller erachtet als andere. Wenn Sie als Führungskraft wertschätzend agieren wollen, müssen Sie andere Personen in ihrer Andersartigkeit akzeptieren und sich dessen bewusst sein, dass jeder andere Motive und Sichtweisen haben kann.

Die folgende Checkliste kann Ihnen helfen, zu reflektieren, wie wertschätzend Sie sich verhalten:

| **Checkliste: Wertschätzung** | | |
|---|---|---|
| | **ja** | **nein** |
| Akzeptieren Sie andere Personen in ihrer Andersartigkeit? | ☐ | ☐ |
| Behandeln Sie andere nicht herablassend? | ☐ | ☐ |
| Treten Sie Ihren Mitmenschen (zunächst) immer freundlich und offen entgegen? | ☐ | ☐ |
| Behandeln Sie alle Mitarbeiter mit dem gleichen Respekt unabhängig von ihrem Status/ihrer hierarchischen Position im Unternehmen? | ☐ | ☐ |
| Versuchen Sie die Sichtweisen, Beweggründe und Positionen anderer nachzuvollziehen? | ☐ | ☐ |
| Interessieren Sie sich aufrichtig für die Meinungen und Gefühle anderer? | ☐ | ☐ |
| Akzeptieren Sie auch andere Meinungen und Positionen? Versuchen Sie zwar sachlich zu überzeugen, haben aber nicht den Anspruch immer im Recht zu sein? | ☐ | ☐ |
| Versuchen Sie bei Problemen eine für alle akzeptable Lösung zu finden? | ☐ | ☐ |

### An der Erreichung gemeinsamer Ziele arbeiten

Ein weiterer Faktor, der das Commitment trägt, ist die Existenz einvernehmlicher Ziele. Denn neben Wertschätzung und Vertrauen ist natürlich auch eine gemeinsame Ausrichtung notwendig. Sie kann nur in Zielen bestehen, von denen beide Seiten profitieren. Während also Wertschätzung und Vertrauen die emotionalen Komponenten der Beziehung aufzeigen, repräsentieren die Ziele ihren Nutzen.

Damit an gemeinsamen Zielen gearbeitet werden kann, müssen die Führungskraft und ihre Mitarbeiter die Vision beziehungsweise die Mission und die strategischen

Ziele kennen und von ihrer Richtigkeit überzeugt sein. Als Führungskraft sollten Sie deshalb im Rahmen eines Transformationsprozesses sicherstellen, dass Ihre Mitarbeiter

- verstehen, *warum* eine Veränderung notwendig ist,
- verstehen, *was* sich (grundsätzlich) verändern muss,
- das *neue Konzept/System/Geschäftsmodell* verstehen,
- verstehen, was sich damit für *sie selbst* und ihre tägliche Arbeit ändert,
- zu dem Schluss kommen, dass das neue Konzept (für sie/das Unternehmen) besser ist als das alte und es also *wesentliche Vorteile* hat, sich zu ändern,
- davon überzeugt sind, dass das *neue System erfolgreich sein wird* bzw. erfolgreicher als das alte und dass sie selbst den neuen Ansprüchen gerecht werden können.

Nur wenn neben der Voraussetzung der Akzeptanz gemeinsamer Ziele mit Vertrauen und Wertschätzung auch die weiteren Komponenten für Commitment gegeben sind, werden Ihre Mitarbeiter den Unternehmenswandel aktiv, überzeugt und motiviert unterstützen.

Als Führungskraft nehmen Sie maßgeblich auf alle drei Komponenten Einfluss und tragen damit wesentlich zum Erfolg eines Transformationsprozesses bei. Nutzen Sie Ihre Einfluss- und Gestaltungsmöglichkeiten dazu, Veränderungsprozesse in Ihrem Unternehmen entsprechend zum Erfolg zu führen.

# 9 Zitate für Veränderung

„Wenn der Wind des Wandels weht, bauen die einen Mauern
und die anderen Windmühlen."

*Chinesisches Sprichwort*

„Nur wer sich verändert, bleibt sich treu."

*Wolf Biermann*

„Der Kopf ist rund, damit die Gedanken
die Richtung wechseln können"

*Antoine de Saint-Exupéry*

„Nichts auf der Welt ist so mächtig wie eine Idee,
deren Zeit gekommen ist."

*Victor Hugo*

„Die vernünftigen Menschen passen sich der Welt an;
die unvernünftigen versuchen, sie zu verändern.
Deshalb hängt aller Fortschritt von den Unvernünftigen ab."

*George Bernard Shaw*

„Es gehört mehr Mut dazu, seine Meinung zu ändern,
als ihr treu zu bleiben."

*Christian Friedrich Hebbel*

„Verbessern heißt verändern. Perfekt sein heißt demnach,
sich oft verändert zu haben."

*Winston Churchill*

# Stichwortverzeichnis

**E**



**F**



**G**



**H**